Kirsten Jüngling
Brigitte Roßbeck

Frieda von Richthofen

Biographie

Ullstein Taschenbuch

Ullstein Buchverlage GmbH & Co. KG,
Berlin
Taschenbuchnummer: 30416

Originalausgabe
Juli 1998

Umschlaggestaltung:
Theodor Bayer-Eynck
Foto:
Jan Weekley
Alle Rechte vorbehalten
© 1998 by Ullstein Buchverlage GmbH & Co. KG,
Berlin
Printed in Germany 1998
Gesamtherstellung:
Ebner Ulm
ISBN 3 548 30416 8

Gedruckt auf alterungsbeständigem Papier
mit chlorfrei gebleichtem Zellstoff

Die Deutsche Bibliothek –
CIP-Einheitsaufnahme

Jüngling, Kirsten:
Frieda von Richthofen : Biographie /
Kirsten Jüngling ; Brigitte Roßbeck –
Orig.-Ausg. – Berlin : Ullstein, 1998
(Ullstein-Buch ; 30416 :
Die Frau in der Literatur)
ISBN 3-548-30416-8

Inhalt

im Unterschied zur Frau des ›Künstlers‹. Dem letzteren würde
ich mich jederzeit unterordnen, aber . . .«

Das vierte Kapitel: Frieda, die Ambivalente 195

1919 – 1925
»Soll er zum Teufel gehen, mir reicht's – immer wieder die gleiche
Leier.«

1925 – 1931
»Und wirklich zu lieben, das schließt alles ein, Intelligenz,
Glaube, Opfer – und Leidenschaft!«

Das letzte Kapitel: Frieda, die Arrivierte 256

1931 – 1956
»Ich bin eine glückliche alte Frau . . . Ich habe alles, was ich brau-
che und wünschte.«

Vorwort

Mit zwei Mythen hatten wir es während unserer Arbeit an der Frieda-von-Richthofen-Biographie zu tun: dem Lady-Chatterley-Mythos und dem Frieda-Mythos.

Lady Chatterley gilt und galt vor allem Generationen von Männern als Inbegriff der faszinierenden erotischen Abenteurerin: die Aristokratin, die sich einen bürgerlichen Liebhaber leistet, die kultivierte Dame, die sich Ausflüge in Bezirke des Lebens erlaubt, in denen ein Wildhüter ihr neue Verhaltensregeln vorbuchstabiert.

In Frieda sehen heutige Feministinnen gern die Frau, die sich nimmt, wessen sie bedarf – souverän, wie es nach der Tradition nur Männer wagen. Die sich selbst als Mittelpunkt ihrer Welt sieht, was durchaus beachtlich ist an der Seite eines D. H. Lawrence, der ihr mit Lady Chatterley ein unvergleichliches Denkmal setzte.

Beide Mythen sind aus Friedas Lebenslauf herauszulesen – und auch zu korrigieren. Sie hat ihren ersten Ehemann und ihre drei Kinder verlassen, um mit einem mittellosen ehemaligen Studenten ihres Mannes eine Beziehung und nach der Scheidung die Ehe einzugehen. Allerdings: nicht der wurde ihr Lehrmeister in Liebesdingen. Sie brachte ihre in einer Verbindung mit dem Guru der erotischen Bewegung im Deutschland der Jahrhundertwende außerehelich entwickelte Auffassung vom Lieben mit und prägte so entscheidend Lawrences Leben und Werk. Eine passive Muse, die durch bloßes Da-Sein das Schaffen des bewunderten Schriftstellers fördert, ihm den Rücken für bedeutende Leistungen freihält, wollte sie nicht sein, zum Ärgernis vieler Zeitgenossen, die damit Probleme hatten. Denn der ganze kulturelle, von männlichen Maßstäben geprägte Überbau galt ihr nichts. Nur insoweit Lawrences Bücher ihre Philosophie weitertrugen, waren sie ihr wichtig – nicht sein Rang in der Welt der Literatur.

Ihre Welt erfaßte Frieda durch eine gelegentlich überpointierte sinnliche Wahrnehmung der Natur und all dessen, was sie unmittelbar umgab. Der Duft der Pflanzen, das Eintauchen in Naturgewässer, der Geschmack von Früchten, der Umgang mit Menschen – mit ihrem Vater, ihrer Mutter, ihren Schwestern, ihren eigenen Kindern, ihren Männern, Freundinnen und Freunden. In dieser Reihe steht auch die körperliche Liebe . . . gleichrangig! Alles war wichtig, was ihren originär menschlichen Bedürfnissen entsprach. Die üblichen moralischen Kategorien haben da nichts zu suchen, geben weder Anlaß zu Kritik noch zu Bewunderung. Durch ihr unkonventionelles Verhalten erscheint Frieda oft sprunghaft, unberechenbar, widersprüchlich. Ihre Konsequenz war von eigener Art: sich selbst wollte sie immer gerecht werden.

Wenn sie sich rühmt, primitiv zu sein, dann hat sie Kultiviertheit überwunden! Und zwar bewußt, durch Arbeit an sich selbst – bis in ihre letzten Jahre in Neu Mexiko mit dem dritten Ehemann. Den Weg dahin nachzuzeichnen, ihre Kämpfe – sie in stärkeren und schwächeren Zeiten zu beschreiben, ohne der Versuchung zu erliegen, ihr eine neue Schablone zu verpassen: wir hatten von Frieda zu lernen. Ihre beiden biographischen Werke, Briefe und Aufsätze gaben uns Hilfestellung.

Gespräche mit Menschen, die sie kannten – allen voran ihre Tochter Barbara Weekley-Barr in der Toskana und ihr Enkel Ian Weekley in England –, waren außerordentlich wichtig für unsere Recherche. Sie, wie auch die vielen schriftlichen Zeugnisse ihrer Freunde und Feinde, betonen die einzigartige Ausstrahlung dieser Frau: vital, attraktiv, strahlend, von starker Präsenz, genußfähig, pragmatisch, sensibel, positiv denkend, souverän, unkonventionell, stolz, anpassungsfähig, egoistisch . . . die Adjektive, die immer wieder genannt werden, reagieren so widerspenstig wie Frieda selbst auf den Versuch, sie in eine Ordnung zu zwingen.

Oft hat Frieda Unverständnis geweckt oder stieß gar auf Ablehnung, doch niemand konnte sie übergehen während ihres mutigen Lebens, das nach ihrem Willen seinen Sinn in sich selbst haben sollte. Daß uns an einer weiteren Publikation, in der D. H. Lawrence die heimliche Hauptrolle spielt, nicht gelegen sein konnte, versteht sich da von selbst.

Kirsten Jüngling und Brigitte Roßbeck

Invocation
(Diary, 5 January 1948)

You Words that I want to use in this book be good to me, be like butterfly wings iridescent and light on the air and heavy as lead to sink into the soul and to warm the cockles of the heart and cold to cool the brain. I love you, words, now you love me too, that you help me to say what I want to say.[1]

Beschwörung
(Tagebuch, 5. Januar 1948)

Ihr Wörter, die ihr in diesem Buch stehen werdet, seid gut zu mir, seid schillernd und schwebend wie Schmetterlingsflügel und senkt euch doch bleischwer in die Seele, erwärmt das Herz und kühlt den Verstand. Ich liebe euch, ihr Wörter, liebt mich auch und helft mir, das auszudrücken, was ich sagen will.

Das erste Kapitel:
Frieda, die Atavistische

1879 – 1898
»Sie war sicher nicht modern. Wenn Naturvölker sich eins fühlen mit der ganzen Welt, . . . dann war sie wie die.«

»Es gibt Frauen von sechzig, denen ein Mann immer noch Rosen schenken möchte!«[2] Wie reizend, es so auszudrükken, ganz alte Schule. Frieda Ravagli, verwitwete Lawrence, geschiedene Weekley, geborene von Richthofen war tief gerührt – diese Veteranin im Kampf um die unverklausulierte Kommunikation zwischen Mann und Frau. War sie nicht stets gegen die Konventionen angetreten? Hatte sie nicht unverdrossen das Natürliche in der Beziehung zwischen den Geschlechtern gerühmt? Jede Koketterie abgelehnt? Sich über Klassenschranken hinweggesetzt? Und nun das: »Ich liebe Deinen schönen alten Familiennamen«,[3] schmeichelte sie zurück. Doch diese Zeile blieb in ihrer Schreibtischschublade, zusammen mit Bündeln von handbeschriebenen Blättern, einem dicken Typoskript, einem Notizbuch, einem Tagebuch . . .

Alles ein wenig unordentlich, unverknüpfte Fragmente geplanter »Erinnerungen« an ihr Leben vor und nach der Zeit mit dem berühmten Schriftsteller D. H. Lawrence, die hatte sie schon mit ihrem 1934 erschienenen Buch ›Not I, But the Wind . . .‹ abgearbeitet. Aber das war doch längst nicht alles! Die Welt sollte auch vom großen Rest erfahren: Zwanzig Jahre lang, von 1935 bis zu ihrem Tod 1956, hatte Frieda Material zusammengetragen, immer mal wieder einen neuen Anfang entworfen, ein neues Konzept verfolgt, keins davon durchgehalten. Schließlich war sie im Leben allezeit konsequenter als im Schreiben.

Karl von Marbahr, ihrer Jugendliebe aus längst vergangenen Zeiten, konnte sie sich nur noch brieflich nähern: Frieda korrespondierte fleißig von Kontinent zu Kontinent, von Amerika nach Europa. Irgendwann waren die Spuren des mittlerweile Siebzigjährigen in den Turbulenzen des Zweiten Weltkriegs endgültig untergegangen. So blieben die letzten Zeilen seiner weißhaarigen Freundin in ihrem Haus in den Bergen Neu Mexikos. Und Frieda beschloß, Marbahr die neueste Version ihrer Memoiren zu widmen.[4]

Dabei hatte sie nach eigenem Eingeständnis jahrzehntelang nicht an ihn gedacht. Doch in ihren späten Tagen, da sie ein bißchen kränklich war, ein bißchen weniger unternehmungslustig als früher, hieß sie Erinnerungen willkommen. Je länger die Zeiten zurücklagen, um so bedeutsamer wurden sie, um so liebevoller wurde jedes annehmbare Detail von allen Seiten betrachtet. Unpassendes kann man ja herunterspielen oder auch ganz vergessen.

★★★★★

Erinnerungswürdig sind zweifellos die Wintermonate 1897/98. Gerade noch hat Frieda dem vierundzwanzig Jahre jungen Karl von Marbahr aus dem Coupéfenster des Zuges von Metz nach Berlin zugewunken und damit den Schlußstrich unter ihre erste wirklich herzbewegende Männerbekanntschaft akzeptiert – das war eine hochanständige Angelegenheit, nie, so scheint es, durften die beiden allein sein –, schon nimmt das Leben in Berlin sie gefangen.[5] Die Familie hatte es für unbedingt wünschenswert erachtet, die junge Baronesse eine Ballsaison in Hofnähe verbringen zu lassen und damit der Gesellschaft zur Ehe ungeeigneter Männer zu entziehen, von denen das heimatliche Metz als Garnisonsstadt nur so wimmelt: Offiziere können es sich nicht leisten, ernsthaft um eine arme

Adlige anzuhalten. Also erinnerten sich Friedas Eltern, die sonst Kontakte zur Verwandtschaft eher lässig handhaben, an Cousin Oswald von Richthofen, das derzeit vorzeigbarste Familienmitglied. Die hervorragende Berliner Adresse – Friedrich-Wilhelm-Straße 17, Tiergartennähe, Diplomatenhaushalt[6] – soll der Debütantin Zugang zu erstrangigen gesellschaftlichen Ereignissen verschaffen. Gehorsam versucht Frieda, den allseits gehegten Erwartungen gerecht zu werden: Dem Onkel ist sie eine geduldige Zuhörerin, wenn er beispielsweise seine Meinung zu Kaiser Wilhelm II. darlegt, und eine amüsante Begleiterin, wenn sie während einer Besichtigungstour durch Oswald von Richthofens ehemaliges Büro Bismarcks alten Schreibtisch im Walzerschritt umrundet. Sie bewundert die Privaträume des Onkels. Nie zuvor hat Frieda Vergleichbares gesehen: glänzendes Messing- und Kupfergerät, Teppiche an den Wänden und auf dem Boden; sie fühlt sich an ein orientalisches Zelt erinnert, ein Eindruck, den ein ägyptischer Diener namens Achmed noch unterstreicht.

Frieda leistet auch willig den beiden im Haus wohnenden verwitweten Schwestern des Onkels Gesellschaft. Anna von Elbe[7] und Elisabeth von Plessen sind vom alten Schlag, tadellose Erscheinungen. Sie tragen hohe, von schmalen Spitzenkanten und kleinen goldenen Broschen dezent gezierte Blusenkragen . . . und lieben schlüpfrige Tratschgeschichten, wie die über eine Dinnerparty des Prinzen von Wales, später König Eduard VII., als deren »Fischgang« ein nacktes, mit Zitronenscheiben und Petersiliensträußchen garniertes Fräulein von sechs Lakaien auf einer Silberplatte aufgetragen wurde. »Mit der Tugend ist es eine sonderbare Sache«,[8] so resümiert Frieda Einsichten aus Berliner Tagen, und sie staunt auch darüber, daß das Standesbewußtsein der Tanten das Nennen einer Freiin Frieda von Richthofen in einem Atemzug mit einer Bediensteten ausschließt.

Wieviel unkomplizierter ist dagegen der Umgang mit dem dreizehnjährigen Neffen, dem einzigen Kind Oswald von Richthofens, das noch im Haus lebt. Mit ihm spielt Frieda in dem weitläufigen Gebäude Verstecken – eine Erholung vom nur scheinbar zwanglosen Zusammensein mit ihren nur wenig älteren Cousins, den Gardeleutnants und Attachés, die sie zu Bällen, Operngalas oder Pferderennen begleiten.

Es mag kein geringer Druck für Frieda gewesen sein, auch Erwartungen, die an den Kontakt mit diesen jungen Männern geknüpft sind, zu erfüllen. Denn erst nach Monaten, am 21. Februar 1898, gelingt es ihr, im Brief an ihre ältere Schwester Else einen heiteren Ton anzuschlagen:

». . . Ich bin im Augenblick so fröhlich, wie es sich für eine Achtzehnjährige gehört, das Leben ist so schön, und ich genieße es voll und ganz. Jetzt bin ich schrecklich froh, hier zu sein, eine Großstadt ist etwas Wunderbares. Rate, wer heute hier war! Kurt, mein erster Schwarm, gerade so wie früher. Du wirst es nicht glauben, es war sehr spaßig. Ich finde die Gesellschaft von Herren sehr nett – so wie es hier üblich ist. Kurt Elbe hat sich wohl verliebt, eine sehr nette Abwechslung. Ich habe Dir so viel zu erzählen. Schick mir M.s [vermutlich Marbahrs – Anm. d. Verf.] Briefe. Du darfst ihm nicht übelnehmen, daß er so launisch ist, er ist noch jung. Ich habe das Ganze mit ihm jetzt hinter mir, aber vielleicht wird es wiederkommen, wer kann sich da seiner schon sicher sein? Du wirst über meinen fürchterlichen Brief schockiert sein; ich bin nicht immer so, das kann ich zu Deiner Beruhigung sagen. Die Vorstellung, ich könnte in Metz etwas werden, ist für mich gar nicht so unangenehm, ich brauche keine so hochgesteckten Ziele wie Du!«[9]

Worauf das Ganze hinauslaufen soll, ist Frieda vollkommen klar. Junge Damen aus guter, aristokratischer Familie, wie sie sich zu Onkel Oswalds Belustigung selbst gerne sieht,[10] haben das Ziel zu verfolgen, sich passend zu verheiraten. So werden sie erzogen. Und die achtzehnjährige Frieda denkt nicht im Traum daran, einen anderen Weg einzuschlagen, trotz der ihr bewußten Minderung ihrer Chancen durch das Fehlen jeglicher Mitgift. Auch in Berlin muß sie ja manche Einladung absagen, da ihre Handschuhe oder Schuhe gar zu schäbig sind. Die Heinsdorfer Linie der Richthofens,[11] der Frieda entstammt, war nie wirklich bedeutend oder reich gewesen. Die Eskapaden des Vaters haben ihre Familie auch noch um die letzten Reste gebracht. Friedrich von Richthofen spielt und ist ständig in Frauengeschichten verstrickt, 1886 mit absehbar hohen Folgekosten: eine seiner Geliebten, Selma, war von ihm schwanger geworden, für den außerehelichen Richthofen-Sohn wurden Alimente fällig. Die Konsequenzen: Verkauf des standesgemäßen Landhauses und Umzug in eine Stadtwohnung (Metz, 49 Rue de l'Évêché)[12], Entlassung des Dieners Wilhelm, die Trennung von Frau Seidel, der Waschfrau, und die verstärkte Suche nach Ehemännern für die Töchter, um sie dem Desaster zu entziehen, das den Schlußpunkt unter eine fatale Entwicklung setzt und die endgültige Entfremdung der Eltern besiegelt. Dergleichen ist bei Richthofens nichts Neues.

Am 29. Juli 1845 war Friedas Vater, Friedrich Carl Louis Ernst Emil Freiherr Praetorius von Richthofen, nach einem Sohn und einer Tochter am elften Hochzeitstag des Regierungsrats Johann Karl Christian Friedrich Ludwig August Freiherr Praetorius von Richthofen und seiner – vierten, in der Ehe höchst unglücklichen – Frau Amalie Louise geborene von Laschowski auf Gut Raschowa bei Kosel in Oberschlesien zur Welt gekommen.[13] Der aparte Namensbestandteil »Praetorius« ist zurückzuverfolgen bis ins sechzehnte Jahrhundert zu einem Paul Schultheiss, der offenbar Spaß daran hatte, seinen Namen zu latinisieren, denn er tat es zweimal, erst in Scultetus, dann eben in Praetorius.

Friedas Großvater hatte erst 1844, während einer kurzen Spanne des Wohlstands, Raschowa für 19 500 Taler erworben, mußte es jedoch schon 1849 wegen wirtschaftlicher Schwierigkeiten wieder verkaufen.

Friedrich von Richthofens – Friedas Vaters – Vita ist typisch für Männer seines Standes im 19. Jahrhundert: Er schlug die militärische Laufbahn ein, ging zum Cadettencorps in Wahlstadt und Berlin und wurde als junger Unteroffizier zum Stolz und Entzücken der Familie als Page bei der Krönung von Wilhelm I. zum König in Preußen verwendet, eine aus diesem Anlaß gestiftete Medaille blieb vorzeigbares Erinnerungsobjekt. Am 6. Mai 1862 hatte man ihn als Portepeefähnrich – das bedeutete, daß er sich eine silberne oder goldene Quaste an den Säbel hängen durfte – ans Ingenieurcorps überwiesen, »in welchem er am 27. November dess. Jahres zum außeretatmäßigen Seconde-Lieutenant und am 6. September 1864 zum Ingenieur-Officer befördert wurde. Nach mehrfachen Versetzungen innerhalb des Corps schied er unterm 5. März 1870 aus dem Dienste aus[14], wurde jedoch auf seinen Antrag bei Beginn des Krieges wiederum als Ingenieur-Lieutenant angestellt und dem zunächst vor Straßburg, dann vor Belfort verwendeten Kombinirten Festungs-Pionier-Bataillon zugetheilt. Am 10. Januar 1871 erhielt derselbe den Charakter als Premier-Lieutenant. Einige Tage später, am 26. desselben Monats, wurde er bei dem Angriff auf Fort Basses Perches am Abend schwer von einem Granatsplitter an der rechten Hand verwundet. Für tapferes Verhalten bei dieser Gelegenheit erhielt er das Eiserne Kreuz 2. Klasse [das sein englischer Urenkel noch heute in Ehren hält – Anm. d. Verf.]. Infolge seiner Verwundung wurde er in das Lazareth zu Karlsruhe übergeführt. Wegen dauernder Ganz-Invalidität wurde er demnächst am 2. Oktober 1871 mit der erhöhten Kriegspension und der Armee-Uniform verabschiedet.[15] Derselbe trat nach seiner Wiederherstellung zunächst in Constanz als kaiserlicher Kreis-Cultur-Ingenieur in den Großherzoglich-Badischen Dienst, wurde jedoch schon 1874 in den Dienst der Reichslande als kaiserlicher Kreis-Cultur-Ingenieur, anfangs zu Château-Salins, übernommen und später dem kaiserlichen Bezirks-Präsidium zu Metz als Bezirks-Cultur-Ingenieur überwiesen.«[16] Friedrich von Richthofen war also in der Sackgasse der Verwaltungsposten gelandet.

Am 17. Juli 1872 hatte er Anna Marquier geheiratet, die am 14. Juli 1851 geborene Tochter des Rechtsanwalts Dr. jur. Adolf M. Marquier und seiner Frau Josephine geb. Schlosser. Ehrgeiz und Disziplin brachten Marquier neue berufliche Perspektiven und 1867 die Familie aus der Wohnung in Donaueschingens Kleineleutegegend ins Einfamilienhaus nach Konstanz. Und nach einem weiteren äußeren Zeichen verlangte der gesellschaftliche Aufstieg noch im gleichen Jahr: die sechzehnjährige Anna mußte ins Pensionat, das erst 1864 gegründete Freiburger Töchter-Institut Blas empfahl sich durch seine in fünf Jahren Englandaufenthalt geschulte Leiterin Julie Blas und durch deren verwandtschaftliche Kontakte zur Konstanzer Gesellschaft.[17]

Diese Arzttochter war eine energische junge Dame, die mit vierundzwanzig Jahren das Wagnis beruflicher Selbständigkeit einging. Eine »erwachsene« Tante mütterlicherseits, Victorine Peter, mußte als Mitgründerin Respektabilität signalisieren, ein Baron Falckenstein, ein Kreisgerichtsrat Kirn, ein Hofrat und Professor Dr. Kußmaul und ein Major Ludwig männliche Referenzbereitschaft annoncieren. Zunächst in der Egelgasse 224, später in der Kaiserstraße 152 lernten Externe und Pensionärinnen Geschichte, Geographie, Naturwissenschaften, Arithmetik, Deutsche Sprache und Literatur, Zeichnen, Musik und von der Vorsteherin Julie Blas Englisch und Französisch. Wenig später übernahm deren Schwester Camilla Blas den Kunstunterricht, sie war eine sehr begabte Malerin. Die Schülerinnen trugen die Extrakte des Übermittelten in bemerkenswerte Hefte ein: kirschrote Seide umhüllte Erkenntnisse von der Art, daß man aus dem Preis für drei Zentner Kartoffeln den für fünf errechnen kann, oder daß man sehr wohl die Fettränder vom aufgetischten Fleisch abschneiden, sie aber keinesfalls bis zum Tellerrand hinausschieben darf. Pedantisch ausgeführte Schönschrift war gefordert, niedlich gezeichnete Vignetten mit Vögelchen oder Blümchen erwünscht. In der Regel wurde das Gesamtwerk auf der ersten Seite schon den lieben Eltern gewidmet. Wer sich darüber hinaus noch durch gute »Haltung«, »gewissenhaften Gehorsam«, »Offenheit und Bescheidenheit« sowie »thätige Liebenswürdigkeit« auszeichnete, hatte beste Chancen, ins Goldene Buch des Instituts aufgenommen zu werden. Ein Blick auf Photos von pubertierenden Mädchen, denen man eine Stickerei in die Hände gedrückt und wohl zugerufen hat, sich gerade zu halten, läßt eine Ahnung von der Leistung der Lehrkräfte aufkommen. Und diese wurden von ihren Zöglingen verehrt, geliebt! Begeistert folgten die Höheren Töchter den Blas-Schwestern in vielen Sommermonaten zu Spielnachmittagen hinaus aus der Innenstadt Freiburgs in den Park der dafür angemieteten Villa Elfeneck an der Kartäuserstraße, zu einem Gartengrundstück auf dem Schloßberg oder nach Günterstal. Für Julie und Camilla war die Schule Lebensinhalt, und ihre Schülerinnen bekamen durch sie ein Gespür für die Befriedigung, die ein selbstbestimmtes Frauenleben zu geben vermag. Einigen wurden die Damen Blas darin zu Vorbildern, viele hielten lebenslang Verbindung zu den bemerkenswerten Schwestern – wie Friedas Mutter.

Im September 1871 hatte Anna Marquier ihren königlichen Kontakt: Sie durfte Wilhelm I. einen Rosenstrauß überreichen, Auserwählte unter einem guten Dutzend weißgekleideter Ehrenjungfrauen. Friedrich von Richthofen, der sie da erstmals sah, war nachhaltig beeindruckt, die Marquiers waren stolz: Es ging aufwärts.

Was eine gute Finishing-School an einem Mädchen zu leisten vermag, hatte die Mutter vorgeführt. Die drei Richthofen-Töchter – die am 8. Oktober 1874, nach gut zwei Ehejahren, zur Welt gekommene Elisabeth Helene Amalie Sophie (Else), das am 11. August 1879 geborene mittlere Kind Emma Maria Frieda Johanna (Frieda) und Helene Johanna Mathilde (Nusch), am 26. Juni 1882 geboren – bedürfen des letzten gesellschaftlichen Schliffs nicht weniger. Trotz der knappen Mittel erweist sich für die jungen Freiinnen das Institut Blas wiederum als gute Wahl. Julie und Camilla ziehen sich 1895 ins Privatleben zurück, so daß nur noch Else während des geregelten Lehrbetriebs das Institut besuchen kann. Und sie hat das Privileg, sich im August 1895 als erste ins Gästebuch des zum Altersruhesitz von Julie und Camilla avancierten ehemaligen Sommerhauses auf dem Eichberg eintragen zu dürfen. Frieda erhält dort, wie Nusch, 1896 ihren letzten Bildungsschliff, Töchter früherer Schülerinnen werden also weiterhin aufgenommen. (Sonst weiß man nur, daß Frieda und Nusch davor in Metz eine Klosterschule besuchten.[18]) Vor den Toren Freiburgs in Littenweiler liegt das schlichte im Schwarzwälderstil errichtete Holzgebäude an einem Hang inmitten von Obstbäumen, nahebei beginnt der Wald. Frieda und Nusch teilen ein Zimmer, die Blas-Schwestern geben sich, ihrer alten Freundin Anna von Richthofen zuliebe, große Mühe mit den beiden sehr lebhaften Mädchen.

Das Ergebnis kann sich einem Ondit zufolge sehen lassen: »Es war auf einem dieser Bälle . . . als auch Nusch in Berlin war, daß der Kaiser fragte, wer ›diese beiden jungen Damen‹ seien, und als man es ihm sagte, meinte, ›Ah, der Untersekretär hat sehr schöne Nichten!‹«[19] Nun darf man zwar eine besondere Kennerschaft von Wilhelm II. auf diesem Gebiet anzweifeln, dennoch mögen die beiden aparten Schwestern wirkungsvolle Auftritte gehabt haben. Zu der Begegnung mit einem Märchenprinzen, der Frieda von den drückenden familiären Verhältnissen hätte erlösen wollen, ist es in Berlin leider nicht gekommen.

In ihren zur Veröffentlichung bestimmten Memoiren handelt Frieda diese letzte, so forcierte Übergangszeit ins Erwachsenenleben ziemlich oberflächlich ab. Manches mag ihr nicht ins romantische Bild vom unbekümmerten Backfisch gepaßt haben. Vor allem die lesbischen Empfindungen, die sie während ihrer Schulzeit in Deutschland erlebte, behandelt sie sehr zurückhaltend, was genau passierte – ob überhaupt etwas passierte? –, ist nicht bekannt. Nur eine knappe Bemerkung Friedas ist überliefert, ihrer jüngsten Tochter gegenüber ausgesprochen, als beide einen Film sehen, der von der Liebe zwischen einer Lehrerin und einer Schülerin handelt: »Das bin ich.« Mehr gibt Frieda nicht preis.[20]

Julie und Camilla Blas, die Frieda nach ihrer Pensionatszeit sehr häufig besucht, in deren Haus sie ihren künftigen ersten Mann trifft, denen sie später auch D. H. Lawrence vorstellt,[21] die sie wohl kennen und beeinflussen, wie wenige Menschen sonst, sind ihr wohl immer zu nah, ihre Beziehung zu differenziert, um in eine hübsch-belanglose Geschichte verpackt werden zu können. Die für ihre Entwicklung so bedeutsame Zeit im Freiburger Institut übergeht Frieda jedenfalls in ihren Memoiren.

»Meine Kindheit war glücklich gewesen.« – »Die Schule mochte ich nicht.« – »Ich war gern mit Knaben und Männern zusammen ... Vor Frauen und Mädchen ängstigte ich mich. Erwachsen zu sein, die Jungmädchen-Zeit ängstigte mich.«[22] Selten und grundsätzlich unkommentiert finden sich Äußerungen wie diese in Friedas Schriften. Sie kann, wie alle Richthofen-Schwestern, letztlich sehr diskret sein.

In unverbindliche Kindheits- und Jugenderinnerungen mit unverfänglicher Thematik dagegen vertieft sie sich, übermittelt auf vielen Seiten sorgfältig ausgearbeitete Bilder einer heilen Welt – deren absolutes Zentrum die Garnisonsstadt Metz ist. So gibt sie der Schilderung einer flüchtigen Verliebtheit in ihren Cousin Kurt von Richthofen unverhältnismäßig breiten Raum – und ergänzt damit den Eindruck, den ein Photo von dem hübschen, noch nicht zwanzigjährigen Mädchen mit den durch straff zurückgekämmtes Haar kaum gebändigten Locken macht. Friedas Bericht – mehr als vierzig Jahre später im Rang der Witwe des berühmten und berüchtigten ›Lady-Chatterley‹-Autors verfaßt:

Es ist Karfreitag, mit ungewohnter Sorgfalt kleidet sich die junge Frieda an: ein leichtes rosa-weißes Flanellkleid[23], einen weichen Florentinerhut mit breitem schwarzem Samtband, ein dünnes goldenes Kettchen, an dem ein schwarzes Emailherz hängt, das umrahmt ist von kleinen Perlen. Ihre Handschuhe sind makellos weiß! Sie wird gleich den frischgebackenen Kadetten treffen. Wie schlank er in seiner Uniform aussieht, der Gürtel mit dem Schwert scheint ihm fast über die schmalen Hüften zu rutschen. Frieda fühlt sich in der Gegenwart des Einundzwanzigjährigen erwachsen. Selbst während des Festgottesdienstes in der Garnisonskirche hat sie recht unkindlich ernste Gedanken im grauen Dunst des Raumes inmitten von vielen Soldaten in Uniform. Erleichtert steigt sie in den Landauer, der sie mit Kurt nach Hause bringt. Ostern ist besser, fröhlicher, mit Schokoladeneiern und Hasen aus rotem Zucker zwischen Scilla und Schneeglöckchen im Garten versteckt. Am Abend bringt Frieda den Cousin zur Gartenpforte. Es ist mild, kein Mond, aber viele Sterne sind zu sehen, in ihrer Erinnerung duftet gar der Flieder. Ein zarter Kuß. »Kleine, Süße« – Frieda stürmt ins Haus »wie eine Rakete«, sofort geht sie zu Bett, unfähig zu schlafen vor Aufregung, Verliebtheit . . . Die Sommermonate verbringen die beiden mit Picknicks und Tennisspielen und gelegentlichen Küssen ohne größeren erotischen Gehalt. Als der Abschied kommt – ihm widmet Frieda sich in einer langen herzzerreißenden Sequenz ihrer Memoiren ausführlich –, tröstet Kurt Frieda mit einer Schachtel Süßigkeiten. Makronen seien es gewesen, Frieda habe keine einzige abgegeben, alle allein gefuttert, so daß ihr danach schlecht war, erinnert sich Else, die ältere Schwester.[24]

Doch die ganz große Liebe des jungen Mädchens ist älter: Friedrich und Frieda von Richthofen – Vater und Tochter. Respektvoll nähert sich die Memoirenschreiberin dem hinterm Schreibtisch Thronenden, noch nach Jahrzehnten hat sie die Insignien seiner Macht vor Augen – der Briefbeschwerer, die Schale aus Onyx, das große Siegel und das Wachs demonstrieren irdische Bedeutung, ein Meteorit verknüpft ihn mit außerirdischen Sphären. Zwei Hunde liegen zu Füßen dessen, der auch Herr über Leben und Tod ist, das beweisen dem Kind die an der Wand hängenden Gewehre, die ausgestopften Eber- und Gamsköpfe. Mit befreundeten Aristokraten pflegt der Vater auf die Jagd zu gehen, ein kleines Château in Lothringen wird als Kulisse solcher gesellschaftlich bedeutender Auftritte vage angedeutet, auch Schauspielerinnen verkehren dort, sogar die große Sarah Bernhardt: Halbwelt, keine Berührungspunkte mit den Töchtern, keinesfalls, darauf legt der Vater großen Wert. Zärtlich beschreibt Frieda das dicke, weiche, braune Haar Friedrich von Richthofens, seine raschen, ungeduldigen Bewegungen, die gepflegte Kleidung, die glänzenden Stiefel, die krönchengezierten schneeweißen Taschentücher. Wie groß ist die Furcht der Tochter, als sie auf den Schultern des Vaters festgeklammert den Sprung ins Wasser erlebt, ihn als Halt verliert und zuerst hilflos, dann entschlossen lospaddelt und übersteht. Und wie groß ist das Vertrauen des kleinen Mädchens, das nach einer kritischen schulischen Beurteilung – ihr Betragen wäre besser, wäre sie bescheidener und schweigsamer, so der Vermerk im ansonsten guten Zeugnis – empört Trost einfordert. Wie gut sie sich verstehen. Seine kleine Polly-Putzli, so Friedrich von Richthofens Kosename für Frieda, ist überzeugt davon, daß sie mit ihm viel besser umgehen kann, als es ihre Mutter vermag: »Ihr Vater brauchte Liebe und ihre Mutter überhäufte ihn weiß Gott niemals damit.«[25]

Anna von Richthofen scheint für das Kind nur kritisch beäugte Randfigur gewesen zu sein, jedenfalls kommt sie in den frühen Erinnerungen dieser Tochter kaum vor.[26] Später wird Frieda sie wegen ihrer tapferen Haltung gegenüber den »Nöten« und »schrecklichen Lagen«, in die alle drei Richthofen-Schwestern »gerieten«, milder beurteilen.[27]

Selbst der Waschfrau gönnt Frieda zunächst mehr Zeilen als der Mutter, malt aus, wie Frau Seidel »so festgewurzelt über den großen Bottich gebeugt stand, die Arme bis zu den Ellenbogen in der leicht dampfenden Lauge und dann die flatternden, schneeweißen Wäschestücke im Küchenhof aufhängte . . . [Sie] sah so sauber aus in ihrem Kittel aus schwerem Baumwollstoff und ihren festen Stiefeln und dem blonden, glatt zurückgebürsteten Haar. Sie war so zufrieden und ausgeglichen . . .«[28] Das junge Mädchen bewundert Frau Seidel sehr, ebenso wie den Diener Wilhelm, der in weißen Baumwollhandschuhen korrekt die

Suppe aufträgt und dem Hausherrn nach der Heimkehr in frühen Morgenstunden schon mal diskret ins Bett hilft. Er ist den Richthofens ergeben: »Sein Leben war ihr Leben.«[29]

Und noch einer Person gedenkt Frieda freundlich. Wieder ist es eine Frau, die sie in der Erinnerung als nicht bedrohlich erlebt, eine Wandermusikantin mit Harfe, die auf dem Rasenplatz beim Haus für ein Essen wehmütige Lieder singt, eine stille Frau in verwaschenen Kleidern – der Vater befindet, sie sei kein Umgang für eine Baronesse Richthofen, die unmögliche Tochter dieser Person schon gar nicht.[30] Freundschaften müssen selbstverständlich standesgemäß sein, um von den Eltern geduldet zu werden.

Kinderfreunde bleiben in Friedas Erinnerungen schemenhaft, nur Namen werden genannt. Für Ada und Hans und Martin und Herbert und Felix ist der samstägliche Jour fixe mit Spielen und Butterbroten eingerichtet. Das klingt sehr nach Einübung gesellschaftlicher Riten, offenbar hat keiner der kleinen Gäste für Frieda irgendeine besondere Rolle gespielt. Ihre Kameradinnen sind also im wesentlichen Else, die ältere, und Nusch, die jüngere Schwester.

Else hält Distanz zur Familie. Meist lesend oder ziellos im Garten umherstreichend, scheint sie nur auf den Zeitpunkt zu warten, da sie sich der familiären Enge würde entziehen können. Dem unreifen Verhalten der beiden Schwestern – Frieda mit ihrer Affenliebe zu Puppen und der Neigung, sich Kleider und Stiefel »auszuleihen« und verdreckt zurückzustellen, und Nusch mit ihren Lügengeschichten von einer fiktiven Großmutter, die ihr angeblich Bonbons schenkt – stehen die Eltern mit ihren ewigen Krächen in nichts nach. Sich um deren Wohl zu sorgen empfindet Else als fruchtloses Bemühen. Das lohnt jedoch bei den acht Seidelkindern: Ab Oktober, der erzieherische Nebeneffekt ist durchaus erwünscht, gelingt es der ältesten Richthofen-Tochter, ihre Schwestern davon zu überzeugen, daß sie bis

Weihnachten auch ihr Taschengeld dafür zu verwenden hätten, Spielzeug für die Kinder der Waschfrau herzurichten. Das Pädagogische liegt Else. Schon mit siebzehn unterrichtet sie, um Geld für ihr Studium zurücklegen zu können, und als sie selbst noch Schülerin ist, verehrt sie eine Englischlehrerin heftig. Das der Miss heimlich gewidmete schwärmerische Gedicht, von Frieda coram publico vorgelesen, entfacht verständlicherweise Elses Zorn. Treffsicher ist ihre Rache: Die kleine Schwester findet ihre geliebten Puppen an der Reckstange kopfunter aufgehängt. Für Friedas Empfinden strahlt Else also wohldosierte Güte aus, lebt offenbar ihrem eigenen, der Familie fremden Wertesystem, ihr klassisch schönes Gesicht erinnert an eine Kamee, kühl, vollkommen, wie aus einer fernen Welt. Unnahbar.

Wie anders dagegen Nusch, die jüngere, phantasie- und temperamentvollere. Ihre sanftdunklen Farben, das herzförmige Gesicht, der zierliche und doch weiche Körper: das ganze kleine Wesen ist ein einziger sinnlicher Genuß für Frieda.

Else ist also die intellektuelle, Nusch die schöne der Richthofen-Schwestern. Diese Rollen bleiben ihnen tatsächlich lebenslang erhalten. Und Frieda? »Du, du bist ein Atavismus!«[31] Nie vergißt die Tochter diesen Ausruf der Mutter, nie bestreitet sie dessen Wahrheitsgehalt, gibt ihm allerdings in ihren Erinnerungen eine bewußt positive Wertung: »Sie war sicher nicht modern. Wenn Naturvölker sich eins fühlen mit der ganzen Welt, . . . dann war sie wie die.«[32]

Anna von Richthofen, die mit ihrem erheirateten Adelsprädikat doch gewisse Ansprüche verbindet – daß denen das Verhalten ihres freiherrlichen Gatten kaum entspricht, mindert sie nicht –, sieht Friedas Interesse für Waschfrauen und bettelnde Harfenistinnen durchaus in einem kritischen Licht und mißbilligt es. Ist ihre mittlere Tochter nicht ein auffallend wildes Kind? Zeigt sie nicht eine gewisse Gleichgültigkeit gegenüber ihrem äußeren Erscheinungsbild? Oder was soll man von einer Baronesse halten, die sich liebend gern in den Verteidigungsgräben der Garnisonsstadt Metz die Stiefel schmutzig macht, die im Garten wie ein Junge auf die Bäume klettert und es nicht einmal schafft, zu besonderen Anlässen die weißen Handschuhe zuverlässig sauber zu halten? Deren Frisur aussieht wie das Gefieder eines jungen Spatzen? Von der allzu frischen Gesichtsfarbe ganz zu schweigen.

Frieda ist ganz sicher ein sehr nettes Mädchen: wild, aber nicht aufsässig, intelligent, aber nicht intellektuell, standesbewußt, aber nicht dünkelhaft. Sie bejaht ihre Sonderrolle zwischen den so verschiedenen Schwestern, genießt es, ihren Körper im ausgelassenen Spiel zu erproben, holt sich in ihrer unbefangenen Art große Portionen an Zuwendung und Bestätigung von Erwachsenen außerhalb der Familie. Zu ausschließliche Koppelung an die Mutter oder – bei aller Liebe – auch an den Vater birgt dagegen Konflikte, wie leicht kann eine Tochter da zwischen die Fronten geraten. Else kann ein Lied davon singen. Ihr werden schon früh undankbare Aufgaben zugeschoben wie beispielsweise das Aushandeln des Schweigegeldes für eine der Friedrich-von-Richthofen-Geliebten oder das Bitten um Zahlungsaufschub für Spielschulden – Ehrenschulden! Doch als Sendbotin des Vaters löst sie keines seiner Probleme. Spätestens seit dem Tag, als er der Mutter droht, sich umzubringen, falls sie nicht der Aufnahme einer Hypothek zur Befriedigung drängender Gläubiger zustimme, und diese ihm unmißverständlich klarmacht, dann möge er doch zum Teufel gehen, hat Else verstanden, daß die Entfremdung der Eltern unumkehrbar ist. »Besonders in der sensitiven Else zerbrach der Krieg zwischen den Eltern etwas, was in ihrem späteren Leben niemals heilte.«[33] Frieda gibt gerade nur das preis.

Wenn sie auch die eigene Seele erforscht – Ergebnisse teilt sie nicht mit. Hier, wo es nahegeht, scheut Frieda, wie im Fall der Blas-Schwestern, deutliche Worte, ihre Memoiren bleiben auch in diesem Punkt auf verdächtige Weise vage. Ihre Liebe, ihr Mitgefühl hat sie dem Vater geschenkt, der Mutter vorgeworfen, für die Schwierigkeiten der Männer nicht genügend Verständnis aufzubringen. »Ich hielt ihn einfach für vollkommen. Und schon als kleines Kind tat er mir leid, wie mir instinktiv alle Männer leid taten. Sie trugen Verantwortung für das Leben anderer Menschen, die Last der weltlichen und geistlichen Führung . . . Aber einst hatte er das Vertrauen in sein Leben verloren, mehr noch: das Vertrauen in alles.«[34] So hat es die Ehefrau wirklich nicht sehen können.

Richthofen weiß wohl um seine Inferiorität. Wie viele Männer zu allen Zeiten, denen der Krieg eine Plattform für herausragende Leistungen geboten hatte, resignierte er, als sie ihm entzogen war. Seine Frau dagegen revoltierte gegen seine Passivität, erwartete Anstrengungen, wo doch die Kraft dazu fehlte, und forcierte so den Drang nach Betäubung durch Hervortun in zweifelhaften Männerbünden, durch Glücksspiel und Liebeshändel.

Wie kann die Mutter so streng sein mit dem liebenswürdigen Mann, der so voller Zärtlichkeit und Verständnis für die Töchter ist. Der offenbar in der Konzeption und Pflege seines Gartens aufgeht. Verdanken sie nicht dem Vater das immer wiederkehrende Spektakel des Erblühens von Schneeglöckchen, Scilla, Hyazinthen, Papageientulpen, Flieder, Iris . . . Friedas lebenslang stark ausgeprägte Liebe zu Blumen, zur Natur, ist begründet in ihres Vaters Garten verbrachten Kindertagen. Doch nicht nur für optische und olfaktorische Reize ist das Mädchen empfänglich. Eßbares registriert Frieda immer dankbar: beginnend mit den Erd beeren, von denen eine seltene, weißfruchtige Sorte ihr besonders in Erinnerung bleibt, über die Kirschen, hier gibt es dunkelrote, weißrote und eine blaßgelbe Sorte, den Spargel, die Äpfel, Pflaumen, Mirabellen bis zur Reife der mit besonderer Sorgfalt gepflegten Weintrauben. Ein Mann, der solch aufregendes Spiel inszeniert, kann sich der Zuneigung seiner Kinder sicher sein. Sie lieben ihn für die Momente, wenn er mit ihnen frühmorgens durch den Garten schlendernd mit einer raschen Bewegung eine Fliege fängt, die er sorgsam an ein von Tautropfen glänzendes Spinnennetz heftet. Und die Mädchen dann die Spinne beobachten heißt, wie sie aus ihrem Versteck hervorschnellt und das arme Opfer mit ihrem Faden fesselt. So gewinnt der Vater das Herz seiner Töchter; im Lauf der Jahre lernen Else, Frieda und Nusch jedoch, ihn realistischer zu sehen. Sie müssen anerkennen, daß seine ständigen Affären, seine Spielleidenschaft für ihre Mutter unannehmbar sind.

Und so lernen die Schwestern auch, in welchem Maß die Wahl eines Ehepartners lebensbestimmend sein kann. Während Else es vorzieht, sich durch ein Studium auf ein selbständiges Leben vorzubereiten, hat Frieda keine so extravaganten Wünsche. Ihr ist es darum zu tun, einen Mann zu finden, der Friedrich von Richthofen möglichst wenig gleicht. Den ersten dieser Art, dem sie begegnet, heiratet sie tatsächlich.

1898 – 1907
»›Mein Schneeglöckchen‹, sagte er. ... ›Sei keine Gans‹, flüsterte ihre Mutter.«

Ernest Weekley ist der Mann, den Frieda im Juli 1898 mit am Beispiel der elterlichen Ehe geschärftem Blick wahrnimmt. Ihre Berlin-Reise liegt nur wenige Monate zurück;

was die Männerwelt dort oder in Metz an potentiellen Heiratskandidaten zu bieten hat, die noch nicht ganz Neunzehnjährige glaubt es beurteilen zu können. Glücklicherweise muß sie ihre Suche nicht noch viel weiter ausdehnen – man hat ihr Weekley sozusagen in den Weg gestellt.

Während der Sommermonate verbringen die Richthofens inzwischen regelmäßig mehrere Wochen als Gäste von Julie und Camilla Blas in Littenweiler, eine patente Lösung, wenn das Geld knapp ist. Natürlich trifft man dort Freunde, Professor Arnold Schröer und Frau beispielsweise, die sich eines nicht mehr ganz jungen Engländers angenommen haben. Dieser war während des vergangenen Sommers[35] als Lektor am gleichen Lehrstuhl wie Schröer beschäftigt. Allerdings wohl nicht mit dem erhofften Erfolg. In den Universitätsakten ist von der »Ungewöhnlichkeit« seines Seminars die Rede, und obwohl für das Winterhalbjahr 1897/98 noch Lehrveranstaltungen unter seinem Namen angekündigt sind, wurde er am 25. November 1897 von seinem Dienst enthoben.[36]

Ernest Weekley hatte Sprachen studiert und trotz des Freiburger Mißerfolgs eine für seine Verhältnisse erstaunliche Karriere gemacht. Zweitältestes von neun Kindern, war er nach dem Tod des Erstgeborenen noch gewissenhafter, noch strebsamer geworden, hatte Vorbildfunktion für die Jüngeren übernommen. Sein Vater verwaltete die Gelder der Armenfürsorge im Londoner Stadtteil Hampstead, ein schlechtbezahlter subalterner Beamtenposten. Seine Mutter, sie konnte die Lehrerstochter nie ganz verleugnen, hatte die große Familie fest im Griff. Doch auch für sie gab es – wie für ihren Mann – nur Mangel an Geld zu verwalten. Glücklicherweise war da ein Verwandter, Inhaber einer gutgehenden Boarding School und willig, die Weekleys zu unterstützen, indem er drei Kindern – Ernest war darunter und nutzte seine Chance gut – Internatsplätze einräumte. Mit siebzehn unterrichtete der tüchtige Junge bereits selbst, erarbeitete sich währenddessen als Externer das Bakalaureat und 1892, mit siebenundzwanzig, den M. A. der Londoner Universität für Deutsch und Französisch. Er studierte ein Jahr Germanistik in Bern und als Stipendiat des Trinity Colleges in Cambridge drei Jahre mittelalterliches Englisch und moderne Sprachen. Darauf folgte ein Jahr an der Sorbonne in Paris, bevor er 1897 Lektor für neuenglische Sprache in Freiburg wurde.

Ein Werdegang, der vor allem von Arbeit, nichts als Arbeit zeugt. Bedenkt man weiter, daß seine Familie strengste moralische Grundsätze vertritt (und wie sich dann der Bräutigam seiner Braut gegenüber verhält), ist anzunehmen, daß Ernest Weekley, als er mit dreiunddreißig während der ersten freien Zeit seines Lebens die vierzehn Jahre jüngere Frieda trifft, in Liebesdingen nicht wesentlich erfahrener ist als sie.

Die Schröers präsentieren ihm zu einem kritischen Zeitpunkt seiner persönlichen und beruflichen Entwicklung ein Wesen aus einer anderen Welt. Eine Deutsche – Weekley hat das Deutsche immer gemocht –, eine Baronesse gar, ein temperamentvolles, bildhübsches junges Mädchen, voller Neugier auf das Leben. Er verliebt sich »Hals über Kopf«[37].

Frieda muß in Ernest Weekley den zuverlässigen Mann sehen, den sie sucht. Daß er wie ihr Vater spielen oder Frauengeschichten haben würde – undenkbar. Und: Was er ist, wurde er durch eigene Leistung. Selbst seine geschmeidigen Bewegungen sind das Ergebnis eines ehrgeizigen sportlichen Trainings (in Cambridge erkämpfte er sich sogar ein »blue ribbon« in Leichtathletik), seine elegante Kleidung verdankt er dem sorgfältigen Studium gesellschaftlich relevanter Vorbilder, seine mit intelligenten

Sarkasmen gewürzte Ausdrucksweise breit gefächerter Lektüre. Im November 1898 soll er außerdem eine mit 150 Pfund Jahresverdienst dotierte und mit Zuverdienstmöglichkeiten ausgestattete Stelle als Professor für Französisch am University College in Nottingham antreten.[38]

Frieda und Ernest sehen das, was sie zu sehen wünschen. Beide wissen, warum sie sich verbinden. »Carisima [sic!]«, schreibt Frieda umgehend an Else, »setz Dich auf den nächstbesten Stuhl und dann gib acht: Mama hat Dir vielleicht schon ein wenig von einem Engländer erzählt . . . [Er] liebt mich und kann und will mich heiraten . . . Und ich, meine Liebe, werde ›Ja‹ sagen, denn ich finde ihn anziehend wie niemanden zuvor.«[39] Zum erstenmal in ihrem Leben fühlt sie festen Boden unter ihren Füßen.[40]

Erleichtert schreibt Anna nach fast fünfmonatigem Littenweiler-Aufenthalt im August ins Blassche Gästebuch: ». . . kam krank an und zog als ›Schwiegermutter‹ gesund heim . . .« Zuvor, am 30. Juli 1898, hatten sich Ernest Weekley und Frieda von Richthofen gemeinsam darin verewigt mit dem Zusatz: »Ein . . . sehr glückliches Brautpaar«.[41]

Erst im Alter gesteht sich Frieda kritische Gedanken während der Brautzeit ein: Warum zitterte er, wenn er sich ihr näherte? Warum idealisierte er sie so? Warum küßte er ihr gar die Füße in den schmutzigen Stiefeln? Warum starrte er sie so seltsam an, als sie sich dem Treffpunkt im Wald, einer Quelle, näherte? Wie nie zuvor war sie sich damals ihrer Wirkung bewußt gewesen, sie beobachtete wie unbeteiligt die Szene: den baumbeschatteten Weg, auf den Wartenden zukommend ein junges Mädchen in rosa-weißem Kleid mit Sonnenhut. »Er nahm sie in seine Arme, sanft, zart, seine Leidenschaft zügelnd, als ob er sie nicht ängstigen wolle. ›Mein Schneeglöckchen‹, sagte er.«[42] Das war leider das falsche Wort. (Allerdings: Frieda vermittelt auf Photos aus dieser Zeit einen Eindruck, der von dem Kosenamen, den Ernest für sie fand und mit dem er das Kleine, Feine, Reine an ihr beschwor, nicht so weit entfernt ist. Auffallend oft schlägt sie die Augen nieder, mal gießt sie Weekley einen Becher Wein ein, mal sitzt sie schüchtern neben ihm auf einer Bank unterm Kirschbaum im Blas-Garten. Immer neigt er sich ihr wohlwollend zu, einem älteren Bruder oder jungen Onkel nicht unähnlich.) Das Bild, das er von ihr im Kopf zu haben schien, war schmeichelhaft und irritierend zugleich. Hatte sie sich vielleicht doch zuviel vorgenommen? Würde sie mit diesem so fremden Mann eine glückliche Ehe führen können?

Die erste Begegnung mit seiner Familie klärt das jedenfalls nicht. Anna von Richthofen begleitet die Tochter zum Treffen bis nach Dover. Als die noch nicht Zwanzigjährige ihren künftigen Schwiegereltern gegenübersteht, verläßt sie der Mut, Tränen wollen fließen. »Sei keine Gans«,[43] weist ihre Mutter sie leise zurecht. Und taxiert sofort den Klassenunterschied. Frieda ist bereit, nach in ihren Augen bedeutsamen Vorzügen zu suchen. Sie erkennt nach kurzer Zeit in den Weekleys Menschen, denen es gelungen ist, einen intimen Kreis zu bilden, fest zusammengehalten durch Solidarität und Solidität. Wie anders der Richthofen-Clan! Hier zählt nur Oberflächliches, nur die Außenwirkung, die momentane Befriedigung individueller Bedürfnisse. Die Weekley-Familie bietet dagegen – mit diesem kurzerhand gezogenen Fazit erweist sich Frieda wirklich als naives Gänschen – ein erstrebenswertes Ideal an. Ist es etwa nicht so, als folge sie einer höheren Ordnung, wenn die couragierte Mutter den Söhnen, die doch im Leben eine viel drückendere Last werden tragen müssen als die Töchter, vor diesen den Vorzug gibt. Wie geschickt sie dem Vater die

Rolle des Familienoberhauptes zu spielen erlaubt: Würdevoll legt er jeden Morgen den Arm um eins der kleineren Enkelkinder und liest aus der Bibel vor – ein viktorianischer Moses von der Sorte Mann, die die Ehre einer Tochter noch mit dem Gewehr verteidigt, wenn er deren Leiche bedroht sieht. So jedenfalls raunen drei alte Tanten Ernests der staunenden Frieda die makabre Geschichte zu, während sie eifrig die zierlichen Möbelchen ihres viktorianischen Puppenhauses hin und her rücken, um Frieda das Spielzeug bestmöglich zu präsentieren. Den Fräulein McCowen müssen plüschige Vorhänge und üppige Schabracken die Härten der Außenwelt fernhalten, sanft kräuselt sich Rauch aus drei Zigaretten durch ihre männerlose Wohnung, der eigene Tabakladen sorgt für Unabhängigkeit.[44]

Für Frieda ist weder das Leben der Tanten McCowen noch das der Blas-Schwestern eine bedenkenswerte Alternative. Wieder zurück in Metz, kümmert sie sich um ihre Aussteuer, schreibt brav an Ernest und läßt sich von den plötzlich aufkommenden Zweifeln ihrer Mutter nicht verunsichern.

Am 29. August 1899 ist Hochzeit – in Freiburg, nicht in Metz. Frieda ist als erste der drei Richthofen-Schwestern unter der Haube. Zuvor teilt Frieda mit Nusch noch einmal das Zimmer im Eichberghaus,[45] wie in gar nicht so fernen Pensionatstagen. Else vergißt nie den gemeinsamen langen Spaziergang vor dem Abschied: ».. . was für ein Schmerz . . . diese Trennung! . . . [wie] bewunderte ich Friedas Naturell – ihre fundamentale Unschuld, ihre noble Großzügigkeit und faszinierende Originalität, ihren Glauben an das Leben.«[46]

Wie zum Beginn der Brautzeit gibt auch für deren Abschluß das Haus von Julie und Camilla Blas die Kulisse ab. Das Metz, in dem der Brautvater einen nicht ganz einwandfreien Ruf genießt, erscheint für die Hochzeit dieser

Richthofen-Tochter nicht so passend, da die Trauung vom eigens aus England angereisten Bruder des Bräutigams, Kurat Bruce Edward Weekley, vorgenommen wird. An die Stunde in der Kirche,[47] an die fröhliche Feier in dem großen alten bäuerlichen Gasthaus denkt Frieda, als sie am nächsten Tag im Zug sitzt, dem Ziel ihrer Hochzeitsreise entgegenfährt, kaum. In ihren Memoiren macht sie deutlich, was der Noch-nicht-ganz-Ehefrau (die verschämt unterm Pseudonym Paula verborgen wird, im Gegensatz zu Ernest, der wenigstens E bleiben darf) viel heftiger durch den Kopf ging. 1899 hat sie das für sich behalten.

Frieda führt kurz in die Situation ein: Das junge Paar ist allein in einem komfortablen Erste-Klasse-Abteil. Glücklich und ganz offensichtlich erwartungsvoll schaut sie ihn an, doch ihm wird unter diesem Blick unbehaglich. Stumm sitzen sich beide gegenüber. Manchmal nimmt er ihre Hand in seine schöne, schlanke, gepflegte. Das reicht nicht: Enttäuscht, da sie Berührungen anderer Art erhofft hatte, lehnt sie sich in die roten Plüschpolster und schläft durch bis Luzern.

»Plötzlich schreckte sie hoch. Sie waren in Luzern. Die Lichter spiegelten sich im See, es war eine schöne, warme Nacht; E wirkte schrecklich angespannt. Ihre beiden Zimmer gingen auf den See hinaus. Unter ihren Fenstern zogen Karren und Menschen vorbei, und es herrschte noch ein vergnügtes Treiben. Paula, die sich selbst unbehaglich fühlte, setzte sich aufs Fensterbrett und blickte hinaus.

›Möchtest du etwas essen?‹ fragte er.

›Nein, danke‹, antwortete sie. ›Was für schöne, große Zimmer sie hier haben.‹ – ›Ja‹, sagte er. ›Paula‹, zwang er sich weiterzusprechen, ›du mußt wissen, daß wir noch nicht richtig verheiratet sind. Komm zu mir herüber.‹ Sie kam und setzte sich auf seine Knie. Sie spürte, wie seine Beine unter ihr zitterten, und sie konnte den handgesponnenen Stoff seines Anzugs riechen.

›Mein kleiner Liebling, du bist noch nicht meine Frau.‹
›O ja‹, sagte sie, ›ich weiß.‹

Der fröhliche, offene Ton ihrer Antwort verwirrte ihn.
›Geh zu Bett, mein Kind. Ich werde noch einen Schluck trinken, dann komme ich und sage dir gute Nacht.‹

Er stand auf und ging, fast erleichtert, wie Paula fand. Sie war traurig, sie hatte sich alles so anders vorgestellt. ›Er hat meine Füße geküßt, als sie in albernen Stiefeln steckten‹, dachte sie, ›warum küßt er jetzt nicht meine Zehen in natura? Er behandelt mich wie eine alte Kaiserinwitwe.‹ Ein großer alter Eichenschrank mit einer schönen Schnitzerei, die eine steife Eva und einen Adam zeigte, der aussah wie das Missing link erregte ihre Aufmerksamkeit. Sie hatte bereits einige Kleidungsstücke ausgezogen. Plötzlich kletterte sie den alten Schrank hinauf; die Spitzen ihres Schlüpfers flatterten um ihre kletternden Beine. Oben angekommen, überlegte sie triumphierend, was er wohl tun würde, wenn er sie nicht fand. Sie mußte lachen, aber als sie an sein ernstes, unbewegliches Gesicht dachte, kletterte sie traurig wieder hinunter und schlüpfte schnell in das große Bett, das in eine Vertiefung eingelassen war, so daß es aussah, als würde es in der Erde versinken.

Zwei Stunden später stand sie auf dem Balkon, angetan mit ihrem hellblauen Morgenmantel als einzigem Trost. Sie litt unsägliche Höllenqualen. Es war so entsetzlich gewesen, mehr als entsetzlich. ›O Gott‹, dachte sie. Am liebsten hätte sie sich aus dem Fenster gestürzt! ›Nur Hausmädchen springen aus dem Fenster‹, sagte sie sich verächtlich. Konnte sie nicht einfach davonlaufen? ›Nein, ich bin verheiratet, ich bin verheiratet‹, klang es in ihren Ohren. Sie hatte unbeschreibliche Freuden erwartet, und jetzt fühlte sie sich zutiefst erniedrigt. Ihr Stolz war dahin, sie war ein Nichts. Warum heirateten die Männer Frauen, die sie liebten, fragte sie sich; warum ließen sie sie nicht einfach in Ruhe und rührten sie nicht an? Das wäre wahre

Liebe, verglichen mit diesem Entsetzen. Und er schlief. Er schlief. Sie stampfte in ohnmächtigem Zorn auf den Boden. Er schlief, während sie völlig verzweifelt war. O Gott, wie sehr sie ihn dafür haßte, wie hilflos und unglücklich sie sich fühlte. Trotzdem war sie an ihn gebunden, das war das Allerschrecklichste, sie war an diesen Mann gebunden, den sie im Zimmer atmen hören konnte. Ihr Inneres stand in Flammen. Sie konnte es nicht ertragen. ›Meine Hochzeitsnacht‹, sagte sie zynisch.«[48]

Liest man für »Paula« »Frieda«, so hat man die ganze traurige Geschichte vom mißglückten »Ersten Mal« in einem Zimmer des Luzerner Hotels *Schweizer Hof*, erzählt von der Heldin persönlich.

Nicht nur ihre Vorstellung von Hochzeitsnächten muß Frieda korrigieren. War sie nicht von dem Wunsch beseelt in die Ehe gegangen, ihrem schwer arbeitenden Mann das Leben zu verschönern, indem sie ihm freigiebig Nettigkeiten zuteil werden läßt – etwa so wie sie es bei ihrer Schwiegermutter erlebt und was ihre Mutter dem geliebten Vater verweigert hatte? Hatte sie nicht geglaubt, damit den Trick zu kennen, wie eine glückliche Ehe funktionieren würde?

Wie einfach gedacht! Was weiß sie schon wirklich von diesen oder anderen Ehen! Auch von ihr wird mehr verlangt werden. Zunächst soll sie sich ihr sonniges Wesen durch die erste gemeinsame Wohnung nicht trüben lassen. Diese liegt in einer wenig attraktiven Gegend Nottinghams, der Stadt, in der ihr Mann seit einem Jahr Professor am University College ist, was, auch das muß Frieda nun erkennen, der Professur an einer deutschen Universität nicht entspricht. Unweit befinden sich eine Färberei, eine Bleicherei, eine Gerberei, eine Zeche. Das junge Paar zieht im grauen englischen November ein, wenn sich die neblige, von Giften gesättigte Luft schwer auf Lunge und Gemüt legt. Im Dezember ist klar, daß sie nicht dort bleiben

können. Frieda ist schon schwanger. Und die Weihnachts-
briefe bieten eine wunderbare Gelegenheit, der deutschen
Verwandtschaft diese überwältigende Neuigkeit mitzuteilen.

»Ich will Euch etwas erzählen, das Eure Großeltern- und
Tantengefühle wecken wird. Weekleys werden nächstes
Jahr zu dritt sein. Es ist zu hoffen, daß das kleine Weekley-
Kind mehr dem Vater nachschlägt und nicht ein solcher
Nichtsnutz wird, wie seine Mutter.«[49]

Friedas Brief ist der Auftakt zu einem spannenden Ein-
stieg ins neue Jahrhundert für die Richthofen-Schwestern:
Die siebzehnjährige Nusch verlobt sich mit Max von
Schreibershofen, der doppelt so alt ist wie sie, General-
stabsoffizier, vermögend. Ein Glück? Else und Frieda sind
nicht dieser Meinung, sie mißbilligen sogar die Verbindung. Auch Nusch kommen zunehmend Bedenken, eine
Woche vor dem Hochzeitstermin vertraut sie sich der
Mutter an und will die ganze Sache abblasen. Doch Anna
von Richthofen zeigt Härte und zwingt das Mädchen in
die Ehe. Am 2. August 1900 sieht Metz großen militäri-
schen Pomp: Die junge Braut reitet an der Spitze des Re-
giments ihres Bräutigams. Bald weiß Nusch: Alle Zweifel
waren nur zu berechtigt. Das Schreibershofensche Vermögen ist der Spielleidenschaft ihres Mannes nicht gewachsen, das Paar hangelt sich von einem Skandal zum
nächsten. Aber Nusch hat ihre Lektion von der Mutter,
vom Vater gelernt. Nur was man im Augenblick hat, das
zählt. Eine oberflächliche, ja zynische Lebenseinstellung ist
in dieser Lage von Vorteil.[50] Sie schläft mit anderen Männern, auch für Geld. Könnte man es nicht so sehen, daß sie
damit für die Spielschulden ihres Mannes zahlt? Nusch bemüht sich, eine kalte, berechnende Kokotte zu sein.[51]
    Auch Else verlobt sich, aber es ist eine halbherzige Sa-
che, die sie, klug wie gewohnt, bald wieder beendet –

Frieda gibt sich verständnisvoll und leistet sich gleichzeitig eine spitze Bemerkung über Elses Ex-Bräutigam: ». . . wie auch immer, er ist kein Ernest, jeden Tag fühle ich mich glücklicher, wir zanken nicht, noch streiten wir.«[52]

Frieda ist mit sich und der Welt zufrieden. Weihnachten hatten sie in Hampstead mit den Weekleys verbracht – wie außergewöhnlich nett alle zu ihr waren, nachdem sie von ihrer Schwangerschaft erfahren hatten. Eine neue Wohnung wurde auch gefunden: 9, Goldswong Terrace, vor etwa fünfzig Jahren aus Backsteinen gebaut, mit kleinem Garten vor und noch kleinerem Hof hinterm Haus. Auch drinnen sind die Dimensionen winzig, man ist sich immer nah. Aber was macht das schon, wenn man noch kein Jahr verheiratet ist, die Abende liebend gern mit einem Buch vor dem Kamin verbringt, den verehrten, geliebten(?) Ehemann erwartend, der gleich mit schönen schlanken Händen, deren Anblick Frieda noch immer entzückt, sein Abendbrot verzehren und ihr manches leckere Häppchen davon zuteilen wird. Zwar kann Frieda das Geräusch, mit dem er dazu sein Pint of Stout trinkt, nicht ausstehen, aber was macht das schon, wenn er auf ihr lautes Gepolter die enge Reihenhaustreppe hinunter nur gutmütig mit dem Hinweis reagiert, er habe wohl ein Erdbeben geheiratet.

Das sind die Szenen der jungen Weekley-Ehe, die Frieda nach mehr als vier Jahrzehnten notiert. Und auch das verhehlt sie nicht: Ernest ist unzweifelhaft von der Sorte Mann, die Frieda für sich bisher erträumte, der erwünschte Kontrast zu ihrem Vater. Er schlägt sich tatsächlich gut in der »Welt«, ein zusätzlicher Lehrauftrag in Cambridge, eine Bewerbung auf eine besser bezahlte Stelle an der Universität Liverpool, die Aussichten sind rosig. Er wird ganz sicher bestens für sie und das Kind sorgen. Die Nurse ist schon bestellt, das Datum für die Ankunft Anna von Richthofens festgesetzt: Frieda ist bereit, ihren weiblichen Part neben Ernest perfekt zu spielen. Nicht nur eine

»gute« Ehefrau, sondern auch eine »gute« Mutter will sie sein – was in beiden Rollen »gut« ist, macht sie von der Meinung ihrer Umwelt abhängig. Am 15. Juni 1900 wird Montague Karl Richthofen Weekley[53] geboren. Entzückt beugen sich die Eltern über die Wiege. Ein neues Leben hat angefangen.

Frieda darf mit dem kleinen Monty wieder zurück in die Kindheit, sie ist gerade zwanzig! Der fünfunddreißigjährige Ernest weiß zwar manchmal nicht, welches Gesicht er machen soll, wenn er Mutter und Sohn toben sieht, aber seinen Briefen nach zu urteilen, ist seine Grundstimmung gelöst und glücklich, ja stolz, wenn er Komplimente für seine lebensvolle, attraktive Frau entgegennehmen darf.

Befreundete Familien aus Kollegenkreisen sind vor allen anderen die Kippings, deren Sohn etwa um die gleiche Zeit wie Monty geboren wurde, und die Flersheims, auch ein englisch-deutsches Ehepaar wie die Weekleys. Frieda macht auf den ziemlich biederen Nottinghamer Universitätsfesten Furore allein durch ihr Aussehen: »Wer ist diese hübsche Frau da drüben mit den Haaren wie ein Heuhaufen?« – »Das ist meine Frau«, kann – zu seinem eigenen Erstaunen – Professor Weekley dem bewundernden Partygast antworten.[54]

Neben solchen durch Weekleys Beruf bedingten gesellschaftlichen Auftritten und Treffen mit Freunden aus dem gleichen Milieu wählt die »gute« Ehefrau und Mutter Frieda gelegentliche Familienbesuche in Hampstead, gelegentliches Singen in einem Frauenchor als Zerstreuung. Auch versucht sie vorübergehend gemeinsam mit Ernest Italienisch zu lernen, doch da seine Arbeitsbelastung durch dreimal wöchentlich stattfindende Abendkurse und Sonntagsunterricht noch immer zunimmt, wird dieses Projekt bald aufgegeben. Immerhin gelingt es Professor Weekley durch Nebentätigkeiten sein zwar gestiegenes, jedoch nach

wie vor schäbiges Monatseinkommen von 250 Pfund auf-
zubessern. Es reicht für eine Sommerreise der kleinen Familie nach Metz und Freiburg.

Wieder sitzt Frieda mit Ernest unterm Kirschbaum im
Blasschen Garten in Littenweiler. Die Erinnerung an ihre
Hochzeit vor zwei Jahren drängt sich auf. Damals widme-
ten die Kollegen an der Universität Freiburg dem ehemaligen englischen Lektor eine Hochzeitszeitung. Darin kolportiert ein Gedicht das Kennenlernen des Paares:

> »Geheimnis
>
> Am Eichberg in Littenweiler
> Große Gesellschaft war.
> Man streifte durch die Wälder,
> Es schloß sich Paar an Paar.
>
> Und als zurück man kehrte,
> Kam ein Paar nicht mit an,
> Es war ein deutsches Mädchen
> Und ein englischer Mann.
>
> Es währte eine Stunde,
> Da trafen sie endlich ein,
> Man fragte sie neugierig,
> Wo sie gewesen sei'n.
>
> ›Wir suchten Farrenkräuter‹,
> Errötend das Mädchen sprach,
> Aber den leeren Händen
> Jedwedes Grün gebrach.
>
> ›Und was habt ihr gefunden?‹
> Das Mädchen sagte nichts,

Geheimnis bargen die Züge
Des lieblichen Gesichts.«

Im ersten Jahr ihrer Ehe ist Frieda hinter mehr als ein Geheimnis gekommen – auch das, was sie an ihrem Hochzeitstag am brennendsten interessierte. Das Thema scheint für sie nun von untergeordnetem Interesse. Ernests ausgesprochene Lust darauf, sich von einer als Witwe verkleideten Frieda erotisieren zu lassen, quittiert sie verständnislos und ablehnend.

Frieda hat neuerdings intellektuelle Ambitionen. Zurück in Nottingham, geht sie daran, ihre englische Fassung von Schillers Balladen abzuschließen, über den konkreten Anlaß zu diesem Projekt ist nichts bekannt. Was sie an vorhandenen Übersetzungen auswählte und mit einem Vorwort versah, erscheint in der Reihe ›Blackie's Little German Classics‹; man drückt die Bändchen englischen Schülern in die Hand, die deutsche Dichter und Denker kennenlernen sollen. Wie alle Richthofen-Schwestern verfügt Frieda über hohe Anpassungsfähigkeit mit einem Schuß ins Extravagante. Mit der Buchveröffentlichung setzt sie sich geschickt in der Nottinghamer Universitätskommune in Szene. Und sie kann nicht widerstehen, ein wenig vor ihrer Schwester Else zu prahlen, die bereits eine aufsehenerregende Karriere gemacht hat: Sie promovierte 1901 in Heidelberg als erste Studentin bei Max Weber mit einer Inauguraldissertation mit dem spröden Titel ›Über die historischen Wandlungen in der Stellung der autoritären Parteien zur Arbeiterschutzgesetzgebung und die Motive dieser Wandlung‹ und ist seit kurzem als erste Fabrikinspektorin und damit als erste Beamtin in Karlsruhe tätig. Ihr schreibt Frieda (ganz gegen ihre sonstige Gewohnheit ordentlich mit Datum unterm 25. November 1901) mit kaum gebremstem Stolz:

»Wir leben friedlich in unserem kleinen Haus, der Junge ist unser großes Glück . . . Ich habe auch nette Leute kennengelernt, manchmal gehen wir ins Konzert und im großen und ganzen finde ich das Leben lebenswert. Stell Dir vor, ich dilettiere als Publizistin; es ist, ganz bestimmt, eine sehr anspruchslose Sache, aber es macht mich sehr stolz, etwas ›Geistiges‹ zu fabrizieren. Ein wenig Anstrengung tut meinem eingerosteten Gehirn gut. Ich bekomme 100 Mark für sehr wenig Arbeit.« Und: »Mein kleines Schillerbuch hat mir irrsinnig viel Spaß gemacht. Es ist gemein, daß man uns Frauen mit Gewalt von allem ›Geistigen‹ fernhalten will, als ob man das nicht mehr brauchte, wenn man verheiratet ist.«[55]

Nicht schlecht für eine Zweiundzwanzigjährige. Mit dreiundzwanzig hat Frieda einen weiteren Aktivposten auf ihrem Konto: Elsa Agnes Frieda, geboren am 13. September 1902. Die ersten Schwangerschaftsmonate waren schwierig gewesen, aber bald konnte sie fortfahren, sich mit Else über »Geistiges« auszutauschen. Nietzsche hier, Eliot und Thackeray da, ein bißchen Plato dazwischen – ein interessantes Programm, eine Mischung der In-Themen englischer und deutscher Intellektuellenkreise.

Und offenbar war die Beschäftigung mit »Geistigem« zusammen mit regelmäßigen Abendspaziergängen an Ernests Arm für Frieda die optimale Geburtsvorbereitung.

»Das Kind meldete sich gegen eins und war noch vor vier geboren . . . Alles ging gut für die Mutter; sie mußte nur wenig leiden, viel weniger als das letzte Mal.«[56] Nun, auch dem Vater blieb das Schlimmste erspart: Zehn Minuten vor der Geburt wurde er von der erfahrenen Frieda mit der Bemerkung, sie sei schon in Ordnung und er brauche keine Angst zu haben, aus dem Zimmer geschickt. »Wir haben beschlossen, die kleine Tochter Else Agnes Frieda zu nennen. Wie sie später gerufen wird, hängt von ihrem Betragen ab. Wird sie sehr gelehrt, heißt sie Elsa; sehr kühn, Frieda; sehr liebenswürdig, Agnes. Das hat die stolze Mutter so bestimmt.« Und: »Ich sitze nahe bei [der stillenden Mutter, Anm. d. Verf.] und strahle wie ein alter Esel.«[57] Ernests Briefe beruhigen die Schwiegereltern in Deutschland, denen endlich auch der dritte Schwiegersohn präsentiert wird: Dr. phil. Edgar Jaffé, Max-Weber-Trabant, reich. Else heiratet ihn am 19. November 1902 zur Überraschung aller, die sie kennen, zieht sich ins Privatleben zurück und hat künftig noch mehr Zeit für Lektüre.

Und die Weekley-Ehe ist für eine weitere Steigerung gut: wieder ein neues, besseres Haus, wieder ein Kind.

Das Haus in 8, Vickers Street ist nicht mehr ganz so kleinbürgerlich, liegt auf einem Hügel mit Aussicht auf die Stadt – Ernests nun bald sechsjährige Tätigkeit als Professor schlägt sich in steigendem Einkommen nieder.

Das Kind wird am 20. Oktober 1904 geboren, Barbara Joy getauft, aber Barby gerufen. Das Weekleysche Familienleben kommt zur vollen Entfaltung. Mit Interesse beobachtet der Vater die Entwicklung seiner zweisprachig aufwachsenden Kinder, notiert daraus resultierende drollige Wortschöpfungen – leider nicht, nach welchem Konzept die Kinder lernen und wer es sich ausgedacht hat.

Die Mutter liebt dagegen auch Körperkontakte: Frühstück in Friedas Bett am Sonntagmorgen, sie nimmt die Kinder in die Arme und erzählt Märchen, sie läßt sie auf den Knien reiten und dann hinunterpurzeln, genießt den Duft ihrer Haare, ihrer Haut. An das leichtfüßige Laufen der Kleinen, sei es einem Ball im Garten hinterher oder noch badefeucht vors Kaminfeuer im Kinderzimmer, an ihr Lachen erinnert sich Frieda noch im hohen Alter. Sogar ihre hübsch bestickten Kleidchen hat sie noch vor Augen, wie sie abends für den nächsten Tag ausgelegt sind. Frieda hat Zeit, die komplizierte Handarbeit selbst zu besorgen. Sie hat viel Zeit. Eine Frau kommt zum Kochen und hilft auch sonst bei der Hausarbeit, bleibt aber hinter den Kulissen. Fürs Repräsentative gibt es ein Hausmädchen, das Besuchern die Tür öffnet und die Räume so hält, daß man dort empfangen kann.

Und dann ist da noch Ida Wilhelmy. Frieda hatte die junge Deutsche den Flersheims abgeworben. Sie war in deren Haushalt zum Krankwerden unglücklich, und Frieda bedrängte ihren Kinderarzt, der wiederum das Mädchen bedrängte, wenigstens zu den Weekleys zu gehen, bis es ihm psychisch und physisch besser ginge. Eine ideale Entscheidung. Ida wurde den Kindern eine zuverlässige, resolute Erzieherin und Frieda eine loyale Hausgenossin, wie geschaffen, die Mischung aus freiherrlicher Überheblichkeit und warmherziger Vertraulichkeit ihrer Arbeitgeberin zu akzeptieren, deren Willen zu erspüren und den Kindern gegenüber durchzusetzen. Die Mutter kann die angebetete Göttin, die fröhliche Spielkameradin sein.

Alles ist aufs beste geregelt.

Am Montagmittag gibt es den kalten Braten vom Sonntag; dienstags wird gewaschen, gebügelt am Mittwoch; Donnerstag – mit Ausnahme des Nachmittags, wenn Frieda »at home« ist, um besucht zu werden – und Freitag sind die Putztage. Samstags ist Hochbetrieb in der Küche. Frieda bewegt sich zunächst ungeschickt, dann reibungslos und schließlich autonom in diesem durch Nottinghamer Verhältnisse diktierten Zeitraster. Sie erweist sich als lernfähig.

Doch bald ist das Feilschen um Pennies beim Einkauf von, sagen wir, Suppenknochen – hier war Anna von Richthofen zugegen und verließ, jeder Zoll eine Baronin, indigniert den Fleischerladen – in immer perfekter beherrschtem Englisch keine Herausforderung mehr. Bald hat Frieda die mit Zurückweisung durch die Köchin quittier-

ten Versuche, Rezepte aus der Sammlung ihrer Mutter aus-
zuprobieren, aufgegeben. Bald sind auch die Besuche mit
den Kindern im Café Mikado zu Kuchenorgien ausgereizt.
Die fünfundzwanzigjährige Professorengattin fragt sich,
wie es wohl jede vernünftige Frau tun würde, ob das alles
gewesen sein soll.

Wie und wo sie die Antwort sucht, zeigt, daß sie auch
von der Vernunft genug hat.

Vickers Street liegt in unmittelbarer Nähe der Mapperly
Road. Dort wohnt eine Familie, mit der die Weekleys
mittlerweile eng befreundet sind. Nicht die üblichen Leute
aus dem Universitätsmilieu, es ist spannender: William En-
field Dowson ist ein wohlhabender, umtriebiger, techni-
schem Fortschritt zugewandter Fabrikant, seine Frau
Helena leitet eine Nottinghamer Sektion der NUWSS, der
1897 unter Führung von Millicent Fawcet gegründeten
National Union of Women's Suffrage Societies, für die sich
die Bezeichnung Suffragistinnen eingebürgert hat – zur
Unterscheidung von den militanteren Suffragetten. Die
Weekleys legen so großen Wert auf den anregenden Umgang mit diesen Nachbarn, daß sie Dowson bitten, die Pa-
tenschaft für ihre jüngste Tochter zu übernehmen. Doch
während abendlicher Treffen und Diskussionen über
Emanzipationsfragen hängt Frieda bald nicht mehr an den
Lippen Frau Dowsons, sondern Blicke und Gedanken
schweifen zu deren Mann. Und er schaut zurück! Bald
gönnt er sich die Gesellschaft der – im Gegensatz zu seiner
Helena – so offensichtlich ihre Rolle als Frau und Mutter
bejahenden Frieda; nach anfänglichem Interesse an den
Lieblingsthemen seiner Frau, hat er, der doch selbst aufs
schönste alle Erwartungen, die traditionell an einen Mann
gestellt werden, erfüllt, genug davon. Für Frieda setzt er
sich gern ans Steuer seines auffallenden Wagens und zeigt
ihr und den Kindern die Schönheiten der Umgebung
Nottinghams. Sie fahren zu den Ufern des Trent, wo er ein

Ferienhaus besitzt und mehrere Vergnügungsboote zur Vermietung liegen hat. Frieda, die leidenschaftliche Schwimmerin, läßt Monty in die Wellen gleiten, wie es einst ihr Vater mit ihr gemacht hatte. William Dowson schaut zu. Er lädt sie auch zu Fahrten zu zweit ein. Newstead Abbey, einst Byrons Besitz, Massen von Bluebells und Schlüsselblumen unter alten Eichen im Sherwood Forest, welche Ziele hätten lohnender sein können? Frieda und William lieben sich dort. Aber zwischen ihnen sind auch Gespräche möglich, wie sie Frieda besonders schätzt: über moderne Literatur – und zwar nicht so professoral-gönnerhaft, wie ihr Mann sie zu führen pflegt. Frieda hält noch nach Jahrzehnten den Ton, den er ihr gegenüber anschlägt – und den sie sich gefallen läßt! – für so bezeichnend für ihrer beider Verhältnis, daß sie eine typische Gesprächssituation in ihren Memoiren aufzeichnet:

»›Du läßt dich heute abend herab, mit mir zu sprechen‹, sagte er. ›Gestern warst du so in dein Buch vertieft, daß du meine Fragen nur mit einem gelegentlichen Grunzen beantwortet hast.‹

›Tut mir leid‹, sagte sie, ›ist es wirklich so schlimm? Gott, das ist aber auch aufregend. Ich liebe Stendhal.‹

›Ja, angeblich soll er ganz wunderbar sein‹, antwortete er.

›Es interessiert mich nicht im geringsten, wie er angeblich sein soll‹, platzte sie heraus, ›aber ich habe noch nie etwas gelesen, das mich so gepackt hat wie das hier, ›Le Rouge et le Noir‹.‹

›Allerdings, das ist genau die Art von moderner Literatur, die dir gefällt‹, sagte er, ›mit deinen Nietzsches und Platos.‹

›Weißt Du noch‹, lachte sie, ›als ich meinen Plato-Anfall hatte und schon beim Frühstück mit ›Sokrates sagt‹ anfing? Du hast auf den Tisch geschlagen, als wäre er Sokrates, und gesagt: ›Zum Teufel mit Sokrates‹.‹

›Ja‹, antwortete er, ›du bekommst deine Masern ziemlich spät, die meisten Leute haben Plato in deinem Alter längst hinter sich, aber wenn ich an deine Anfälle denke!‹« Und unvermittelt erinnert sie sich auch an diesen Ausspruch Ernests: »Ich bin ein verdammt guter Dozent.«[58] Wen wunderts, daß Frieda oft nachts aus dem Haus stürmt, durch die Vickers Street und die Mapperly Road hinaufläuft, um, dann mit kühlem Kopf, umzudrehen und zurückzukehren.[59]

Die Dowson-Affaire, die der Immer-noch-Anfängerin in Sachen Eskapismus − hatte sie sich nicht mit Ernest verbunden, um den vielfältigen Schwierigkeiten im Elternhaus zu entfliehen? − so gut gelungen ist, findet bald ein von Frieda nicht bedauertes Ende. Der ehemals Geliebte zieht 1907 mit seiner Familie nach Felixtowe, anderen erfolgreichen Geschäftsleuten Nottinghams nach, die ihr Vermögen in dem Seebad besser genießen zu können glauben.

Ernest scheint zu keinem Zeitpunkt etwas von dieser Beziehung gemerkt zu haben. Monty hingegen registrierte hingerissen das Aufblühen seiner Mutter, der Fünfjährige fand sie klasse, energisch, impulsiv hochgestimmt . . .[60]

Einem Studenten ihres Mannes hätte sie damals sicher schon gefallen, beide haben ein Treffen nur knapp verpaßt: D. H. Lawrence ist während seiner Zeit am Nottingham University College einige Male Gast bei seinem Bruder, der ganz in der Nähe der Weekleys wohnt und der sich später erinnert, Frieda gelegentlich gesehen zu haben. So kann der junge Mann nur seinen älteren Lehrer bewundern: »Er ist mein Lieblingsprofessor . . . Er ist ein wirklicher Herr. Er ist so elegant. Er lehnt sich in seinem Stuhl zurück und zeigt so auf die Tafel, zu elegant, um aufzustehen. Und er spricht uns als ›Herren‹ an. Er ist natürlich sarkastisch.«[61] Das ist es, was Lawrence über Weekley in dieser Zeit mitzuteilen hat.

Begann Frieda ihre erste außereheliche Affaire vor oder nach 1905?

Die Frage ist interessant, denn in diesem Jahr hatte sie einen Besuch von ihrer Schwester Nusch, der sie nachhaltig beeindruckte. Aber schlüssig zu beantworten ist sie nicht, so bleibt unklar, ob die jüngere Schwester der älteren den Anstoß zum Ausbrechen gab. Nusch zeigte sich im provinziellen Nottingham von ihrer glamourösen Seite, erzählte von ihren zahllosen Männergeschichten, sie trat in allerneusten Modekreationen auf und ließ der armen Frieda gönnerhaft ein paar von den Kleidern da, damit sie etwas »Anständiges« zum Anziehen hätte.

Auch ein anderes Treffen in diesem Jahr könnte Auslöser für Friedas Affaire mit Dowson gewesen sein: der turnusgemäße Besuch aller Richthofen-Schwestern bei Julie und Camilla Blas in Littenweiler. Alle hatten ihren Nachwuchs mitgebracht: Else präsentierte Friedel und Marianne, Nusch Anita und Hadubrand, Frieda ihre drei. Die Schwestern haben den Nachweis erbracht, daß sie die Aufgaben als »Gattinnen« meistern, so wie ihre so unterschiedlichen Männer es von ihnen erwarten. Ihre Karriere als Frauen betrachten sie jedoch längst nicht als beendet. Auch Friedas Ehrgeiz, ihrem Leben eine besondere Wendung zu geben, nicht mehr die Brave, Angepaßte zu sein, ist geweckt. Wohin genau sie sich orientieren will, ist ihr noch nicht klar – doch die Herausgabe einer Sammlung von Märchen und Sagen von Ludwig Bechstein, die 1906 in der gleichen Reihe wie ihr Schiller-Bändchen erschien, markierte – das machen die nächsten Jahre deutlich – weiß Gott nicht die Richtung, in die sie sich im wesentlichen weiterbewegen wird.

Das zweite Kapitel:
Frieda, die Avantgardistische

1907 – 1912
».. . und ich wünsche oft, ich wäre ein gewaltiger Fußtritt.«

Nichts hätte der nun siebenundzwanzigjährigen Frieda zu Beginn des Jahres 1907 gelegener kommen können als Elses Einladung. Nur zu gern tauscht sie für ein Weilchen Eigenheim und Nottingham gegen die Heidelberger Villa der Jaffés und ambitionierte Zirkel der Universitätsstadt am Neckar. Erst vor wenigen Monaten haben die Schwester und Schwager Edgar ihr respektables Anwesen Auf der Schanz 1 bezogen.

Und nachdem eine weitere Einladung, die von Frida Gross, geborene Schloffer, in die Vickers Street flatterte, steht München als Friedas zweites Reiseziel fest. Frida Gross ist Else Jaffé seit der gemeinsamen Freiburger Schulzeit im Blasschen Institut in großer Verehrung ergeben, und ebensolange ist sie mit den jüngeren Richthofen-Schwestern befreundet. Nach München war Frida Gross im Windschatten ihres Mannes, eines Bohemien der Extraklasse, gekommen.

Macht sich Frieda Weekley allein auf den Weg nach Deutschland? Dagegen sprechen an Else gerichtete Briefzeilen, wonach die Kinder und deren Mädchen mitfahren. Ida Wilhelmy, heißt es da, gehe mit Monty zu Frankfurter Verwandten und sie selbst bringe Elsa und Barby nach Heidelberg mit.[62] Sicher ist nur, daß Frieda nach einem Aufenthalt in Elses Haus im April 1907 in München eintrifft. Ihre Töchter könnte sie vorübergehend der Schwester anvertraut haben.

München! Schrecklich neugierig war Frieda auf diese Stadt »im Aufbruch in die Moderne« gewesen. Manches an München kommt ihr bekannt vor, schwappte doch die Technisierungswelle vom früh industrialisierten England auf den europäischen Kontinent über. Auch Münchnern erschließen nun Eisenbahnlinien das Umland. In Vorstädten schossen Fabrikanlagen und Mietskasernen wie Pilze aus dem Boden. Auf den Straßen werden weiß und blau bemalte Wagen der *Tramway*-Aktien-Gesellschaft anstelle von Pferden mit Strom aus Oberleitungen bewegt. Neuerdings illuminieren stattliche Bogenlampen die Theresienwiese während der Oktoberfestwochen ... »München leuchtete«[63] – mit dieser denkbar knappsten Formel benennt Thomas Mann jedoch jene imaginäre Strahlkraft Münchens, die auch Frieda auf Anhieb tief beeindruckt.

Die einstmals leicht angestaubte Residenzstadt an der Isar hat sich zu einem Kulturzentrum gemausert. Wichtige Impulse waren bereits von König Ludwig I., dem Stadtplaner, Kunstakademie- und Universitätsförderer sowie Museumsgründer, ausgegangen. München, das um die Jahrhundertwende schätzungsweise dreitausend Maler und Bildhauer beherbergt, hat mittlerweile Berlin, einst *die* Kunststadt Deutschlands und Drehscheibe des Kunsthandels, auf den zweiten Platz verwiesen. Mitglieder der *Neuen Künstlervereinigung*, darunter Expressionisten wie Franz Marc, Paul Klee, Gabriele Münter und Wassily Kandinsky, Marianne von Werefkin und Alexej von Jawlensky, kreieren in ihren Münchner Atelierwohnungen Aufsehenerregendes. In Bayerns Metropole werden die deutschen Zeitschriften verlegt, deren Titel – *Moderne Blätter, Jugend, Frühling* oder *März* – Aufbruchstimmung signalisieren. Und die Stadt wächst. Manche der etwas mehr als eine halbe Million Einwohner, Schwabinger zum Beispiel, wurden erst jüngst durch Eingemeindung Münchner.

Schwabing! Dieser Stadtteil ist Sammelbecken für jene

Avantgarde, die der »wilhelminisch« genannte Epoche den verhaßten Zeitgeist auszutreiben sucht. *Avant gardez!* Künstler und Intellektuelle haben die antiliberale Staatsmacht im Visier. In Schwabing attackiert man Spießer: zensierende Beamte, kujonierende Militärs, kleinkarierte Provinzialisten, despotische Patriarchen und überhitzte Patrioten.

Wer von Schwabing spricht, beschreibt um die Jahrhundertwende keinen Ort, sondern einen »seligen Zustand«. Dort tummeln sich neben Malern und Bildhauern »Dichter, Modelle, Nichtstuer, Philosophen, Religionsstifter, Umstürzler, Erneuerer, Sexualethiker, Psychoanalytiker . . . Kunstgewerblerinnen, entlaufene Höhere Töchter, ewige Studenten, Fleißige und Faule, Lebensgierige und Lebensmüde, Wildgelockte und adrett Gescheitelte«, die bei aller Verschiedenheit voneinander der feste Willen eint, Widerstand gegen die Autorität der herkömmlichen Sitten zu leisten und ihr »individuelles Gehabe«[64] nicht unter die Norm zu beugen. Junge Leute aus ganz Europa erliegen der Verlockung, dem Lebensstil ihrer Eltern »gährenshalber«[65] zu entkommen. Ob Naturapostel oder neuheidnische Prediger, alle dürfen in Schwabing ihr Credo verkünden, einige verhökern gereimte Traktate gegen kleine Münze an Passanten. In Schwabing unternehmen feine Damen in Reformkleidern (und darunter versteckten hauchzarten Dessous) Selbsterfahrungsstreifzüge, äußerst korrekt gekleidete Herren demonstrieren ihren Freigeist durch signalfarbene Westen.

»Was zusammengehörte und zusammenstrebte, fand sich in den Caféhäusern, Weinstuben und Bierkellern . . .«[66] Bevorzugte Treffpunkte dienen zum Reden, Streiten und Versöhnen. Man feiert bacchantische Feste und frönt der freien Liebe. Wie anregend es in Schwabing zugehen kann, ist unter anderem vom Schriftsteller, Anarchisten und Edelbohemien Erich Mühsam zu erfahren, den eine akute Geschlechtskrankheit beim ausgelassenen Treiben im Atelier einer Freundin zum unfreiwilligen Zuschauer degradiert. Denn anschließend macht sich Mühsam einen Spaß daraus, seiner amüsierten Leserschaft vor Augen zu führen, wie das enge Suspensorium[67] . . . unter dem Druck seines mächtig gestrafften Gliedes beinahe zerreißt.[68]

Bisher hatte Frieda, so sagt sie, die Gesellschaft, in die sie hineingeboren worden war, und auch die, in die sie hineingeheiratet hatte, akzeptiert.[69] Das, was die Suffragistin Helena Dowson über weibliche Emanzipation predigt, und was britische Feministinnen in Artikeln in *English-Woman's Journal* einfordern oder was in dem Standardwerk ›The History of Woman Suffrage‹ nachzulesen ist, hatte sie, auf sich selbst bezogen, als wenig wichtig angesehen. Und auch das, was Elses Bücherschrank in Sachen Frauenbewegung hergibt, das von Helene Lange und Gertrud Bäumer zwischen 1901 und 1905 vorgelegte mehrbändige ›Handbuch der Frauenbewegung‹ beispielsweise, findet zwar Friedas grundsätzliches Interesse, wird von ihr aber eher als beachtenswert denn als nachahmenswert eingestuft. Dabei wird mittlerweile selbst in vorwiegend mit Etikettefragen befaßten Werken wie dem im deutschsprachigen Raum maßgeblichen Ratgeber für ›Die Frau comme il faut‹ auf »Frauenfragen« hingewiesen und gleichzeitig um Solidarität mit Frauenrechtlerinnen geworben: ». . . und wir lassen uns die erworbenen Freiheiten und Erleichterungen gerne gefallen, ohne an den ernsten Kampf zu denken, dem wir sie verdanken. Mit eiserner, geduldiger Bohrarbeit haben die Vorkämpferinnen ihr Terrain vorbereitet und theilweise erobert, unter Umständen, an denen Männer längst verzagt wären . . . Wir wollen hier kurz sagen, was die vielgeschmähte Emancipationsarmee eigentlich will: . . . Die Zulassung zum heiß umstrittenen Frauenstudium und die

Berechtigung zur Ausübung der erworbenen Kenntnisse . . . Das Wahlrecht der Frauen . . . vor allem eine Reform der Ehegesetze in Bezug auf die Scheidung.«[70]

Anspruch auf bessere Bildung, gar auf weibliche akademische Karrieren? Das ist Elses Ressort. Frauenstimmrecht? Frieda interessiert Politik herzlich wenig. Änderung der frauenfeindlichen Scheidungsgesetze? Auch das ist kein Thema für sie. Frieda Weekleys Nachholbedarf ist enorm – und zwar in jeder Beziehung.

Eine der produktivsten Ideenbörsen Schwabings ist das *Wiener Café Stefanie* im Eckhaus Theresienstraße/Amalienstraße 14, respektlos *Café Größenwahn* genannt. Das Lokal gehört zu den wenigen in München mit 3-Uhr-Konzession. Ständig kommen Gäste oder gehen. Am Eingang schützt ein schwerer Vorhang die buntgemischte Schar vor Zugluft. »Wer hier eintrat, war daheim.«[71] Notfalls – doch dergleichen Notfälle sind häufig – kann die Zeche angeschrieben werden. Stadtberühmtheiten halten im Nebenzimmer des *Café Stefanie* ganze Nachmittage lang die Schachtischchen besetzt. Zu diesen stadtbekannten Personen werden Heinrich Mann, Lion Feuchtwanger, Frank Wedekind, Otto Kokoschka, Else Lasker-Schüler, Roda Roda, Oskar Maria Graf, Stefan George . . . gezählt. Auch im stets überfüllten bierkellerartigen Hauptraum okkupiert Stammkundschaft stundenlang Bänke mit abgewetzten, einst roten Samtbezügen. Beide Billardtische sind stets umlagert. Zwischen Theke und Neuankömmlingen pendeln vertraulich mit ihren Vornamen angesprochene Kellner, Nachbestellungen halten sich in bescheidenen Grenzen. Dicke bleigraue Tabakqualmwolken sind durchsetzt von Kaffeeduft und den modrigen Polstern entstammenden Gerüchen.

Frieda ist hingerissen: »Im ›Kaffeehaus‹ schrieb [man]

Briefe und telefonierte mit Freunden. . . . Immer mehr Leute tauchten auf . . . und alle wollten reden, sie schienen ins ›Kaffeehaus‹ zu kommen, um Dampf abzulassen.«[72]

An einem der marmornen Cafétische, gleich neben dem riesigen kohlebeheizten Ofen, kursiert im April des Jahres 1907 eine für Else bestimmte Marienplatz-Bildpostkarte. Kurznachrichten und Grüße werden von Edgar Jaffé, Frida Gross, Otto Gross, Regina Ullmann und Frieda Weekley unterschrieben.[73] Eine hochbrisante Mischung, diese *Café-Stefanie*-Runde, denn die »alte Welt«, so sieht es die Memoirenschreiberin Frieda noch Jahrzehnte später, »flog [mir] in Stücken um die Ohren«.[74]

Zunächst zu Edgar Jaffé – Elses Ehemann, Jahrgang 1866, aus jüdischer Großkaufmannsfamilie stammend, sehr gebildet, auch sehr klug, sehr vermögend, seit 1904 Professor in Heidelberg: Er unterhält neben der Villa in der Universitätsstadt am Neckar eine Wohnung in Schwabing, ein auch von seiner Frau geschätztes Ausweichquartier. Frieda versteht sich gut mit Edgar, und dessen Doppelleben findet sie, wenn auch nicht erstrebenswert, so doch faszinierend: In Heidelberg kennt man den Mitherausgeber[75] des ›Archivs für Sozialwissenschaft und Sozialpolitik‹ als persönlich zurückhaltenden und pedantischen Gelehrten, im Münchner Freundeskreis gilt er als ausgesprochen gesellig, als weltoffener Mäzen und Philantrop. »Jaffé nachmittags in der Wirtschaft . . . viel gesprochen; staune immer wieder über diesen Menschen, der wirklich gut, vornehm, sympathisch«, notiert Schwabings ungekrönte Königin Fanny zu Reventlow (in Wirklichkeit eine holsteinische Komteß, die sich und ihr Kind teils mit miserabel bezahlten Übersetzungen, teils mit Gelegenheitsprostitution, für die sie die Umschreibung »Mut zur Sündhaftigkeit« vorzieht, mehr schlecht als recht durchbringt) auf Tagebuchseiten im Sommer 1907 und vermerkt erleichtert, daß sie »durch den guten Jaffé Geld« hat. Sauer verdientes, denn der Gesprächspartner Jaffé ist scheints mit dem Liebhaber Jaffé nicht zu vergleichen: »Jafféabend. Vor Graus beinah vergangen . . .« Doch der entsetzte Aufschrei gilt nicht allein Elses Mann. »Zwei Abende mit gutsituiertem Kavalier à 100 Mark, ganz lustig und sympathisch. Schad, daß er gleich wieder fortging, die andern waren recht übel und teils recht erfolglos . . . Aber passati. Gott sei Dank. Nicht mehr daran denken.«[76] Gedanken an Edgar Jaffé kann und will sich die Reventlow nicht ganz aus dem Kopf schlagen, da er sie über Jahre, ob nun mit Gegenleistung oder ohne, großzügig unterstützt. Friedas anerkannt kluge Schwester sieht ihre Ehe mit Edgar, bei allem Respekt voreinander, ja seit jeher als Zweckbündnis an.

Folglich kann Else auf ihren Mann zählen, als sie einen ihr wichtigen, erstrangigen Repräsentanten Schwabings und noch dazu einen der wichtigsten Vertreter der erotischen Bewegung in Heidelberg präsentiert. Falls es ihr gelingt, ihn salonfähig zu machen, könnte sie, als zweiten Schritt, versuchen, ihm eine Professur an der Ruperto Carola zu verschaffen. Der für ein solches Vorhaben bestgeeignete Salon ist keineswegs Elses eigener, sondern der weitaus bedeutsamere im Hause der Webers[77].

Probleme mit der Geschlechtlichkeit, das Spiel mit den Reizen, sexuelle Befriedigung und so weiter und so weiter sind auch jenseits Schwabings Grenzen keine Tabuthemen mehr. Und Heidelberg gilt immerhin als eine der wichtigsten Geburtsstätten des Liberalismus in Deutschland. Elses Vorstoß fällt zudem zeitlich mit der auch von fortschrittlichen Juristen unterstützten kühnen Kampagne einer Heidelberger Professorengattin, Camilla Jellinek, gegen Abtreibungsverbot und den § 218 zusammen. Davon abgesehen, neigen rein akademische Zirkel zum Theoretisieren. Die Verständigungsschwierigkeiten zwischen Elses Schützling, ganz Praktiker der freien Liebe, und dem Na-

tionalökonomen und Soziologen Max Weber sind vorpro-
grammiert. Spricht Weber von Erotik, meint er deren
verfeinerte, »höhere«, vergeistigte Spielart.[78] Aber auch
Max Weber kommt nicht umhin, dem Gast aus München
persönliches Charisma zuzubilligen; doch dessen Behaup-
tung, individuelle Neurosen seien nur durch »sexuelle Im-
moralität« zu heilen, muß der Verfasser und Prediger einer
»protestantischen Ethik« vehement zurückweisen.[79] Gut
zu wissen: Der Weber jener Tage krankt an der Vorstellung, Liebesgefühle ließen sich durch einfaches Bändigen,
Verdrängen, Unterdrücken ungestraft aus dem Genitalbe-
reich in den Kopf verlagern. Im Abreagieren sieht Weber
schon deshalb keine Lösung, da er, erklärtermaßen, doch
nicht jeder noch so hündisch gemeinen Regung seiner Begierden und seines Trieblebens nachgeben dürfe, nur weil
andernfalls seine lieben Nerven Schaden nähmen.[80]

Marianne Weber, Max' »Gefährtin« und Elses beste
Freundin, kann da – theoretisch – gelassener reagieren:
»Neue Typen, in ihren geistigen Impulsen mit den Ro-
mantikern verwandt, stellen einmal wieder ›bürgerliche‹
Denk- und Lebensordnungen in Frage. . . . Dieser An-
sturm auf die überkommenen Werttafeln will vor allem
den . . . Eros befreien. Denn von ihm verlangt ja ›Gesetz‹
und ›Pflicht‹ die fühlbarsten Opfer.«[81] So weit, so gut –
würde Marianne Weber nicht ihre Feststellung gleich wieder relativieren. Natürlich, hakt sie nach, dürfe sinnliches
Genießen nicht Selbstzweck sein, auch nicht in der Form
ästhetisch sublimierter Erotik.[82] Ästhetisch sublimierte
Erotik! Da greift sie auf den Wortschatz ihres Mannes zurück. Auch der Selbstzweck-Seitenhieb steht im Zusammenhang mit Max, und das nicht nur eingedenk ihrer
wenig körperbetonten ehelichen Beziehung.

Nachdem der damals bereits mit Marianne verheiratete
Professor Max Weber eine enge Freundin seiner Frau, die
Studentin Else von Richthofen, vor nunmehr dreizehn

Jahren in Freiburg in sein Herz geschlossen hatte, ließ sie sich nicht mehr daraus vertreiben. Es entwickelte sich eine von beiden zunächst uneingestandene, 1907 noch unerfüllte, lebenslange große Liebe, aus der für den Mann ein lebenslang ungelöster Konflikt resultiert. Seinem schlechten Gewissen sich selbst und Marianne gegenüber, versucht Weber zum einen durch Flucht in die Arbeit und zum anderen – da diese Gewaltkur seine schweren Nervenkrisen noch verschlimmert und um seine Medikamentenabhängigkeit zu bekämpfen – durch monatelange Aufenthalte im sonnigen Süden zu entkommen. Vergebens. 1903 mußte er auf eigenen Wunsch aus gesundheitlichen Gründen aus dem akademischen Amt ausscheiden. 1907 ist der Emeritus Max Weber noch immer Vordenker und Heidelbergs graue Eminenz; nachfolgende Generationen werden ihn zum »Mythos von Heidelberg« erheben. Da er Wissenschaftspolitik als öffentliche Angelegenheit auffaßt, die man nicht dem Zufall, personellen Konstellationen und weltanschaulichen Rücksichten überlassen dürfe, mischt er sich mit großer Selbstverständlichkeit und unangefochten in universitäre Berufungsfragen ein.[83]

Obwohl chancenlos aus Weberscher Sicht, hat sich Elses Wunschkandidat aus Schwabing bereits einen Namen gemacht: Otto Hans Adolf Gross wurde am 17. März 1877 in Gniebing bei Feldbach in der Steiermark geboren. Sein Vater ist Hans Gross, eine Kapazität auf dem Gebiet der wissenschaftlichen Kriminalistik, die Mutter duckt sich unter der Fuchtel des allgewaltigen Hausherrn. Nur in der überbehütenden Art und Weise, wie sie den einzigen Sohn erzogen, waren sich beide Elternteile immer einig: »Er war ein ungewöhnlich früh entwickeltes, sehr begabtes und selten kräftiges Kind, . . . und so wurde in der Tat alle Sorgfalt auf ihn verwendet. Er war nie in den Händen von Dienstboten, sondern stets in denen seiner Mutter . . .

Ganze Stöße von Kinderbüchern wurden, wie neu, verschenkt, aber eine große illustrierte Naturgeschichte des Tierreiches von Pöpping zerblätterte er so, daß sie wiederholt gebunden werden mußte, und darin kannte er, bevor er zu lesen vermochte, jeden Knochen eines vorweltlichen Tieres, jedes Eingeweide etc. vom ein-, zweimal Vorlesen . . . er war z. B. mit 10 Jahren an Kenntnissen, namentlich in naturwissenschaftlichen Dingen, Mythologie, Sagenkunde, Latein und Griechisch etc. jedem 16jährigen überlegen, in Dingen des praktischen Lebens war er weniger bewandert als ein 6jähriger Junge und sagte noch etwa mit 15 Jahren: eine Hose dürfe wohl einige 100 hl [Heller] kosten und als er ausgelacht wurde, rezitierte er eine passende 2-Seiten lange Stelle aus Horaz, um sich darüber zu trösten.«[84]

Otto Gross studierte Medizin in Graz, München und Straßburg. Er arbeitete von 1887 bis 1900 als Volontär und Assistenzarzt, promovierte 1899 zum Doktor der Medizin und absolvierte eine zusätzliche psychiatrische Ausbildung. Lange vor Fenichel, Reich, Fromm, Marcuse, Habermas und anderen hat Gross in fachwissenschaftlichen Veröffentlichungen auf die sozialen Ursachen psychoanalytischer Befunde hingewiesen. Bevor er den Weg des Kulturrevolutionärs einschlug, war er – gemeinsam mit Carl Gustav Jung – ein bevorzugter Schüler Sigmund Freuds gewesen.

Ein Jahr lang fuhr Otto Gross als Schiffsarzt auf der Südamerikaroute der Hamburger Dampferlinie *Kosmos*. Von dort brachte er seine Drogenabhängigkeit mit. Ende 1902 unterzog er sich einer von vielen erfolglosen Entziehungskuren, da er clean sein wollte, als er im Februar 1903 in Graz Frida Schloffer heiratete. Gross' Frau ist hochmusikalisch, warmherzig, gutmütig, recht üppig, hat etwas zu schwere Beine, eine starke Nase, wundervolles überlanges maisfarbenes Haar, herrliche Zähne und pflegt ihre schleppend vornehme Sprechweise.[85] Eine Privatdozentur an der Universität Graz im Fach Psychopathologie gab Gross 1906 zugunsten einer Außenseiterkarriere in Schwabing auf. Damit durchkreuzte er endgültig die Zukunftspläne seines ehrgeizigen Vaters, woraufhin dessen übergroße Liebe in grenzenlosen Haß umschlug.

1907 gilt Otto Gross noch immer als außergewöhnlich begabter Psychoanalytiker, der allerdings unterdessen ziemlich wahllos und in großen Mengen Anaesthesin, Kokain und Morphium konsumiert; allein an reinem Opium benötigt er bis zu fünfzehn Gramm innerhalb zweier Tage. Dafür verzichtet er auf Alkohol und verabscheut Fleisch.

Franz Werfel entwarf den Dr. Gebhart in seinem Roman ›Barbara oder die Frömmigkeit‹ als Remake von Otto Gross: Ein vortrefflicher Kenner der Bibel, ehrfurchtgebietend, hochgewachsen, mit federndem Schritt und ruckigen Gebärden, ritterliches Knabengesicht, herrliche Hakennase, sein Kopf der eines fremdartigen Raubvogels, zärtlich nickend, wortepickend, sein Deutsch ist das Deutsch hoher österreichischer Beamter, die Färbung seiner Stimme erinnert an nachgedunkelte Bilder. »Es schien weibliche Geheimnisse zu geben, die kein anderer außer ihm verstand!« – »Ein Sympathiestrahl« trifft jeden, der ihm begegnet.[86]

Franz Kafka verbrachte mit Otto Gross ein paar Stunden in einem Eisenbahnabteil. Fortan identifizierte er sich mit Gross' Ablehnung einer patriarchalischen Weltordnung und auch mit dessen verzweifeltem Kampf gegen den Vater und mit der Forderung nach bedingungsloser politischer und persönlicher Freiheit.[87]

Für den Sozialkritiker und Schriftsteller Franz Jung bedeutete Gross das Erlebnis einer ersten und tiefen, großen Freundschaft, »ich hätte mich ohne zu zögern für ihn aufgeopfert. . . . Es war eine Mischung von Respekt und

Glaube, das Bedürfnis zu glauben und zu verehren, aufzunehmen und zu verarbeiten, was er uns ständig einhämmerte.«[88]

Leonhard Frank nennt Gross in dem Roman ›Links, wo das Herz ist‹ Doktor Kreuz, und auch der beharrt darauf, daß Sexualkomplexe tapfer im Bett abreagiert werden müssen.[89]

Am 31. Januar 1907 kam Fridas und Ottos Sohn auf die Welt. Sie gaben ihm den Namen Peter. Vor der Geburt des Kindes war Else nach München geeilt, um der Freundin in ihrer schweren Stunde beistehen zu können. Frida Gross hält ihren Mann meist auf Abstand. Mutter und Kind wohnen in der Menzinger Straße nahe dem Nymphenburger Schloß, der Vater bevorzugt ein Schwabinger Logis im zweiten Stockwerk der Türkenstraße 81[90], im Erdgeschoß ist das Lokal *Dichtelei* untergebracht. Nachbarhäuser bieten Platz für studentische Pauk- und Fechtböden, Pferdeställe[91] gibt es auch, außerdem Lagerräume und diverse Werkstätten. Im rückwärtigen Trakt des Gebäudes Nummer 28 agieren in ihrem Kabarett *Die Elf Scharfrichter*, dort geht es Banausen an den Kragen; Zeichner und Texter der politisch-satirischen Wochenschrift *Simplicissimus* sind häufiger in der gleichnamigen Künstlerkneipe, Türkenstraße 57, als in den Redaktionsräumen anzutreffen.

Zurück zur »hochbrisanten« *Café-Stefanie*-Runde, in die Frieda kürzlich aufgenommen wurde: Neben Edgar Jaffé und Otto Gross sitzt da Regina Ullmann – ebenfalls Unterschreiberin der Postkarte an Else und ebenfalls eingewoben in ein Beziehungsgeflecht, das sich der bislang außenstehenden Frieda erst nach und nach erschließt. Regina Ullmann ist äußerst sensibel, sie wirkt meist verstört. Zwanzigjährig geriet die Schweizerin in den Sog der Schwabinger Boheme. Mit ihrer Dramatischen Dichtung ›Die

Feldpredigt‹ konnte sie jüngst ein klein wenig Aufmerksamkeit auf sich lenken.[92]

1907 ist Gross der Meinung, die Ullmann müsse analysiert und nach seiner speziellen Methode geheilt werden. 1908 wird die junge Frau eine Tochter von ihm zur Welt bringen; der Vater ihres ersten unehelichen Kindes ist nicht bekannt.[93]

Selbst einer psychisch so unzweifelhaft Gesunden wie Frieda Weekley schwirrt im Tollhaus Schwabing bald der Kopf. Und das um so mehr, je intensiver sich Otto Gross ihrer annimmt. Tagelang, nächtelang hört sie ihm zu. »Nichts verdrängen!«[94] hämmert er ihr ein! Stundenlang traktiert er sie mit Zitaten Friedrich Nietzsches; denn geht es nach Gross, dann setzt Sigmund Freud nur die Hauptgedanken des Philosophen fort: Sich nur nicht am *allgemein* Menschlichen messen, niemals an dem, was ein Mensch sein *sollte*! ›Ja‹ sagen zu sich selbst! Der unverwechselbare Mensch bezieht seinen Wert allein aus seiner Existenz! Moral reduziert sich auf individuelle Belange!

Bereits 1901 hatte sich Frieda ›Also sprach Zarathustra‹, das Kultbuch der Jugend des ausgehenden 19. Jahrhunderts, aus Elses Beständen erbeten und gelesen. Aufhorchen lassen sie manche der Nietzsche-Thesen erst jetzt.

Auch wenn Gross über sein Lieblingsthema »Beziehungen« ins Reden kommt, muß Frieda auf endlose Sitzungen gefaßt sein. Beziehungen ist das Schlüsselwort zu seiner globalen Erneuerungsidee. Vergewaltigung, bekommt sie zu hören, sei das furchtbarste aller Übel, das die naturgewollte Beziehung der Geschlechter, die Liebe, verpeste: Männer, die ihr Weib vergewaltigen, Väter, die ihre Kinder unterdrücken! Verdammt! Notzucht, wohin man auch blicke. Selbst politische Verhältnisse seien auf Notzucht gegründet, entstammten dem giftigen Augenblick, da das natürliche Matriarchat vom machtberauschten Patriarchat vernichtet worden sei. Zurück zur priesterlichen Magna Mater! Zurück zum Beischlaf als Kulthandlung!

Otto Gross' Bibel, gewissermaßen, ist das 1861 herausgegebene ›Mutterrecht‹-Buch des Schweizer Historikers Johann Jacob Bachofen, eine ›Untersuchung über die Gynaikokratie der alten Welt nach ihrer religiösen und rechtlichen Natur‹. Mutterrecht, Mutterwerden, Muttersein, Mutterschaft sind neuerdings Modethemen, die eigenartigerweise hauptsächlich von Männern behandelt werden. In Schwabing gibt es Herren, die sogar ihren gefühlsmäßigen Anteil an naturgemäß rein weiblichen Erfahrungen haben wollen: Mitglieder der *Kosmischen Runde* wälzen sich, unartikulierte Schreie ausstoßend, in simulierten Geburtswehen auf dem Fußboden. Auch *Kosmiker* zählen zu den Nietzsche-Jüngern.[95]

Frieda filtert aus dem zuweilen abstrusen Wirrwarr die Botschaft: Du hast, was auch geschieht, das Recht, selbstbewußt eigene Wege zu gehen! Du sollst den Liebesakt als Nothilfe und Wohltat verstehen! Otto Gross lehrt Frieda, an die Spiritualität der Liebe zu glauben, an die Heiligkeit der Liebe und daran, daß Liebe, Leidenschaft, Sexualität und Erotik untrennbar zusammengehören. Unmoral? Das Wort hat Frieda aus ihrem Vokabular gestrichen.

Aber auch sie kann Gross zu vollkommen neuen Erfahrungen verhelfen. Doch dazu hatte er zuerst ihr Geliebter werden müssen: »Nun endlich hab ich die Bestätigung bekommen«, jubiliert Otto, »lebend gesehen, lebend geliebt, was mir als höchste Möglichkeit der Zukunft gegolten hatte – als Möglichkeit, als Werk meiner Phantasie . . . das hab' ich gesehen und geliebt, das Weib meiner Zukunftsträume ist wirklich möglich, es ist . . . wie ein Wunder zu mir gekommen.«[96]

Michael Raub, einer der wenigen Otto-Gross-Wiederentdecker unserer Tage, schreibt in seiner Dissertation

›Opposition und Anpassung. Die individualpsychologische Interpretation von Leben und Werk des frühen Psychoanalytikers Otto Gross‹, Frieda Weekley habe es Gross ». . . überhaupt erst ermöglicht . . ., Erotik als substantiellen Teil der menschlichen Persönlichkeit zu begreifen und zu erleben« sowie »Erotik zu einem Schlüsselbegriff seiner kulturrevolutionären Utopie« zu entwickeln.[97] Und Emanuel Hurwitz kennzeichnet in seiner Biographie ›Otto Gross. Paradiessucher zwischen Freud und Jung‹ das Verhältnis zu Frieda als »die für Otto wichtigste Liebesbeziehung«.[98]

In den dreißiger Jahren, da arbeitet sie an ihrer Lebenszwischenbilanz ›Not I, But the Wind‹, formuliert Frieda ihr Credo so: »Fanatisch glaube ich, daß wenn nur für Sexualität Freiheit herrsche, die Welt sich umgehend in ein Paradies verwandeln würde. . . . Wenn Leute über Sexualität sprechen, verstehe ich sie nicht – als ob Sexualität etwas für sich sei und nicht in Beziehung stehe zu dem übrigen Leben, dem Wachsen und Reifen eines Menschen. Ich bin dankbar, daß sie für mich ein Mysterium bedeutet.«[99]

Und wie steht es 1907 mit Schuldgefühlen gegenüber Weekley? Nach der in Schwabing gelernten Lektion lautet Friedas Rezept gegen ein schlechtes Gewissen: Liebe zu schenken und zu empfangen ist jederzeit das Recht eines jeden Menschen! So gesehen, ist sie ohne Schuld, und Schuldlose haben nichts zu beichten.

Überhaupt ist Frieda von Haus aus mit einer gehörigen Portion Lebensfreude und gesundem Pragmatismus ausgestattet, außerdem neigt sie zu Patentlösungen und zu einer komplexe Sachverhalte vereinfachenden Sichtweise. Ein friedatypisches Beispiel: Nachdem ihr der bibelkundige ›Paradiessucher‹[100] Otto Gross in epischer Breite seine Deutung der Geschichte vom Sündenfall dargelegt hat, hält sie ihm entgegen: »Gott kann kein schlechter Psychologe gewesen sein, bestimmt hat er gewußt, daß es Eva nach dem Apfel verlangen würde, sobald er verboten war. In Wirklichkeit wollte er, daß Adam und Eva aßen. Und nachdem sie ihn gegessen hatten, schämten sie sich nicht im geringsten wegen ihrer Nacktheit.« An Evas Stelle hätte sie, meint Frieda weiter, »»Hör zu, Adam«« gesagt und ihm erklärt: »»da unten bei den Weiden gibt es einen Teich, da werden wir schwimmen, und anschließend werden wir uns in der Sonne trocknen. Hurra! Ich werde einen kleinen Adam bekommen, und du wirst ihm aus den Weiden eine Wiege machen, und dann wirst du arbeiten, um uns etwas zu essen zu beschaffen, während ich dem Baby vorsinge.«« [101]

Unüberhörbar die Lebensphilosopie einer geborenen Richthofen. Und bemerkenswert der Realitätsbezug. Zwar wird es keinen kleinen Adam, respektive Otto, respektive . . . geben, aber eine Weile darf sie sich doch Hoffnung auf ein viertes Kind machen.

Spätestens am 20. Mai 1907 betritt Frieda im Hafen von Dover wieder englischen Boden. Nach einer nächtlichen Fährfahrt. Unvergeßliche, unvergleichliche Sternstunden! Bevor Gross gemeinsam mit ihr an Bord ging, hatte er ihr versprechen müssen, mit dem gleichen Schiff zurückzukehren.

Drei Frauengestalten sind in den Stein des Rings eingeschnitten, den Frieda ihm beim Abschied als ausnahmsweise für den Mann bestimmte Morgengabe überreicht. Die Symbolsprache des Geschenks bedarf in einem Otto nachfolgenden Brief der schriftlichen Übersetzung: ». . . so 3 wie wir 3 findest Du nicht an jeder Straßenecke. Friedel [Frida Gross, Anm. d. Verf.] ist ungeheuer reizvoll, als Kind empfand ich ihren Zauber, wir kletterten damals über Zäune, das thun wir ja noch. – Else liebt Dich – das ist sicher – aber ob mich ist noch die Frage . . .« [102] Und eine sehr berechtigte dazu.

Vor ihrer Heimkehr nach England hatte Frieda nochmals in Heidelberg vorbeigeschaut,[103] auch, um der Schwester die Kunde von ihrer ganz großen neuen Liebe zu überbringen, woraufhin Else mit noch größeren Überraschungen herausrücken mußte. Sie ist schwanger. Aber das war nicht der Grund für den darauf folgenden dramatischen Auftritt »ganz im Stile ›Brunhild und Krimhild‹«[104]. Die Eifersuchtsszene begann prompt nach Elses Hinweis, der Vater des von ihr erwarteten – und am Heiligen Abend 1907 auf die Welt kommenden – Kindes sei ... Otto Gross!

Da Ehemann Edgar, selbstverständlich, den Familiennamen für Elses drittes Kind beisteuert, beharrt die Mutter darauf, den Taufnamen zu bestimmen: Peter! Und damit folgt Else akurat der Vorgabe ihrer Intimfreundin Frida Gross. »Unser Bub«![105], hatte ihr die, als Elses Schwangerschaft feststand, unverzüglich signalisiert. Unser Bub – damit war jedoch keineswegs Elses Baby, sondern Otto gemeint.

Forthin geht er – mindestens – durch drei. Denn nach einiger Bedenkzeit und nachdem sich der Sturm der Entrüstung gelegt hat, geben Else Jaffé und Frida Gross der Schwester und Freundin Frieda Weekley zu verstehen, daß auch sie sich in die Besitzanzeige »unser Bub« eingeschlossen fühlen darf.

Nottingham. Beim bloßen Darandenken überkommt Frieda blankes Entsetzen. Alles wie gehabt: vormittags einkaufen, nachmittags zum Tee, abends Bestandteil fader geselliger Arrangements. Bleibt man daheim, dann verwandelt ihr Gegenüber seine belegten Brotscheiben wie immer in abgezirkelte Häppchen, trinkt wie gewohnt schlückchenweise sein Bier und füllt das Glas schlückchenweise wieder auf, betupft sich unter bedächtigem Kauen den leicht hängenden Schnurrbart mit der Serviette und fischt – nicht nur während des Essens, sondern auch während der nur für sein liebes Frauchen reservierten Viertelstunde vorm Kamin – nach Komplimenten für seine erfolgreiche Beschäftigung mit Wörtern und mit Büchern über Wörter.

Nottingham war nie Friedas Traum, eher etwas Unabwendbares. Nach München erscheint ihr die Stadt »unerträglich«, sie kann nur noch »Dickhäuter, Schlafhauben, Gänse . . .« entdecken – und Staubschichten, die sie schrecklich gern aufwirbeln möchte. Bei gebundenen Händen wird Phantasie zum Hilfsmittel: ». . . ich wünsche oft, ich wäre ein gewaltiger Fußtritt«.[106] Den Fußtritt möchte sie allen Spießern und darüber hinaus jedem, der ihr die Lebenslust stiehlt, versetzen. Doch das ist leichter gedacht als getan.

Wohin Flucht aus freudlosen Ehen führt, können Frieda und gleichermaßen mit Romanliteratur vertraute Leidensgenossinnen nachlesen. Allerdings besitzt Mrs. Weekley weder die Kaltblütigkeit von Flauberts ›Madame Bovary‹, noch strebt sie das Schicksal einer ›Effi Briest‹ an. Und entgegen Fontanes Melanie van der Straaten, ›L'Adultera‹, plagen sie Zweifel an der Alltagstauglichkeit des potentiellen Ersatzpartners. Vorerst ist Entkommen aus der Weekleyschen Eheödnis nur in Form einer weiteren Reise möglich.

In Gesellschaft ihrer Freundin Gladys Bradley und ihren zwischen sieben und knapp drei Jahre alten Rangen, die wie die Kletten an der Mutter hängen, verbringt Frieda die Sommerferienwochen an Lincolnshires Küste. Auch im Seebad erreicht sie die Brieffut aus München. Edgar Jaffé spielt den Postillon d'amour, mit dem Inhalt der Kuverts, die seinen Absender tragen, hat der Schwager jedoch nichts zu schaffen. Jeder Tag, der Frieda auf dem vereinbarten Umweg Zeilen von Otto Gross beschert, ist ein »Tag im Land der Freiheit«. Von Dankbarkeit spricht der Geliebte, von Dankbarkeit für die unvergleichliche, von ihr ausgehende Kraft, für das Feuer, das sie in ihm entzündete und für den Funken, der von ihr zu ihm übergesprungen sei: »Du goldenes Kind . . . der Himmel segne Dich, Du Zukunftsweib . . . weil Du zur Freiheit und nur zur Fröhlichkeit geboren bist.« – »Du bist mir nothwendig, Frieda, nothwendig, weil Du mich groß und sicher machst – nothwendig, Du mein Leuchtfeuer . . . Seit jener letzten Nacht giltst Du mir von den Sternen für mich vorausbestimmt – du Kreuz des Südens meiner Fahrt.« – »Du hast das goldene Leuchten, das alle bösen Geister bannt – Du hast die weiße Reinheit, die alle Mächte der Güte und Freude Dir zu eigen gibt – sie segnet und froh und stolz macht, was du liebst.« – »Du thust ja Wunder im Schenken von Glück.« – »Wenn es mir bestimmt ist gesund zu werden, so . . . wirst Du Dich schmücken mit einem Kettle ums Knie und wir werden uns lieben mit Lachen und Jubeln und alle Reinheit einer besseren Menschenzukunft wird dann mit Deinem Lachen über uns fluten – Du wirst mich wieder wie damals fragen, ob Du komische Ohren hast, und ich werde diese Ohren küssen . . . Du selber hast wohl keine Ahnung davon, wie genial Du bist, verschwenderisch in der Liebe, von wunderbarer elementarer Kraft und Wärme, so süss, von so beglückender und befreiender Sinnlichkeit . . .«.

Und doch: Je länger Glück und Lachen und Jubeln zurückliegen, desto zurückhaltender reagiert die Adressatin. Otto Gross ist irritiert. Flehentlich sind seine Bitten um ein Wiedersehen. Ob sie Anfang September 1907 nach Amsterdam kommen könne, fragt er, denn dorthin fahre er als Teilnehmer eines Psychologen-Kongresses. Frieda sagt nicht ja und nicht nein, läßt den Termin verstreichen. Je mehr die Zeit fortschreitet, desto inständiger muß Otto um Antworten betteln. »Du und ich«, macht sie ihn und sich zu Beginn des Jahres 1908 noch hoffen, »werden viel geschenkt kriegen von unserer Mutter Liebe und unserem Vater Schönheit und unser Bruder Freundschaft muß dabei sein und unsere Schwester Lustigkeit auch ... weit, weit werden sich die Tore vom Wunderland der Liebe öffnen und hinein wandern zwei selige Menschen, hinein in Glanz und Gloria.«[107]

Edgar mahnt immer wieder die strikte Einhaltung vereinbarter Vorsichtsmaßnahmen an: Ottos Briefe sofort nach dem Lesen vernichten! Frieda schafft das nicht. Irgend etwas müsse ihr doch bleiben, bittet sie Jaffé um Verständnis. Sie sorgsam vor Ernest verbergen, das ja, aber nie und nimmer verbrennen. (Das Papierbündel[108] wird sie zeitlebens wie ihren Augapfel hüten und dabei um die ganze Welt schleppen.)

Frieda will vernünftig sein und gibt das Gross schließlich zu verstehen.

Kopfgesteuerte Entsagung mag nach außen hin funktionieren. Doch im Kampf gegen nichtöffentliche Verzweiflungsanfälle erweist sich Vernunft als untaugliches Mittel. Da Abreagieren durch Putzorgien in Friedas ausreichend mit Personal ausgestattetem Haushalt nicht in Frage kommt, bearbeitet sie unter Tränen ersatzweise Klaviertasten. Einmal, sonntags, den Rest der Familie weiß sie in der Kirche, schlägt Frieda allen ihr verhaßten Mittelstandsphilistern heimlich ein Schnippchen: Nur mit einem Schal dekoriert, tanzt sie im Wiegeschritt durch ihr Schlafzimmer. Danach ist ihr noch mehr zum Heulen.

Jahrzehnte später, da die Arbeit an ihren ›Memoirs‹ sie gedanklich in diese Lebensphase zurückführt, beschreibt Frieda ihr Dilemma mit den dann auf ihr Alter ego »Paula« bezogenen Sätzen: »Sie wollte zu [Gross[109]]. Sie wollte dieses glänzende Leben, das er für sie bereithielt. Sofort wollte sie gehen, unverzüglich, auf der Stelle. Und doch konnte sie nicht gehen. Wie hätte sie ihre Kinder verlassen können. Die noch so klein waren!«[110] Sie mußte, überlegte Frieda dann weiter, den Mann, der ihre Seele erweckt hatte, fallenlassen. War er doch eigentlich ein Traumtänzer, ein Visionär, ein Bohemien, der Tag und Nacht nicht auseinanderhalten konnte und der der Belastung mit drei kleinen Kindern niemals standgehalten hätte.[111]

1908 warnt Otto sie davor, sich selbst zu betrügen: »Bleibst Du um Deiner Kinder willen, so werde ich niemals ein Wort dagegen sagen – sobald Du aber noch andere Motive für Deine Pflicht und Schuld erklärst, dann bist Du wieder im alten Geleise, dem von ›Irrtum aus Feigheit‹, Frieda. Wenn wirklich es gelingen kann, mit E[rnest] zu einem guten Resultat zu kommen und ohne Selbsterniedrigung ein ehrliches Glück auf *ihm* zu bauen – dann wird das mir am allermeisten eine tiefe große Freude sein.«[112]

Sie habe, abgesehen von ihren Kindern, schreibt Frieda daraufhin zurück, auch »nicht das Recht, die Existenz eines guten Menschen aufs Spiel zu setzen . . .«.[113]

1908 nimmt die Intensität der Frieda-Otto-Korrespondenz kontinuierlich ab. Friedas Verzicht, ihre Entscheidung gegen eine Fortsetzung des Liebesverhältnisses zu Gross, ist nicht wirklich mit Hoffnung auf ein »ehrliches Glück« mit Weekley gepaart. Mit ihrem Votum für den »guten Menschen« Ernest folgte Frieda insbesondere einem Rat der Schwester, die ihr unmißverständlich klarmachte, daß auf Gross kein Verlaß ist.

1908 bricht auch Else mit Otto Gross; in ihrer schriftlichen Absage wird sie ihm gegenüber ebenso deutlich wie gegenüber Frieda: »Die Qualität des Gefühls hat sich verändert . . . Wir wissen ja gar nicht, wie viel am Ende vom Morphium kommt. – Wie dadurch auch die äußeren Seiten des Zusammenlebens erschwert werden, weißt Du

ja. . . . Und über alle gewesenen Dinge legt sich das Leben . . .«[114]

Was die, wie Else es umschreibt, erschwerten äußeren Seiten des Zusammenlebens mit Otto angeht, wurde und wird
sie nämlich von Frida Gross ständig auf dem laufenden gehalten: Der nochmals erhöhte Drogenkonsum! Seine ge-
steigerte Manie, ununterbrochen redend, ununterbrochen
gestikulierend durchs Zimmer zu rennen! Die Unart, in den
Kleidern zu schlafen, sich kaum mehr zu waschen![115] Und
so erfuhr Else und durch Else auch Frieda von Gross' Ein-
weisung in die Zürcher psychiatrische Anstalt *Burghölzli*:
Auf Betreiben von Ottos in Graz lebendem Vater – der im
Lebenswandel des trotz größter elterlicher Mühen mißra-
tenen Sohnes vor allem einen Angriff auf den eigenen guten
Ruf sieht – hatte kein Geringerer als Ottos Lehrmeister Sigmund Freud am 6. Mai 1908 in Wien die Anordnung der
Zwangsinternierung unterschrieben und an seinen Vor-
zugsschüler Carl Gustav Jung mit dem Hinweis weiterge-
leitet: »Gross . . . bedarf jetzt dringend ihrer ärztlichen
Hilfe; es ist schade um den hochbegabten und überzeugten
Mann. Er steckt im Kokain und dürfte zu Beginn der toxi-
schen Kokainparanoia stehen.«[116] Nur widerstrebend
folgte Jung der Vorgabe Freuds. Er hegte erhebliche Zweifel
an der Richtigkeit der ihm abverlangten Diagnose: Schizo-
phrenie. Im Jahr zuvor hatte Otto Gross eine in Fachkreisen
vielbeachtete psychoanalytische Arbeit veröffentlicht, ›Das
Freudsche Ideogenitätsmoment und seine Bedeutung im
manisch–depressiven Irresein Kraepelins‹, denn er versteht
sich nach wie vor als Vertreter und Verteidiger der Freud-
schen Psychoanalyse. Sechs Wochen nach seiner Einlieferung sprang Gross in einem unbewachten Moment über die
Burghölzli-Mauer in die Freiheit.[117] In seiner Krankenakte
wurde abschließend festgehalten: »Hat kein Geld bei
sich . . . Auf telegraphisches Ersuchen der Frau werden

keine weiteren Schritte getan. Laut Bericht der Frau hat sich Patient an seine Freundin gewendet und Geld von dieser erhalten.«[118] Else schlüpfte in die Rolle der Nothelferin; Otto kehrte nach München und zu den alten Gewohnheiten zurück; Frieda Weekley wird den Exgeliebten – je weiter die Zeit fortschreitet, desto mehr – aus den Augen verlieren, niemals aber wird er ihr aus dem Sinn gehen: »Diesem Freund verdanke ich viel. Bis dahin hatte ich wie eine Nachtwandlerin in einem konventionellen Leben gelebt, er gab mir das Bewußtsein meines eigenen Ich.«[119]

Während Else in Heidelberg endlich Professor Alfred Webers[120] Avancen nachgibt (ein Weber soll es wohl sein, wenn nicht Max, so doch dessen jüngerer Bruder, der Else seit langem verehrt), strafft Frieda in Nottingham tapfer den Rücken. Als bemerkenswerte Ereignisse der Jahre 1909 und 1910 schlagen ihr dreißigster Geburtstag, eine schwere langwierige Erkrankung Ernests, die ihre ganze Kraft absorbiert, sowie der Umzug der Familie in ein spitzgiebeliges, weinumranktes Haus namens *Cowley* an der Private Road von Mapperley Hill zu Buche. Die nächsthöhere Stufe in Nottinghams Wohnsitzhierarchie ist erklommen. Auch mit Ernests Professoren- und Autorenkarriere geht es bergauf. Wirklich erstklassig am neuen Haus findet Frieda die seit langem entbehrte Innentoilette. Nottinghams Stadtteil Mapperley Hill glänzt durch spätviktorianische Villen vornehmer Patrizier und reicher Fabrikanten. Gute Freunde der Weekleys, Frederick Stanley Kipping und dessen Frau Lily, schafften den Sprung auf den parkähnlichen Honoratiorenhügel kurz vor ihnen. Frieda trifft sich zwar regelmäßig mit der gleichfalls aus Deutschland stammenden, verglichen mit anderen Damen ihrer gesellschaftlichen Umgebung unkomplizierten Lily Kipping; doch was sind nette verplauderte Stunden im Vergleich zu Schwabing-Reminiszenzen.

Wie ein Silberstreif am Horizont erscheint Frieda da Ernst Leopold Stahls Bitte um Mitarbeit an einer Übersetzung. Der wie Weekley und Kipping an Nottinghams Universität lehrende Literaturwissenschaftler traut Frieda offensichtlich einiges zu; ob als Qualifikationsnachweis einzig ihr Status als Ehefrau eines Linguistikprofessors ausreichte oder ob Frieda durch nachgewiesenes Sprach- und Stilgefühl überzeugte, ist nicht bekannt. Wie dem auch sei, sie übernimmt Stahls Auftrag und übersetzt mit Feuereifer den ihr zugewiesenen Teil von William Butler Yeats' Versdrama ›The Land of Heart's Desire‹ ins Deutsche. 1911 kommt das Werk unter dem Titel ›Das Land der Sehnsucht‹ in Düsseldorf als Heft 1 einer Reihe ›Englisches Theater in deutscher Übersetzung‹ heraus. (Der Einakter wird am 12. März 1919 im Schauspielhaus zu Frankfurt am Main uraufgeführt.)

Von vermeintlich höherer Warte aus betrachtete Ernest dieses Treiben seiner jungen Frau – die neben Werken Nietzsches, Sokrates', Thackerays, Platos, Stendhals, Eliots und Freuds auch solche von Sophokles, Shakespeare, Yeats, Goethe, Dickens, Dostojewski, Ibsen, Tolstoi . . . gelesen hat und darüber trefflich zu reden weiß – nach wie vor freundlich herablassend. Ähnlich gönnerhaft drückt er Frieda im Frühjahr 1911 das exakt abgemessene Sümmchen für die erste Deutschlandreise nach vier Wartejahren in die Hand. Im März beginnt Friedas obligatorische Rundfahrt: zuerst ein Besuch bei den Eltern, dann bei Else, anschließend bei Nusch. Aber was kommt danach? Vielleicht München? Weit gefehlt!

Am 11. April trifft sie in der »Anarchistenkolonie« auf dem Monte Verità beim idyllischen Fischerdörfchen Ascona ein, wo Frida Gross, mit ihrem neuen Lebensgefährten, dem Schweizer Maler und Sozialkritiker Ernst Frick, nunmehr lebt. Auch Otto Gross verschlug es mit neuer Lebensgefährtin dorthin. Den zu treffen kann Friedas Absicht nicht sein, weiß sie doch, daß die Tessiner Kantonspolizei seit Wochen gegen ihn ermittelt und – daß er bereits am 6. März aus Ascona verschwand. Ihm wird vorgeworfen, seiner unheilbar nervenkranken Geliebten Sophie Benz – als Beihilfe zum Selbstmord – eine Überdosis Kokain verabreicht zu haben. Die eidgenössische Presse widmete sich dem Skandal ausführlich: »Der Fall selbst ist sensationell und höchst interessant, denn auch damals, als sich Lotte Hattemer vergiftete, wohnte Gross in Ascona. Als Mediziner steht ihm natürlich das Recht zu, Rezepte zu verschreiben, und in diesem Fall rezeptierte er einige Gramm des besagten Giftes . . .«[121] In der Tat hatte Gross 1906 seiner damaligen Patientin und Geliebten Lotte Chatemmer [nicht Hattemer, Anm. d. Verf.] auf Verlangen Gift besorgt, um ihr – wie man heute weiß – den Tod so leicht wie möglich zu machen, da Lotte seiner Meinung nach so oder so Suizid begangen hätte und möglicherweise auf weitaus grauenvollere Art umgekommen wäre. Jedes Mitwirken am Selbstmord von Sophie Benz bestreitet er entschieden.[122]

Dem Zugriff der Polizei und drohender Inhaftierung entging Gross nur durch Flucht über die italienische Grenze in die Heilanstalt Mendrisio. Drei Wochen später organisierte Vater Gross die Überführung in ein hermetisch abgeriegeltes Sanatorium in Wien, wo Otto noch bis zum 21. Juni festsaß.

Ernst Frick gehe für ein Weilchen nach England, teilt Frida Gross am 9. August 1911 ihrer Freundin Else brieflich mit, und nicht nur seines sehr bedenklichen Gesundheitszustandes wegen lege sie großen Wert auf diese Luftveränderung. Denn Ernst, fügt sie hinzu, sei derzeit ausgesprochen unerträglich, und auch Frieda habe während ihres Besuchs in Ascona keine Freude an ihm gehabt. Selbst so unspektakuläre Bemerkungen wie diese bringen Frieda Weekley nachhaltig in Verruf: Sie habe, wird noch Jahrzehnte später daraus abgeleitet,[123] auf dem Monte Verità nichts Besseres zu tun gehabt, als Frida Gross ein zweites Mal einen Mann wegzuschnappen, Ernst Frick auf eigene Kosten nach England verschleppt, ihn wochenlang im Londoner Apartment ihrer abwesenden Freundin Gladys Bradley einquartiert und sich dort, sooft es ihr danach gelüstete, seiner bedient.

Dabei kehrte Frieda spätestens Ende April zu Mann und Kindern nach Nottingham zurück und war einfach nur neugierig auf das gewesen, was neuerdings in aller Munde ist: 1911 gilt die hoch über dem Lago Maggiore gelegene Aussteigersiedlung auf dem Monte Verità als Sammelpunkt zügelloser Stadtflüchtlinge. Nicht nur im guten alten England geraten Hände, die eben noch ruhig Sherrygläser durchs Partygewühl balanciert haben, beim Weiterflüstern von haarsträubenden Geschichten über Sexorgien unter Monte-Verità-Besiedlern heftig ins Zittern. Geschichten, die den Drang auslösen, die Niederungen des Alltags gegen Hochgefühle auf dem Berg der Wahrheit einzutauschen. Folglich erklimmen Scharen von Männern und Frauen den Saumpfad durch vernachlässigte Weingärten und Laubwald bis zum felsigen Plateau, wo die Natur karge Heidevegetation vorsieht. Auch lediglich Neugierige durchstreifen in großer Zahl das Reservat für Asketen und Vegetarier, Gemütskranke und Zivilisationsmüde, Entwöhnungsbedürftige und Temperenzler, Antireligiöse, Sonnenanbeter, Gotteskinder und arme Teufel, Orthographie-Reformer (»folkomene widergabe des gesprochenen worts«[124]) und Demagogen, Muttersöhnchen mit Komplexen, Männer mit Mut zu kurzen Hosen (und winters blaugefrorenen Waden), Sandalen und von Lederbändchen umwundenem wallenden Haupthaar, korsettlose Frauen in tunikaähnlichen Gewändern, Bewegungstänzerinnen und PionierInnen der freien Liebe, teils Weltberühmtheiten, teils solche in spé.[125] Besonders hinderlich ist der Besucherstrom für Nudisten, die bei erträglichen Temperaturen aus Überzeugung außer auf festes Schuhwerk auf jedwede Bekleidung verzichten und die zwecks näherer Inaugenscheinnahme längstmöglich interviewt und damit nachhaltig vom ohnehin mühevollen Gemüseanbau mit der Grabegabel abgehalten werden. Selbst das Erheben von zwei Franken Eintritt setzt dem Voyeurtourismus auf den Monte Verità keine spürbaren Schranken. Echte Asconesen sehen die Bewohner des Hügels entweder für Briten oder für Artisten und jedenfalls als nicht normal an. Langzeitaussteiger hausen auf dem dreieinhalb Hektar großen Gelände in armseligen Steinhütten, die in der sogenannten *Freilufttheilanstalt* eingerichteten Kammern sind für zahlende Kurzurlauber reserviert. Ascona steht im Ruf einer Schwabingfiliale. Jeder, so gibt Fanny zu Reventlow in München Zurückgebliebenen zu bedenken, müsse einmal im Leben nach Ascona, gehöre Ascona doch »entschieden zu einer Biographie«.[126]

Frieda beschert ihr Ascona-Aufenthalt keine in Memoiren nennenswerten Erinnerungen. Auch das spricht gegen eine Liebesbeziehung zu Ernst Frick, denn eine Liebesbeziehung zu verschweigen entspricht nicht ihrem Naturell. Und das Zusammensein mit Frida Gross und Ernst Frick ist tatsächlich viel zu unerfreulich, um seiner in besonderer Weise zu gedenken. Das Paar ist stark belastet; immer wieder gibt es Streit, zum einen leben sie in bedrückender Armut, zum anderen leiden beide unter den Pressionen der Kriminalbeamten, die ihnen vorwerfen, den in der Heilanstalt untergetauchten, steckbrieflich gesuchten Otto zu decken, und die Ernst, den Vater von Frida Gross' zweitem Kind sowie der des dritten, das sie erwartet, der Helfershelferschaft bei der Beihilfe zum Sophie-Benz-Selbstmord bezichtigten und wiederholt verhörten. Denn auch Frick ist kein unbeschriebenes Blatt.

Das ist seine Vorgeschichte: Er und Otto Gross lernten sich 1909 kennen und schätzen. Seit jener Zeit weiß Gross Frau und Kind bei dem Freund in zuverlässigen Händen. Die Frick/Gross- und Gross/Benz-Paare wechselten gleichzeitig von München in jene Gegend um den Lago Maggiore, die für ihre niedrigen Lebenshaltungskosten bekannt ist. Leider hatte man das gute Gedächtnis eidgenössischer Ordnungshüter sowie den langen Arm des Gesetzes unterschätzt. Zwei Jahre zuvor, im Juni 1907, war es in Zürich hoch hergegangen. Damals saß ein Russe in der Polizeikaserne Aussersihl in Haft. Dem Gegner des Zarenregimes drohte Ausweisung, gleichbedeutend mit lebenslanger Festungshaft oder Tod. Nachdem in dem Zürcher Arbeitervorort, als Ablenkungsmanöver, eine Bombe hochgegangen war, konnten drei oder vier Personen mit Waffengewalt in die Polizeikaserne eindringen. Der Befreiungsversuch mißlang. Daraufhin wurde der stadtbekannte Antimilitarist und vermeintliche Bombenleger Ernst Frick monatelang in Untersuchungshaft genommen. Er leugnete energisch die Straftat und konnte vor Prozeßbeginn entwischen.

Nunmehr, 1911, ist Frick sich darüber im klaren, daß ihm der Richterspruch nicht erspart bleiben wird. (Im Folgejahr lautet das Urteil zwölf Monate Gefängnis.)[127] Um noch vor Prozeßbeginn ins Ausland reisen zu dürfen, mußte Ernst Frick frühzeitig aufwendige amtliche Formalitäten einleiten. Sein Erholungsaufenthalt an einem in Wahrheit unbekannten englischen Ort im August und September muß somit von langer Hand geplant und kann nicht spontan von Frieda initiiert worden sein. Daß die Schweizer Behörden ihn trotz neuerlicher Anschuldigungen im Zusammenhang mit der Otto-Gross-Affäre vorübergehend außer Landes gehen lassen, grenzt ohnehin an ein Wunder. Vorstellbar, wenngleich nicht verbürgt, ist eine Kautionszahlung als Vorbedingung.

Friedas in die Schweiz überwiesener Anteil an Fricks Reisekosten hält sich in Grenzen, den Löwenanteil steuert Else bei, die Frida Gross niemals eine erfüllbare Bitte abschlägt.

Anders als ihre Schwester ist Frieda gezwungen, ihren Mann aufgrund des Beitrags zur Finanzierung von Fricks Rekonvaleszenz ums Wiederauffüllen der geplünderten Haushaltskasse zu bitten. In seiner Wut brüllt Ernest, er bringe sie um, wenn sie nochmals mit seinem ehrlich verdienten Geld einen dieser Sozialisten alimentiere.[128]

Die Möglichkeit, höhere Kosten für dringend notwendige Anschaffungen für die bevorstehende Goldene Hochzeit von Weekleys Eltern vorzutäuschen, zieht Frieda erst gar nicht in Betracht. Monty, mit elf Jahren im Junge-wie-bist-du-schon-wieder-gewachsen-Alter, bekommt für den festlichen Anlaß vom Schneider einen neuen Anzug angemessen. Für Elsa, sie ist neun, und die bald siebenjährige Barby nimmt die Mutter weiße bestickte Hängerchen in Angriff. Wie einen kleinen Gentleman will sie den Sohn und richtig niedlich ihre Töchter präsentieren. Etwas Modisches für sie selbst hat Ernest, so sieht es aus, nicht genehmigt.

Eine Photographie zeigt die am 23. September 1911 auf der Terrasse von 40, Well Walk, Hampstead, versammelte Festtagsgesellschaft: Im Vordergrund lagert der Nachwuchs. Tadellos Friedas Monty, auch dessen etwas älterer Cousine ist die auf sie verwandte Mühe noch anzusehen. Elsas und Barbys Outfit hat bereits ein klein wenig gelitten. Im Zentrum der Familie thronen die Hochzeitsjubilare, Agnes und Charles Weekley, auf respektabel und altersschön getrimmt. Unmittelbar hinter seinen Eltern steht Ernest: formeller dunkler Anzug, Weste mit doppelbögiger Uhrkette, grauhaarig und – obwohl erst sechsundvierzig – erkennbar jenseits bester Jahre. So sehen Männer aus, die niemals etwas leicht nehmen. Neben ihm, frisch onduliert, Frieda. Sie steckt in einer Neunziger-Jahre-Kreation: Stehbörtchen, kleine Rüsche, ausgepolsterte Schultern, enganliegende Ärmel, wogende und weggeschnürte Körperpartien betont. Bei leicht gesenktem Kopf probiert die Frau auf dem Bild ein zaghaftes Lächeln.

Das soll die Frau sein, die einmal, nein zweimal, das geltende Ehemodell in Frage gestellt hat? Die sich freie Liebe herausnahm und sich bewußt in die Avantgarde eingereiht hat? Die an die Message glaubt: Du hast, was auch geschieht, das Recht, hocherhobenen Hauptes eigene Wege zu gehen? Die sich ausmalt, wie sie allen Philistern und Puritanern die Heucheleien mit einem gewaltigen Fußtritt heimzahlt?

Das ist das von Otto Gross erträumte strahlende »Zukunftsweib«, »nur zur Fröhlichkeit geboren und zur Freiheit«, eine Magna Mater: zutiefst weiblich, selbstsicher, kraftvoll, vital, lebensbejahend, großherzig, genußfähig, sinnlich, inspirierend, Überträgerin erotischer Erfolgserlebnisse?

Frieda »hatte sich große Mühe gegeben, eine gute englische Bourgeoise zu werden«. Frieda hatte sich wiederholt einzureden versucht, daß damit alle Erwartungen an das Leben erfüllt sind, die eine Zweiunddreißigjährige vernünftigerweise hegt. »Aber sie war nicht glücklich«, schlimmer noch: »Sie fühlte sich oft erniedrigt wie eine Närrin«.[129]

Retrospektiv ist Frieda so, als habe ihr nur die »kleine, hartnäckige Stimme ihres Herzens«, die ihr zuflüsterte »Du hast schon so viel bekommen, und du wirst mehr bekommen«, ein Fünkchen Hoffnung bewahrt.[130]

*****

>Queens's Square,
Eastwood, Notts.
17. April 1912

Lieber Garnett,

habe ich Ihren letzten Brief beantwortet? Ich kann und
kann mich nicht erinnern. Warum bemühen Sie sich so
sehr für mich? – ich bin ein Schweinehund, wenn ich Ihnen nicht ewig dankbar bin. Der Gedanke, daß Iden Payne
mich auf der Bühne spielen wird, ist überwältigend . . . natürlich will ich ändern und bessern, soviel ich kann . . .
Und natürlich erwarte ich kein Geld dafür. Aber daß ich
aufgeführt werde, das ist großartig.

Nächste Woche werde ich wohl nach London kommen . . .

Mrs. Weekley wird auch in der Stadt sein. Sie ist groß-
artig – die wundervollste Frau, die ich je gesehen habe –
Sie müssen sie unbedingt kennenlernen . . . sie ist die
Tochter des Barons von Richthofen aus dem alten, be-
rühmten Hause Richthofen – aber sie ist prächtig, wirklich
prächtig. Verflucht, wie ich alles durcheinanderbringe.
Mrs. Weekley ist sehr frei, aber wirklich gut – im besten
Sinne. Ich wette, Sie haben nie so eine Frau wie sie gese-
hen, auch nicht annähernd so eine. Sie *müssen* sie nächste
Woche kennenlernen. Ob sie wohl nach Cearne kommen
würde, wenn Sie sie einlüden? Ach, sie wäre eine Frau fürs
Leben . . .«[131]

Wenn es weniger auf die kluge Wortwahl ankommt,
wird der Briefeschreiber sogar noch deutlicher: Diese Frau
haue einen einfach vom Hocker.[132] Das ist eine starke Be-
hauptung nach nur einem Monat Bekanntschaft . . .

. . . die am 17. März 1912 so begann:

Private Road, Mapperley, um die Mittagszeit, ein Sechs-
undzwanzigjähriger betritt das Haus Professor Weekleys.
Er hatte um ein Gespräch gebeten, benötigt einen Rat, ein
Empfehlungsschreiben vielleicht. Deutschland interessiert

ihn. Professor Weekley gilt als exzellenter Kenner der deutschen Universitätsszene, ist mit einer Deutschen verheiratet und könnte Starthilfe leisten; der Bittsteller träumt von einem Lektorat. Ein junges Genie war Frieda von Ernest angekündigt worden, ein Schriftsteller, der schon von sich reden gemacht hat. Ein Lichtblick im tristen Einerlei der Tage.

Der junge Mann hat Schopenhauer, Nietzsche studiert, liebt Wagner, Goethe, Heine, hat bereits einen Aufsatz über Thomas Mann veröffentlicht, den ersten, der in englischer Sprache erschienen ist. Vieles möchte er, der den Sprung ins akademische Milieu geschafft hat, hinter sich lassen – die von Kohlestaub geschwärzten Häuserzeilen seiner Kindheit, den grobschlächtigen Vater, die herb enttäuschte Begleiterin seiner ersten Jugendjahre, einige unzulängliche Liebeleien, eine halbherzig eingegangene und schnell wieder gelöste Verlobung, die seinen Ansprüchen nicht mehr genügende Arbeit als Lehrer, die Erinnerung an jene schreckliche Stunde im Dezember 1910, in der seine geliebte Mutter an einem Krebsleiden starb. Der Verlust hat dem jungen Mann seine alte Lungenkrankheit wiedergebracht, ihn physisch und psychisch aus der Bahn geworfen . . . All das erfährt Frieda binnen der dreißig Minuten, die sie mit dem Gast allein ist und die ihr Mann zu spät kommt.

Konversation ist eine Kunst, deren Ausübung eine Menge angeborener und erworbener Talente wie ein gewisses Maß an allgemeiner Bildung, Einfühlungsvermögen und gute Beobachtungsgabe voraussetzt. Nach allen Regeln dieser Kunst lenkt Frieda das Gespräch Richtung Otto Gross, Sigmund Freud, Ödipus und Elektra. Der Besucher ist hingerissen ob ihres Freimuts, wie vom Donner gerührt; beim anschließenden Lunch stellt er erleichtert fest, daß Mrs. Weekley ihren Gatten keines Blickes würdigt.[133]

Frieda speichert Bilder: eine lange schmale Gestalt, lebendige Beine, leichte, sichere Bewegungen – geöffnete Verandatüren ihres Zimmers, rote Vorhänge vom Frühlingswind bewegt, die spielenden Kinder draußen auf dem Rasen . . .[134] Auch der Besucher wird sich erinnern: an die junge lachende Frau mit dem frischen Gesicht, glühend vor Lebhaftigkeit und Eifer, leuchtend vor Leben wie eine Blume in der Sonne, vollbusig, mit strahlenden Augen, lachendem, breitem Mund, herrlichen Zähnen, üppigen honigblonden rundum aufgesteckten Haaren, dem weichen und warmen und weißen Hals, wie geronnene Milch.[135]

Sie sei die wunderbarste Frau in ganz England, schmeichelt er Frieda bald darauf per Brief. Woher er das wissen wolle, kokettiert Frieda schriftlich zurück, bestimmt kenne er viel zu wenige Frauen.[136] Ostern besteht die Möglichkeit, den ersten guten Eindruck zu überprüfen. Ernest hat ihr seine Abwesenheit mitgeteilt, das Personal ist der Feiertage wegen außer Haus. Mrs. Weekley bittet zum Tee. Der glückliche Verehrer beobachtet den ungeschickten Umgang der Hausfrau mit dem Gasherd mit leicht hochgezogenen Brauen.[137]

Frieda ermöglicht ein weiteres Treffen, ». . . an einer Station in Derbyshire. Meine beiden kleinen Töchter waren mitgekommen. Eine lange Zeit gingen wir durch die Wälder und Felder, die im ersten Frühlingsglanz standen. Die Kinder liefen hin und her wie junge Tiere. Wir kamen an einen schmalen Bach, über den eine kleine Steinbrücke führte. [Er] machte Papierbote für die Kinder, legte Streichhölzer hinein und ließ sie unter der Brücke hindurchschwimmen. Er ließ Gänseblümchen mit aufwärtsgewandten Gesichtchen den Bach hinuntertreiben. Wie er da am Wasser kauerte und mit den Kindern spielte, vergaß er mich völlig. Plötzlich wußte ich, daß ich ihn liebte.«[138]

David Herbert Lawrence, Bert genannt, da er seinen ersten

Vornamen nicht mag, war am 11. September 1885 in einem jener Backsteinreihenhäuser, die das hügelige Eastwood ausmachen, den einstmals idyllischen Flecken in den Midlands, der nach der Eröffnung des Steinkohlebergwerks zur unansehnlichen Industriekleinstadt verkommen war – nach den Geschwistern George Arthur, William Ernest sowie Emily und vor Ada –, geboren worden. Kein Mensch in Eastwood glaubte, daß dieses schwächliche Kind am Leben bleiben würde.

Seine Mutter Lydia Lawrence, geborene Beardsall, stammte aus einer Mittelstandsfamilie, was sie stets betonte; sie war puritanisch bigott und ziemlich belesen, streng gegenüber anderen und streng gegen sich selbst und hatte den größten Fehler ihres Lebens begangen, indem sie hinabheiratete. Doch kannte Miss Lydia niemanden, der so viele wildwachsende Pflanzen beim Namen nennen konnte, kaum einer tanzte behender, brachte die Leute so zum Lachen, erzählte phantastischere Geschichten und sah glänzender aus als der Bergmann Arthur John Lawrence. Bald wurde aus dem betörenden Bruder Leichtfuß ein großer Sprücheklopfer, Kneipengänger und Biertrinker. Auch daß er zu Gewalttätigkeiten neigt und sich nur im Dialekt auszudrücken bereit ist, fiel Lydia zu spät auf. Die Ehe entwickelte sich zur Überlebensgemeinschaft ohne partnerschaftliche Solidarität.

Der kleine Bert war ein magerer, bleichsüchtiger Knabe, immer peinlich auf Sauberkeit bedacht, ihm fehlte die Neigung zu derben Spielen. Zunächst versteckte er sich hinter den Rockschößen seiner Mutter, hernach gern hinter dicken Büchern; der Heranwachsende entdeckte aber auch seine Freude an Haus- und Gartenarbeit und übte sich in Sticken und Stricken. Als Zwölfjähriger errang er ein Stipendium für die High School im nahen Nottingham. Nur seine Englischnoten lagen unter dem Durchschnitt. Vor der Fortsetzung einer Bürogehilfenausbildung in einer Prothesenmanufaktur bewahrte ihn eine schwere Lungenentzündung. Jedermann nahm an, er würde sterben, wie sein älterer Bruder William Ernest, der Mutters Liebling gewesen war. Zur Belohnung für sein Weiterleben durfte Bert diese freigewordene Position besetzen. Auch wurde ihm nun erlaubt, die Lehrerbildungsanstalt zu besuchen; aus dem Kampf um ein Universitätsstipendium ging er als Bester in ganz England hervor. Einer seiner Hochschullehrer in Nottingham war Ernest Weekley. Ein Prüfungsgutachten attestiert dem dreiundzwanzigjährigen Probanden große Belesenheit, Gelehrsamkeit und Bildung sowie hohen Anspruch in Geschmacksdingen. Im Juni 1908 erhielt David Herbert Lawrence das Pupil-Teacher-Diplom. Sechs Monate zuvor war ›A Prelude‹ abgedruckt worden, womit er den ersten Preis im Kurzgeschichtenwettbewerb des *Nottinghamshire Guardian* gewann. Die Veröffentlichung mehrer Gedichte in *The English Review* geht auf die Initiative seiner Jugendfreundin Jessie Chambers zurück. Gesprächsweise waren sie sich nähergekommen, sie lasen die gleichen Bücher, tauschten ihre Gedanken darüber aus, bestaunten gemeinsam alle Schönheiten der Natur. Dafür, daß Bert sie Landschaften mit seinen Augen sehen lehrte, sie mit jedem Baum, jeder Blume, jedem Insekt vertraut gemacht hat, bleibt ihm Jessie zeitlebens dankbar; als Bert einmal die Blüten des Johanniskrauts »sternförmige Goldspritzer« nannte, hätte sie ihn dafür umarmen mögen.[139] Ende 1910 trennten sie sich. Im Januar 1911 erschien in New York und in London der erste Roman aus der Feder des Nachwuchsautors D. H. Lawrence: ›The White Peacock‹. Im April suchte er durch die voreilige Verlobung mit der vortrefflichen Berufskollegin Louie Burrows seine Depressionen nach dem Tod der Mutter zu überwinden.[140] In den ersten Januartagen des Jahres 1912 nahm er eine neuerliche schwere Lungenentzündung mit Verdacht auf Tuberkulose zum Vorwand, sich von seiner unerfreulichen Broterwerbstätigkeit als Lehrer an der *Davidson Road School* in Croydon bei London zu verabschieden. Die Trennung von Louie Burrows vollzog Lawrence nur zwei Monate danach. Wohl gab es da noch die Beziehung zur lebens- und liebeserfahrenen Alice Dax, einer verheirateten Frauenrechtlerin, und jene zu der zuvorkommenden und an Literatur interessierten Lehrerin Helen Corke – doch auch diese Frauen konnten mit der Einzigartigkeit seiner Mutter nicht wirklich konkurrieren.

Im April 1912 liegt D. H. Lawrences zweiter Roman ›The Trespasser‹ als Druckfahnen vor, und ›Paul Morel‹ – später ›Sons and Lovers‹ – ist in Arbeit.

So also steht es mit dem beinahe mittellosen freien Schriftsteller D. H. Lawrence, als er seinen Freund und Förderer und Gönner und Agenten Edward Garnett brieflich bittet, ihm die »großartige Mrs. Weekley«, »die wundervollste Frau«, die »Tochter eines Barons«, vorstellen zu dürfen.

Dem Ehepaar Garnett war Lawrence erstmals im Herbst 1911 auf deren Landsitz *The Cearne*, nahe Edenbridge und fern aller Zivilisation in der Grafschaft Kent, begegnet. Edward Garnett ist ein kluger Kritiker und literarischer Berater des Londoner Verlegers Duckworth. Constance Garnett steht im Ruf einer vorzüglichen Übersetzerin russischer Literatur. Sie wird Lawrences Werk ›The Trespasser‹, das nach seinem Erscheinen im Mai 1912 von den meisten Rezensenten als ziemlich aufgebläht und mit Adjektiven überfrachtet bezeichnet wird, wohlwollend beurteilen, indem sie ›The Trespasser‹ an die Seite erfolgreicher russischer Romanliteratur des 19. Jahrhundert stellt. Beide Garnetts nahmen Lawrence auch privat unter ihre Fittiche.

Frieda wollen sie am letzten Aprilwochenende begutachten. Zwei schriftliche Anläufe hatte D. H. nehmen müssen, bevor ihre Einladung nach *The Cearne* endlich feststand. Lawrence hatte fair sein wollen und in seinen Briefen an Edward Garnett auch gewisse »Schwierigkeiten« nicht verheimlicht. Friedas Freund macht ihr Verheiratetsein mit einem anderen schwer zu schaffen, da er, der eingefleischte Puritaner, im Prinzip Ehebruch für etwas äußerst Bedenkliches, um nicht zu sagen moralisch Verwerfliches hält. Um Mrs. Weekley bei Vorstellungen von vornherein in ein günstiges Licht zu rücken, macht er sich die Frage nach dem Wissen um Friedas Geburtsadel, »You know, she is a baronesse?«, von nun an zur Gewohnheit.

1912 – 1914
»Es würde ein Kampf werden, aber eine Niederlage zog ich nie in Betracht.«

Ein aufregendes Abenteuer à la Otto Gross, dessen Briefe sie vorsichtshalber im Gepäck hat, schwebt Frieda Weekley allenfalls vor, als sie und D. H. Lawrence sich am 3. Mai 1912 um zwei Uhr mittags am Bahnhof Charing Cross wie verabredet vor der Tür mit der Aufschrift *Ladies* treffen. Durchbrennen? Frieda denkt nicht daran, ihrem Mann wegen eines Jungschriftstellers mit fragwürdiger Zukunft und exakt elf Pfund auf der hohen Kante voreilig die eheliche Gemeinschaft aufzukündigen. Auch stellt sich ihr nicht die Frage, wie Ernest so arglos hatte bleiben können – war er doch in letzter Zeit beinahe ohne aufzusehen mit der Durchsicht der Druckfahnen seines Buches ›The Romance of Words‹ beschäftigt. Nach seinem Erscheinen wird das Werk in in der Literaturbeilage der *Times* als so vergnüglich beschrieben, daß man sich kaum von ihm losreißen könne.[141] (Am Ende seiner Laufbahn wird Professor Weekley neben ›The Romance of Words‹ auch ›The Romance of Names‹ sowie ›Adjectives – and Other Words‹, ›A Concise Etymological Dictionary of Modern

English‹, ›The English Language‹, ›Jack and Jill. A Study in
Our Christian Names‹, ›More Words Ancient and Modern‹, ›Saxo Grammaticus, or: First Aid for the Best-Seller‹, ›Something About Words‹, ›Surnames‹, ›Words Ancient and Modern‹, ›Words and Names‹ als seine Haupt-
werke vorzuweisen haben.)

Freilich, urteilt Frieda in der Rückschau, sei sie in Lawrence verliebt gewesen, aber leidenschaftslos und gewissermaßen gegen ihren Willen.[142] Da sie von ihrer planmäßi-
gen Rückkehr ausgeht, fiel der Abschied von Monty, den
sie daheim bei Ida Wilhelmy gut aufgehoben weiß, und
von ihren bei den Weekley-Großeltern in London depo-
nierten Töchtern nicht tränenreicher aus als gewöhnlich.

Und doch hatte es zuvor mächtig Trouble gegeben. Tagelang ging es in hektischem Briefwechsel um Abreisetermin
und Reiseweg. Lawrences hochgradig nervöses Gejam-
mere, er fühle sich scheußlich und so hilflos, irritierte
Frieda zunehmend.[143] Hinhaltetaktik, die ihr ein wenig
Bedenkzeit verschaffen sollte, wurde mit noch mehr Drängen und den Vorwürfen, sie wolle sich drücken und lasse
ihn hängen, quittiert.[144]

Letztlich beschloß Frieda, die von ihr und Lawrence zufällig für den gleichen Zeitraum geplanten Deutschlandrei-
sen als Fügung aufzufassen.

Baron von Richthofen feiert am 4. Mai in Metz[145] sein
fünfzigstes Armeejubiläum, das Ereignis soll zu einem
glänzenden Familientreffen werden. D. H. Lawrence will,
nach einer Woche Lothringen in Friedas Gesellschaft, Verwandte in Waldbröl in der Rheinprovinz besuchen. (Dort
leben Verwandte von Fritz Krenkow; der Geschäftsmann
und spätere Orientalist – er lehrt dann zuerst an einer indi-
schen und hernach an der Bonner Hochschule – ist mit einer Schwester von D. H. Lawrences Mutter verheiratet.)
Möglicherweise, hatte das Paar überlegt, könnte man für

die Zeit danach Else um grünes Licht für Oberbayern bitten. 1910 mußte Friedas Schwester schweren Herzens Heidelberg verlassen, da Edgar Jaffé die von ihm herbeigesehnte Berufung zum ordentlichen Professor für Geld- und Kreditwesen an die Münchner Handelshochschule angenommen hatte.

Aber der Aufenthalt in Metz steht für Friedas verliebten Begleiter von Anfang an unter keinem guten Stern!

»9. Mai 1912
Lieber Garnett,
. . . also ich weiß nicht, was vorgeht . . . Natürlich war ich in Metz bei der Familie von Mrs. Weekley. Dort herrscht eine scheußliche Aufregung. Bisher ist noch nichts entschieden. Weekley weiß alles. O Gott, da sitz ich schön in der Tinte – und das nach acht Wochen Bekanntschaft! Ich mußte Metz verlassen, weil die Idioten mich als Spion verhaften wollten . . . Es gab ein großes Theater.«[146]

O ja. Weekley weiß alles! Aber Lawrences Klagelied unter dem Briefkopf *Hotel Rheinischer Hof*, Trier, verrät noch weniger als die Hälfte der Wahrheit.

Bereits auf dem Bahnhof von Metz, Friedas Familie stand dort als Begrüßungskomitee, war es mit der trauten Zweisamkeit aus und vorbei gewesen. Unmittelbar nach der Ankunft sah sich Friedas Freund gezwungen, im *Deutschen Hof* – mehr christliches Hospiz denn Hotel – unsichtbar zu bleiben. »Ich darf dich nicht sehr gut kennen«, hatte Frieda ihm schriftlich annonciert und hinzugefügt: »Du bist einfach bloß ein Bekannter . . . aber kein sehr intimer.«[147] Wie hatte sie nur vergessen können, wie peinlich berührt man in Offiziers- und Adelskreisen aufs Herumreichen eines rothaarigen Arbeitersohns aus dem englischen Kohlerevier reagierte. Wie hätte sie dessen Familienanschluß überhaupt erklären können? Und wehe ihr, falls der Vater nur den geringsten Verdacht schöpfte!

Per Billett machte Lawrence seinem Ärger Luft: »Ich weiß nicht einmal, wo genau Du bist . . . Laß uns aus Metz verschwinden . . . Ich wollte, ich könnte bestimmen, wo's lang geht . . . so aber bin ich in Deiner Hand . . .«[148]

Wie beschämend seine Erinnerung an das flüchtige Zusammentreffen mit Friedas jüngerer Schwester Nusch – »das Höchste an Chic und Eleganz«[149]. Unter abschätzigem Von-Kopf-bis-Fuß-Taxieren war er sich von Sekunde zu Sekunde mickriger vorgekommen. Ebenso unerfreulich die Rückbesinnung auf dieses Intermezzo: So seltsam fremd, so glänzend, so »baronessemäßig« aufgetakelt kam Frieda in sein Hotelzimmer stolziert. Sie hatte Nuschs Fundus geplündert, trug ein rötliches Rüschenkleid mit weißem Spitzenumschlagtuch, einen grauseidenen Unterrock, graue Seidenstrümpfe, Strumpfbänder mit Rosenknospenbesatz, feine Spitzenhöschen, französisches Mieder. Blitzschnell mußte die heimliche Besucherin in ihre Garderobe zurückschlüpfen, mit fliegenden Händen Bänder schnüren, Stiefel zuknöpfen und verstohlen das Haus verlassen, da die Hoteldirektorin, ein Zerberus, den sie umgangen wähnten, energisch auf Einlaß in sein Zimmer bestanden und nach der hinterm Vorhang versteckten Frieda gefahndet hatte. Damenbesuche verstoßen gegen die Hausordnung. Auch der zweite Versuch, einander in Metz näherzukommen ging gründlich daneben, gehört das gemeinsam angestrebte lauschige Plätzchen doch ausgerechnet zum durch Warnschilder abgesicherten Festungsareal. Der Engländer Lawrence wurde von einer Patrouille als ein solcher gleich identifiziert und wegen Spionageverdachts verhaftet. Daraufhin mußte Friedas »Bekannter« gegen den Willen aller dem alten Richthofen vorgestellt werden, der, nachdem er ihn aus den Fängen der Militärpolizei befreit und das Verhältnis zu seiner mittleren Tochter unschwer durchschaut hatte, gebieterisch auf Abschiebung beharrte.[150]

Alles sprach für Trier, da Trier am Weg nach Waldbröl liegt und weit und nah genug, um ein Stelldichein mit Frieda zu ermöglichen. Da sitzt D. H. nun im *Hotel Rheinischer Hof* und wartet und vertreibt sich die Zeit mit Besichtigung römischer Relikte.

Doch seltsamerweise hat Lawrence vom gut hundert Kilometer von Metz moselabwärts liegenden Städtchen aus die vermeintlich an allen Ecken der lothringischen Garnisonsstadt lauernde Gefahr noch deutlicher vor Augen: präsentable »alte« Verehrer, allen voran der »wehmütige Kavallerieoffizier« Udo von Henning – ein Jugendfreund Friedas, derzeit seelisch angeschlagen, was ihn besonders verdächtig macht – in den Armen jener Frau, »die ihre Sexualität als Religion auffaßt«. Warum, so redet Lawrence, der am eigenen Leibe Friedas Wohltaten erfuhr, sich weiter ein, soll sie den ihm gereichten »Kelch der Tröstung« nicht auch anderen reichen wollen?[151] Frieda hält Treffen mit Jugendfreunden für nicht der Rede wert, währenddessen Lawrences täglich wachsende Einbildungskraft mit täglich wachsender Eifersucht einhergeht. Wohl taucht die energisch herbeizitierte Frieda für einen halben Tag in Trier auf. D. H. ist es schrecklich peinlich, im *Rheinischen Hof* das nun endgültig freibleibende zweite Bett im vorsorglich gemieteten Doppelzimmer erklären zu müssen, da Anna von Richthofen und deren Tochter Else den beiden »Sündern« auf Schritt und Tritt folgen und darauf beharren, daß Frieda noch am gleichen Tag mit ihnen nach Metz zurückkehrt.

Von Trier aus teilt Lawrence der ob seiner Nachricht entsetzten Frieda mit, er habe soeben einen Brief an Ernest

Weekley abgeschickt, der ihrem Ehemann die volle Wahrheit über ihren Ehebruch enthülle. Sein Brief an Frieda endet mit »weiß Gott, ich zahle dafür« und ist mit »Mr. Lawrence« unterzeichnet.[152] Mr. Lawrence – so mußte sie ihn mit Rücksicht auf die Eltern und die Konventionen im Klatschnest Metz titulieren. Gekränkte männliche Eitelkeit – auch daher weht der Wind. Allerdings wird nicht ihm, sondern Mrs. Weekley die Rechnung für seine Denunziation präsentiert werden.

Nach geltendem englischen Recht verwirken weibliche des Ehebruchs Überführte jedwede Ansprüche. Ganz zu schweigen von ihrer gesellschaftlichen Ächtung. 1912 müssen die Ehe brechende Mütter noch ganz besonders vor Entdeckung ihrer Straftat auf der Hut sein: Erst *The Guardianship Act* von 1925 wird ihnen im Falle der Trennung oder Scheidung Kontakte mit unmündigen Kindern zugestehen. Frieda ist sich der ganzen Tragweite des Lawrenceschen Geständnisses nicht bewußt. Auch sie selbst scheint nicht ganz bei Sinnen, denn wie sonst käme ihr die Idee, Kopien von Pretiosen aus ihrem Otto-Gross-Briefeschatz anzufertigen und – wohl zur Erklärung ihrer Geisteshaltung und damit ihrer Unschuld – nach Nottingham zu senden. Nirgendwo in ihren Aufzeichnungen finden sich Hinweise auf ihre tatsächlichen Beweggründe. Keinesfalls hat sie die einem Mann von Schlage Weekleys einzig mögliche Antwort auf diese, zusätzliche, Preisgabe ihrer Liebe zu Otto Gross einkalkuliert. Ernest kann auf die tiefe Verletzung seiner männlichen Ehre letztlich nur mit Unversöhnlichkeit und Verächtlichmachung reagieren.

Folglich ist Friedrich von Richthofens schriftlicher Versuch, zwischen Schwiegersohn und Tochter zu vermitteln, von vornherein zum Scheitern verurteilt, obwohl ihn der Tenor der Erwiderung Weekleys noch Hoffnung schöpfen läßt. »Vielen Dank für Deinen freundlichen Brief«, schreibt der »Dich liebende Sohn Ernest« dem »lieben

Papa« erstaunlich moderat unter dem 11. April (der wie üblich in seine sprachwissenschaftlichen Forschungen Versponnene verwechselt den Monat). Man sei nun einmal machtlos gegen sein Schicksal, meint Weekley weiter, und dann bittet er den Schwiegervater noch um Verzeihung für den verzweifelten Brief, den er ihm schrieb: »Ich war zehn Tage lang wie wahnsinnig. . . . Jetzt versuche ich Pläne für die Zukunft zu machen.«[153] Im Postskriptum steht zu lesen, Frieda sei ja noch jung, und er wünsche ihr für ihr weiteres Leben alles Gute. Im Familienkreis läßt Ernest verlauten, dieser lungenkranke Lawrence habe ohnehin nur noch ein halbes Jahr zu leben.[154] Bei Anna von Richthofen, der »Lieben Mama«, drückt Weekley auf die Tränendrüse. Er habe zwei Briefe von seiner Frau bekommen, »in dem einen spricht sie von einem Kompromiß, im zweiten sagt sie, daß sie kommen würde, um mir beim Wohnungswechsel zu helfen. . . . Bitte mache ihr klar, in welcher Verfassung ich mich befinde: Ein Blick auf ihre Handschrift macht mich zittern wie ein alter Krüppel – sie wiederzusehen wäre mein Tod. Ich würde mich selbst und die Kinder töten . . .«[155]

Im schriftlichen Umgang mit Frieda bevorzugt Ernest von Anfang an die harte Gangart. Kompromisse, schreibt er seiner Frau, seien schlichtweg undenkbar. Kategorisch nein! Sie seien schließlich keine Kaninchen! Wenn Scheidung, dann rasch, andernfalls koste ihn der Skandal seine Stellung, was zur Folge hätte, daß die Kinder darben . . . Sie selbst sei dann frei und könne heiraten wen und wann sie wolle.[156]

Scheidung und Wiederverheiratung? Nichts lag und liegt Frieda ferner. Aber kategorischer Imperativ in Gesellschaft von Larmoyanz – jene gräßliche Mischung kommt ihr sehr bekannt vor.

Aus Trier ist zu hören: »Du solltest hier sein, Du solltest hier sein. Denke daran, daß Du meine Frau zu sein hast . . .

Aber Du bist ja noch nicht hier . . . Aber ich wollte Du wärst hier. Doch Du wirst kommen und hier ist nicht Metz; Metz sei verflucht . . . Beim Zeus, wenn Du nicht kämst. Sicher wird uns morgen wieder irgend eine Art von Tragödie aufgetischt werden und unser Geld reicht nur noch vierzehn Tage und wir wissen nicht, woher das nächste kommen wird.« Allerdings fügt der Freund ein »ich bin glücklich« hinzu und den guten Vorsatz: »Da wir immer mit dem Leben zu kämpfen haben werden, wollen wir *niemals* miteinander kämpfen, nur uns gegenseitig helfen . . .«[157]

Frieda sieht es retrospektiv so: »Es würde ein Kampf werden, aber eine Niederlage zog ich nie in Betracht.«[158]

Wolfratshausen versus Waldbröl. Der Abstand nimmt zu. Frieda hockt Mitte Mai in der *Villa Vogelnest*. Edgar Jaffé ließ das Haus, das eigentlich nur von Else und ihren Kindern bewohnt wird, 1910 in Wolfratshausen, vierzig Kilometer südlich von München, da wo die Loisach in die Isar fließt, an einem Hang erbauen.[159] Frieda ist unfähig, die grandiose Aussicht übers Tal hinweg aufs Alpenpanorama zu bewundern, unfähig auch, ohne Schmerz Elses Rangen beim Herumtollen im Garten zuzusehen: Friedrich, Friedel genannt, wird im Spätsommer neun, Marianne sieben, das Otto-Gross-Kind Peter ist jetzt vierjährig und Edgars im Februar 1909 geborener zweiter Sohn Hans drei. Frieda hat unendliche Sehnsucht nach den eigenen Kindern.

Aus Nottingham kommt die Kunde: Ernest hat Ida Wilhelmy, das seiner Frau treu ergebene deutsche Kindermädchen, entlassen. Monty, Elsa und Barby wurden nach London zu Großeltern und altjüngferlicher Tante gebracht. Sie hätten ihre Mutter schrecklich vermißt, berichtet die jüngere Tochter Barby im Erwachsenenalter, sie und Elsa hätten sich anfangs oft in den Schlaf geweint, zumal sie eine Weile glaubten, man habe die Mutter ins Irrenhaus gebracht. Um Friedas Verschwinden sei von den Weekleys ein fürchterliches Geheimnis gemacht worden, keines der Kinder hätte sie mehr erwähnen dürfen, sie sollten sie ablehnen, verurteilen und vergessen.[160]

Sie sei wie ein WC, dessen Namen auch niemand auszusprechen wage, flüchtet sich Frieda in Witzeleien, als sie erfährt, daß ihr Name auf Ernests Anordnung hin für ihre Kinder nun tabu ist.[161]

Verzweiflung kriecht in Frieda hoch, auch Wut, offenbaren ihr doch Lawrences Briefe nichts als Kleinmut und seine aufkeimende Befürchtung, für die Beziehung zu ihr, der Ehebrecherin, den Autorenerfolg aufs Spiel gesetzt zu haben. Hinzu kommt, daß Lawrence damit begann, von unterhaltsamen Spaziergängen und Ausflügen mit seiner reizenden angeheirateten Waldbröler Cousine Hannah Krenkow zu schwärmen: »Sie fängt an, sich in mich zu verlieben.«[162] Betont beiläufig erwähnt er deren schläfrigen Ehemann Karl, schwadroniert, es fände sich offensichtlich immer irgendwo ein Weibchen, das ihn mit Bett und Essen versorge. Als Frieda ihn eindringlich bittet, ihr endlich, wie besprochen, nach Oberbayern zu folgen, überrascht er sie mit der Bemerkung, ihre Stunde sei noch nicht gekommen! Ein andermal wird ihr unterstellt, sie vermisse die Kinder ja nur dann, wenn sie anfange, an sie zu denken. Oder aber Lawrence meint, sie übertreibe, das Schlimmste sei doch wirklich vorbei.[163] Darüber hinaus möchte D. H. die Für und Wider einer gemeinsamen Zukunft mit kühlem Kopf abwägen und Entscheidungen »rein geschäftsmäßig« treffen, auch mahnt er Zurückhaltung an, rät zu distanziertem und logischem Umgang mit dergleichen »Angelegenheiten«. Von Frieda fordert er dennoch detaillierte Antworten auf im Stakkato vorgebrachte Fragen wie: »*Ist* Bewegung in Deine Scheidungssache gekommen? *Wirst* Du wegen all dem nach England gehen? Werden wir letztendlich in München unsere Zelte aufschlagen? Werden wir überhaupt ausreichend Geld zum Leben zur Verfügung haben?«[164]

Woher soll Frieda das wissen?

Verdammt, giftet die zurück, da sitze sie aber ganz schön in der Patsche, und die Ratte Lawrence verließe bereits das sinkende Schiff.[165] Außerdem blieb ihre Monatsblutung aus – endlos die Zeit, bis sie aufatmen kann.

Da endlich vernimmt sie das Signal aus dem Rheinland: »Ich komme – je viens – i como – advenio.«[166] Wichtige Gründe für seinen Schritt in die richtige Richtung offenbart D. H. in seiner erst postum veröffentlichten autobiographischen Kurzgeschichte ›New Eve and Old Adam‹, streckenweise ein Rückgriff auf den Beginn des Zusammenlebens mit Frieda:

»›Alles in allem‹, sagte sie mit einem kleinen Lachen, ›kann ich es nicht so wundervoll finden, daß du heim in meine Arme eilst, wenn du dich . . . so unfreundlich aufführst‹.

›Ich hätte also lieber wegbleiben sollen?‹ fragte er.

›Von mir aus . . .‹« – ». . . nach einer Viertelstunde kam sie lachend wieder herein. Lachend machte sie die Tür zu und lachend trat sie zu ihm heran. ›Ach, du dummer Kerl‹, sagte sie. ›Bist du nicht ein närrischer Kauz?‹ Sie kuschelte sich zwischen seine Knie und schlang die Arme um ihn. Sie lachte ihm ins Gesicht, ihre . . . Augen tauchten hell und weit in die seinen. Sein Blut flutete ihm in heißen Wellen durch den Körper, sein Herz wollte sich unter ihren Liebkosungen schier auflösen.« – »›Warum stemmst du dich dagegen, daß du mich lieben mußt?‹, fragte sie. ›Hast du Angst?‹«

All das gipfelt in der Erkenntnis des Mannes: »Ich für mein Teil bin ohne dich erledigt.«[167]

Lawrences größte Angst ist die Angst vor weiblicher Vorherrschaft. Lawrences größter Wunsch ist der Wunsch nach einer starken Frau. Lawrences größte Erwartung an Frieda ist die Erwartung, sie möge ihn aus seinem Dilemma befreien.

Friedas tiefstes Empfinden für Lawrence ist eigener Aussage nach »profundes Mitgefühl«[168]. Sie verfügt über die Mittel, Lawrence zu therapieren. Das bestätigt auch der englische Sozialhistoriker und erstrangige Frieda- und Lawrence-Kenner Martin Green, der zudem feststellt, daß weder Frieda noch Lawrence sich im Verlauf der Therapie jemals geschont hätten.[169]

Beuerberg. Die Isartalbahn hält am 25. Mai 1912, eine Station hinter Wolfratshausen in Sichtweite zweier barock gegliederter zwiebelgekrönter Kirchtürme, der imponierendere gehört zum vormaligen Augustiner-Stift, das umringt von geräumigen einstigen Chorherrenhäusern und schmucken Einfirsthöfen Dorfzentrum ist. In Beuerberg fallen Neuankömmlinge auf. Man tut sich schwer mit der Einschätzung der beachtenswerten Dame und des nur unzulänglich deutsch sprechenden Herrn, die mit großen Rucksäcken beladen und je einen kleinen Handkoffer tragend zum *Gasthaus zur Post* unterwegs sind. Niemand im Dorf tippt auf den Flitterwochenauftakt einer wilden Ehe.

Edgar Jaffé hatte Frieda das typisch alpenländische Gasthaus empfohlen und die Vollpension im voraus bezahlt. Rundum überziehen Wiesen und Buchenwälder die hügelige Moränenlandschaft bis hin zum Starnberger See. Nahebei bricht der Steilhang ab, von dessen Fuß die helljadefarbene Loisach ihr gleichmäßiges Rauschen heraufschickt. Lüftlmalereien und Holzschnitzwerk zieren und profilieren Beuerbergs Bauernhausfassaden. Lawrence, der in technischen Errungenschaften niemals einen geistigen Fortschritt für die Menschheit sehen kann und der auch die sichtbar negativen Ausprägungen fortschreitender Industrialisierung zeitlebens anprangert, ist von dieser Oberbayernkulisse hellauf begeistert.

Das Frühstück wird Frieda und ihm am nächsten Morgen unter blühenden Kastanien serviert. Es ist Pfingsten. Landvolk in Tracht wechselt nach feierlichem Hochamt im unmittelbar angrenzenden Kloster vom Kirchengestühl direkt auf lange Sitzreihen an den Wirtshaustischen. Selbst im Eckraum über der Gaststube sorgen aufgeplusterte Federbettdecken für jene ganz spezielle, bajuwarisch-gemütlich-barocke Atmosphäre (wobei Frieda wohl tunlichst jeden Blickkontakt mit dem an der Wand aufgehängten Abbild der schmerzensreichen Muttergottes mit den sieben Schwertern im Herzen vermeidet). Auch das Wetter trägt seinen Teil zum Glücklichsein bei. Zudem läßt Lawrence – gewohnheitsgemäß mitteilungsbedürftig – keine Gelegenheit aus, sein außerordentlich umfassendes naturkundliches Wissen an die Frau, an Frieda, zu bringen, die ihm liebend gern zuhört und mit wachsender Begeisterung an seiner Seite die Landschaft durchstreift: »Das alltägliche Gefühl für Zeit und Raum hatten wir verloren. Die Blumen . . ., die Glühwürmchen des Nachts, die gleich einem zarten Schleier von den Bäumen hingen, während unsere Füße in den dürren Blättern des vorigen Jahres versanken, das waren unsere Ereignisse, daran lasen wir die Zeit ab.« Als Lawrence einen Enzian findet, ist Frieda, als trete er in geheimnisvolle Verbindung mit der Pflanze, »alles was ihm begegnete, wurde wie zum erstenmal geschaffen«.[170] So sie Lawrence habe, macht sich Frieda vor, brauche sie keine anderen Menschen.

»Nie werde ich Beuerberg vergessen . . . Herrgott, wie großartig jemandem wie Frieda begegnet zu sein. Ich könnte Kopfstehen vor Freude . . .«[171], bejubelt Lawrence ihren »honeymoon«. Auch bewundert er Friedas »geniale Begabung zu leben«.[172]

Deren Versuch, sich mittels oberbayerischer Idylle von

quälenden Gedanken an ihre Kinder in England zu befreien, ist dennoch nur zeitweise erfolgreich.

Für das nächste Dach über ihren Köpfen sorgt Elses Zweitmann. Der Heidelberger Professor Alfred Weber hat eindreiviertel Wegstunden von Elses Wolfratshauser *Villa Vogelnest* entfernt, im Dörfchen Icking, für sich – und gelegentlich auch Else – ein Semesterferiendomizil gemietet, das derzeit ungenutzt ist. Webers Wohnung im oberen Stockwerk[173] des Hauses von Josef und Walburga Leitner umfaßt drei Zimmer, eine kleine Küche sowie einen Balkon mit dem für touristische Verwendbarkeit unerläßlichen Blick ins Gebirge. Vom Isartal-Bahnhof Icking gehen Frieda und D. H. nur wenige Schritte zum neuen Quartier. Offenbar gelingt es dem – gemessen an einheimischen Burschen – bemitleidenswert dünnen Untermieter des Professors nicht so recht, seine Insolvenz zu kaschieren. Drum stiftet Frau Leitner aus ihrem im Erdgeschoß untergebrachten Gemischtwarenladen – »mit Schuhnesteln, Zuckerln, Besen und allem, was der Mensch etwa benötigt«[174] – mit schöner Regelmäßigkeit mal eine Seite Speck, mal Eier, mal selbst aufgesetzten Likör. Frieda bekommt von Lawrence Waldbeeren, Vogelfedern, heroische Blumenbüsche oder zierliche, festgebundene Sträußchen verehrt. Wundervoll die ausgedehnten Wanderungen. In Verschnaufpausen füllt Lawrence eifrig kritzelnd Oktavhefte mit Naturpoesie. Ab und an schaut er auf, um Frieda, seiner »feinen Rubens-Dame«[175], zuzuschauen, wenn sie wie Gott sie schuf in die eiskalten Isarfluten taucht und zum Wiederaufwärmen und immer noch nackt in weiten Sätzen davonstürmt oder wenn sie ihren Fingerschmuck auf ihre Zehen umsteckt und mit kindlichem Vergnügen dessen Wirkung im gletschergrünen Naß begutachtet.

Ende Juli meldet sich Edward Garnetts zwanzigjähriger

Sohn[176] aus München. Die Wochenendeinladung nach Icking folgt auf dem Fuß. Ihr erster Gast! Noch dazu ein englischer. David Garnett, alle Welt nennt ihn Bunny, ist von Frieda »mächtig beeindruckt«, ja er betet sie förmlich an: »Ihre Augen waren grün mit ganz vielen rehbräunlich-gelben Einsprengseln, die Nase gerade. Wenn mich Blicke töten könnten, hätten die ihren es gekonnt, und in dem Moment, da sie mich fixierte, glich sie einer Löwin, mit diesen Augen, dieser Nase, ihren Farben und wie sie kraftvoll behende zum lässigen Sprung aus der Hängematte ansetzte, in der sie zuvor gelegen hatte.«[177] Weiß Gott keine Übertreibung, findet er, wenn seinem Vater mitgeteilt worden war, diese Frau sei einfach »umwerfend«, die Frau schlechthin.[178] Auch D. H. legt sich für den Besucher mächtig ins Zeug; er liefert zu vorgerückter Stunde eine Kostprobe seines beträchtlichen komödiantischen Talents. Gegen Ende der zum Schreien komischen parodistischen Vorstellung, während der er menschliche Unzulänglichkeiten gekonnt überzeichnet (Übereinstimmung mit lebenden und bekannten Personen sind weder Zufall noch unbeabsichtigt), kugeln die beiden Zuschauer völlig außer Atem vor Lachen über den Fußboden. Die Leitners sehen daraufhin nach, ob unter ihrem Dach alles mit rechten Dingen zugeht.

Das »Häschen« David Garnett straft seinen Kosenamen Lügen. Bunny ist hochgewachsen, und seine herzlichen Umarmungen hätten einer zarteren Dame als Frieda die Rippen brechen können. Er ist, darin folgt er dem Vorbild seiner Eltern, Literaturkenner und kann, wie Lawrence, stundenlang über Bienen, Füchse, Wiesel, Regenwürmer, Kröten, Vögel . . . referieren.[179] Man könnte den Studenten der Biologie für eine kraftvollere Ausgabe des um sieben Jahre älteren D. H. ansehen.

Dennoch muß Lawrence von Bunny keine ernsthafte Konkurrenz befürchten. Der junge Mann hat homosexuelle Ambitionen. Frieda kann sich nicht verkneifen, ihm zu prophezeien, auch er werde eines Tages einen Versuch mit Frauen wagen, denn eine Frau zu lieben, verrät sie ihm augenzwinkernd, sei keineswegs mit Zahnschmerzen vergleichbar.[180]

In ›Great Friends‹, seiner 1930 geschriebenen und 1979 erstmals veröffentlichten Porträtsammlung von Zeitgenossen, hebt David Garnett Frieda auffällig hervor: Lediglich drei der insgesamt siebzehn Kapitel sind mit Namen von Paaren überschrieben: *John Maynard Keynes and Lydia Lopokova, Lytton Strachey and Carrington, D. H. Lawrence and Frieda.*

Von Garnett junior stammt die jahrzehntelang genußvoll kolportierte Anekdote, wonach Frieda einmal die Isar durchwatet, am anderen Ufer einen verdatterten Holzfäller zum Geschlechtsverkehr überredet und Lawrence brühwarm den Vollzug aufgetischt haben soll.[181] Eine andere von ihm weitererzählte Beobachtung stimmt ganz genau: Bei seinen Gastgebern sind wüste Beschimpfungen und Handgreiflichkeiten an der Tagesordnung.[182]

In die Rubrik Anlässe für Ärgernisse gehören Lawrences Meinung nach der allzu häufige Griff einer Dame nach Zigaretten und mangelhafte hauswirtschaftliche Kenntnisse. Frieda hat es nicht wie er im Blut, ohne Mühe Herdfeuer anzufachen, rasch Mahlzeiten zusammenzurühren und schmutziges Geschirr blitzschnell in blitzsauberes zurückzuverwandeln. Friedas Hang zu großzügigem Umgang mit Ordnung verleitet Lawrence ebenfalls zu schulmeisterlichen Instruktionen: In diese Schublade kämen gefälligst die wollenen Sachen, dorthin die baumwollenen und die seidenen nach unten. Dabei wird sich das Extrafach für Reizwäsche ohnehin bald erübrigen, da D. H. derartige Extravaganzen ein Greuel sind. Auch das weist ihn ganz als Sohn seiner Mutter aus.

Aus Friedas ehemaligem englischen Freundeskreis hagelt es zur Zeit gleichfalls Vorwürfe: ». . . die kleinen Mädchen ohne Mutter, ohne Mutterliebe, und Monty, er braucht unbedingt eine Mutter, die ihn beschützt . . .«[183] Rabenmutter! Hinter jedem Wort lauert diese Anklage.

Die Entscheidung liege ganz bei ihr – das bekommt Frieda von Lawrence zu hören, als sie an Montys zwölftem Geburtstag weinend zusammenbricht. Denn wenn sie untröstlich bleibt, wird er wütend. Aber in Wirklichkeit, schreit er sie dann an und wird dabei ganz weiß im Gesicht, liege ihr doch verdammt wenig an diesen Bälgern und denen nichts an ihr. Gleichzeitig schlägt er mit den Fäusten auf sie ein.[184]

Stundenlang starrt Frieda in Icking nachts aus dem Fenster. Lawrence verlassen? Am besten gleich? Zu Weekley zurückkehren? Mit keiner Silbe erwähnt sie eine solche Überlegung in ihrer schriftlichen Hinterlassenschaft. Dagegen fehlt es in ihren Aufzeichnungen nicht am Versuch einer Erklärung für D. H.s Aggressionen: »Vielleicht fühlte er, der seine Mutter so sehr geliebt hatte, daß es für eine Mutter fast eine Unmöglichkeit ist, ihre Kinder zu verlassen.«[185] Frieda sieht das ganz richtig. Lawrences Jähzorn wird von seiner Angst genährt, Frieda könne sich um der Kinder willen von ihm abwenden. Die aber möchte noch felsenfest glauben, man dürfe ihr Monty, Elsa und Barby nicht dauerhaft vorenthalten. Tröstlich auch das: So sicher D. H. seine Eifersuchtsanfälle überkommen, so sicher schlagen sie in Reumütigkeit um:

In Icking überreicht er Frieda seine anrührende Entschuldigung in Versform:

»Und wenn sie morgens aufsteht
Verweile ich, sie anzuschaun.
Gegen das Licht des Fensters zeichnet sich ihre Gestalt.
Die Sonnenstrahlen streicheln sie

Und spielen auf dem Weiß der Schultern:
Weiche goldene Schatten
Umschmeicheln ihre Hüften
Und ihre Brüste wiegen sich wie vollerblühte Gloire de
Dijon Rosen.«[186]

Was Lawrence Friedas geniale Begabung zum Leben genannt hat, wird unter anderem durch ihre Fähigkeit belegt, sich mit Unabänderlichkeiten zu arrangieren, und, so belastend die auch sein mögen, Gutes daran zu entdecken: Miteinander verschmelzen, als ob sie zwei Löffel voll Honig wären, die man in denselben Topf gegeben hat? Nie im Leben! Wie langweilig, wenn er ihr bei schlechter Laune tagelang aus dem Weg gegangen wäre.[187]

Freitag, 2. August 1912. Eine distinguierte Dame fortgeschrittenen Alters entsteigt gegen Abend einem der Abteile des Zuges aus München, strebt so raschen Schrittes, wie es ihre Korpulenz gestattet, zum Haus der Leitners, erklimmt die Treppen zur zweiten Etage und überschüttet Lawrence – der Mühe hatte, seine Blößen rechtzeitig zu bedecken, und der, so sieht es Frieda, noch schmächtiger als gewöhnlich, wie eingeschrumpft, wirkt – mit einem Wortschwall: Was ihm eigentlich einfalle, von der Nachfahrin eines hochgeborenen und hochkultivierten Adligen zu verlangen, seine schmutzigen Schuhe zu putzen, er, der es nicht einmal wert sei, dieser Gattin eines hochgebildeten Professors die Schnürsenkel zu lösen. Dem Beschimpften bleiben alle denkbaren Erwiderungen im Halse stecken.

Etwa eine Stunde nach ihrer Ankunft setzt sich Anna von Richthofen hochbefriedigt Richtung München in Bewegung, wo ihre älteste Tochter sie erwartet. Friedas Lover, berichtet die Baronin Else, habe ihr widerspruchslos und recht artig das Geleit zurück zum Bahnhof gegeben.

Gar kein übler Kerl, wie ihr scheine, wirklich reizend und ausgesprochen vertrauenerweckend. Frieda dagegen schimpfte Lawrence, nachdem er wieder bei ihr aufgetaucht war, einen verdammten Feigling.[188] D. H. aber fühlt sich in seiner Einschätzung von Friedas Mutter nur bestätigt. Denn bereits kurz nach seinem mißlungenen Gastspiel in Metz und Anna von Richthofens Trier-Stippvisite hatte er Edward Garnett wissen lassen: »Die Richthofens sind eine erstaunliche Familie ... ein seltenes Exemplar von Familie ... [die] Mutter äußerst nonkonformistisch, dabei sehr liebenswürdig.«[189]

Obwohl Frieda Anfang August 1912 ihren Kopf am liebsten in den Sand eines möglichst weit entfernten, unzivilisierten Landes stecken würde, rät Else – da Alfred Weber seine Ansprüche an die Ickinger Wohnung angemeldet hat – zu einer Reise nach Italien. Vieles spricht dafür. Südlich der Alpen ließe sich eingedenk Lawrences labiler Gesundheit das Sommerende um Wochen hinauszögern und zugleich die Kaufkraft ihrer Barschaft vervielfachen. Derzeit bringen sie stolze dreiundzwanzig Pfund zusammen, die im wesentlichen auf Überweisungen für Veröffentlichungen Lawrencescher Gedichte in *English Review* und *Nation* sowie die in der *Saturday Westminster Gazette* abgedruckten ›German Impressions‹ zurückgehen. Auch gilt Italien unter kultivierten Mitteleuropäern als ein unbedingtes Muß in Sachen Bildung. Zudem lenkt Reisen angenehm ab, mit etwas Glück auch voneinander. Des weiteren liegt der Gedanke nahe, ihre Abenteuer unterwegs in Literarisches und damit in klingende Münze zu verwandeln, zumal sie etwas so Spektakuläres, wie eine Fußwanderung übers Gebirge planen. Eine ebenso naturverbundene und dabei noch geldbeutelschonendere, noch mehr Erlebnisse und Spaß versprechendere Fortbewegungsart konnte Frieda und D. H. nicht einfallen.

Wer auf Lawrences Erinnerungsvermögen vertraut, sieht ein zunehmend verunsichertes, unter seiner Entwurzelung leidendes Paar Richtung Süden aufbrechen.[190] Frieda spricht lieber von einem aufregenden Schritt in Freiheit und Glück, in Abenteuer und verlockende Fremde. Positives Denken ist ein wunderbarer Mutmacher: »Gerade die Tatsache, daß sie sehr arm waren, brachte sie in unmittelbaren Kontakt zu den Dingen, die sie keinen Penny kosteten. Dazu gehörten Sonne, Mond und Sterne, Bäume und Wolken ebenso wie der Kontakt zu Menschen und Tieren.«[191] Nur ist es mit Sonne, Mond und Sternen allein nicht immer getan. Beispielsweise müssen sie genau überdenken, was in Rucksäcke gehört, aus denen wochenlang geschöpft werden muß. Das Wichtigste ist rasch beisammen: Spiritus sowie der dazugehörige Kocher, mit dem »der Billigkeit halber«[192] Tee und Mahlzeiten zubereitet werden sollen, Pfanne, Brot, Butter und Wurst, je einmal Oberbekleidung und Wäsche zum Wechseln, Schwammbeutel, Schreibzeug und ein Manuskript, ›Paul Morel‹.

Lawrences Romanentwurf war im Juli vom Verlag William Heinemann, der seine ersten Romane (beide mäßige Verkaufserfolge) druckte, zurückgewiesen worden. Es mangele ihm, so die Begründung, an Geschlossenheit und an sympathischen Charakteren, außerdem sei er in der vorgelegten Fassung zu »unanständig« und damit in England unverkäuflich. D. H. rastete aufgrund dieser Nachricht richtiggehend aus. Edward Garnett, der Freund und literarische Agent, will Duckworth zur Annahme bewegen, vorausgesetzt, der Roman wird umgearbeitet (zu ›Sons and Lovers‹).

Drei Gepäckstücke, ein Koffer und zwei Taschen, dürfen per Bahn nach Kufstein reisen. Frieda und D. H. schleichen gegen acht Uhr am Morgen des 5. August unbemerkt an Elses *Villa Vogelnest* vorbei, werfen letzte Blicke auf Wolfratshausen, »dessen Schornsteine blau rauchten, dessen beide langhalsige Kirchen ihre Vogelkopf-Kuppen reckten, dessen Fluß eilig unter zwei Brücken hindurchrann, dessen Wasserweiden groß und bauschig waren, dessen Sägemühle ein eben noch hörbares Geräusch machte«[193]. Frieda trägt unterm Burberry ein schlichtes Kleid aus Baumwollvoile und auf dem Kopf den betagten Panamahut. Lawrences magerer Körper wird vom Regenmantel umflattert. Zunächst entledigen sich die Bäume ihrer feuchten Last, danach fällt Regen von der Sorte, die alle Farben der Natur in Einheitsgrau verwandelt und nach Nimmer-wieder-Aufhören aussieht. Friedas leuchtendes Strohhutband sorgt für rötliche Bächlein, die zwischen Kragen und Hals und weiter zwischen Schulterblätter rinnen. Bichl, Heilbrunn, Tölz, Lenggries liegen am Nachmittag des nächsten Tages hinter ihnen, als ein Bauer eine Abkürzung der Straße zum Achenpaß vorschlägt: Der Weg führe über die Röhrlmoos-Alm nach Glashütte, ein einfacher Auf- und Abstieg und leicht in drei Stunden zu schaffen. In berguntauglichem Schuhwerk, während ein Unwetter heraufzieht und bei rasch hereinbrechender Nacht? Wenn das nicht der Stoff ist, aus dem Shortstories gemacht werden![194] Also los. Die Ortsunkundigen laufen prompt in die Irre. Der schier endlos anmutende Pfad führt sie zu einem zugigen Stadl. Frieda erklärt begeistert, sie habe noch nie im Heu geschlafen. Reichlich ernüchtert muß sie am Morgen danach zugeben: ». . . das Schlafen im Heu ist in Wirklichkeit reizlos . . . Der Wind bläst . . . und wenn man sich auch mit einer Tonne Heu zudeckt, wird man doch nicht warm.«[195] Durchgefroren und durchnäßt erreichen sie am Vormittag des 7. August das *Café Hubertus* in Glashütte. Den Hinweis der Wirtin, ihr Mann sei mit dem habsburgischen Erzherzog Franz Ferdinand auf Jagd, kann eine gebürtige Aristokratin standesgemäß parieren: Bei Gott, der Franzl, mit dem habe ihre Schwester die Tanzschule absolviert. Das ist die Referenz, die es der Wirtin ermöglicht, den verdächtig nach Vagabunden aussehenden Gästen am hellichten Tag ein Schläfchen in einem der blauweißkariert bezogenen Betten zu gestatten. Pünktlich um vier besteigen Frieda und Lawrence den Nachmittags-Postomnibus, der sie über die österreichische Grenze zu einem Bauernhausquartier am Nordende des Achensees schaukelt.

Anderntags geht es zu Fuß ins Inntal. Dank Sonnenschein ist die Stimmung glänzend, und dank glänzender Stimmung genehmigt der weit mehr als Frieda auf Sparsamkeit erpichte Lawrence für den notwendigen Abstecher von Jenbach nach Kufstein eine Eisenbahnfahrt. Nach Kufstein müssen sie, da nur an dieser Grenzstation vorausgeschicktes Ausländergepäck aufbewahrt wird. Frieda macht sich nun daran, aus dem in der Zollguthalle weiträumig ausgestreuten Hab und Gut Stück für Stück das herauszuklauben, was ihrer Einschätzung nach in den nächsten drei Wochen vonnöten sein wird und in zwei Rucksäcke paßt. Wohin mit dem Rest? Nach Bozen. Bislang hatte weder sie noch D. H. so weit und schon gar nicht darüber hinaus gedacht.

Nur einige Tage Rast in Mayrhofen sind noch fest eingeplant.

1902 wurde die Schmalspurbahn ins Zillertal fertiggestellt. Seither steigt die Anziehungskraft der von Dreitausendern begrenzten Bergwelt auf Großstädter, die sich einmal im Jahr der Natur nahe fühlen wollen, unaufhörlich. Als Frieda und Lawrence am 10. August 1912 in der Sommerfrische Mayrhofen die geplante Verschnaufpause einlegen, hat sich die einstmals abgelegene Ortschaft längst zum Touristenmagneten gemausert. Fräulein Schneebergers *Pension Brücke* liegt »am Ende des Dorfes . . . neben einem Sturzbach, der unter einer Brücke unterhalb der Dorfstraße hindurchtost«.[196] Morgenkaffee wird am Tisch neben den Betten zubereitet, die Mittagsmahlzeit als Picknick im Freien, abends bruzeln auf dem Spirituskocher im Schlafzimmer kleine Braten. In Mayrhofen warten sie wie verabredet auf Bunny Garnett und dessen ebenso jungen Freund Harold Hobson[197], die das wandernde Duo zum Quartett erweitern sollen.

»Wann immer Du jemandem, der sich anschickt, mit der Frau eines anderen Mannes durchzubrennen, einen Rat gibst, so erinnere ihn warnend daran, daß er seiner selbst schon sehr sicher sein muß . . .«[198] – der von Lawrence für Edward Garnett bestimmte schriftliche Tip gibt Frieda zu denken, zumal Lawrence weiß, daß sie all seine Briefe liest (wie er die ihren), und zumal ihr kürzlich, Lawrence betreffend, in einem Schreiben an Edward Garnett der Lapsus linguae »mein Ehemann« unterlaufen ist. Auch vergleichsweise harmlose Formulierungen wurmen. »Bin durch die Berge gewandert . . . Ich werde 2 oder 3 Wochen hier bleiben . . .«[199] – nur zu häufig vermißt sie die Wir-Form in Lawrences Schilderungen der gemeinsamen Tour.

In Mayrhofen erreicht sie eines jener von Else nachgeschickten Kuverts, deren Inhalt Frieda stets die Farbe aus dem Gesicht treibt.

Ernests Briefe bestehen nur noch aus Aneinanderreihungen von Anklagen: ». . . ich kann nicht hier . . . bleiben, wo alles durchsickert. Die mitfühlenden Blicke sind zuviel für mich, und die Gewißheit, daß sie Dich alle verdammen und Dich als gefallene Frau, als Paria der Gesellschaft betrachten, bringt mich um den Verstand. Bedenke, Frau, bedenke, was Du getan hast. Denk an die Leben, die Du ruiniert hast, denk an den schlichten Stolz und das Glück meiner betagten Eltern . . . Du hast für immer das Leben Deiner Kinder verdüstert und die Schande ihrer Mutter auf ihre Stirn gebrannt. Was mich angeht, so lebe ich als . . . bedeutungsloser Automat, der um meiner Kinder willen arbeitet, die ich aus dem Inferno der Infamie ihrer Mutter erretten muß.«[200] Dieses Mal kommt es noch schlimmer als erwartet: Monty wurde vom Vater ausnahmsweise erlaubt, einen winzig kleinen Zettel zu beschreiben. Den hält Frieda nun in Händen: Grüße und gute Wünsche zum dreiunddreißigsten Geburtstag der Mutter am 11. August 1912. Frieda muß das wie ein Hilfeschrei des Sohnes erscheinen. Wie damit umgehen?

Auf die seit Monaten immer gleiche Art, mit Gewissenserforschung und immer gleichen Antworten auf immer gleiche Fragen: Hat sie Schuld auf sich geladen? Nein, denn Lieben ist keine Sünde! Ernest hat kein Recht, ihr die Kinder zu entziehen. Soll sie zu Kreuze kriechen, Ernest um Verzeihung bitten? Niemals. Selbst ihr Mann, dem sie noch keine einzige Träne nachgeweint hat, hat eine Wiederaufnahme der ehelichen Beziehung kategorisch ausgeschlossen. Soll sie dennoch nach Nottingham zurückkehren, um den Kindern wenigsten nahe sein zu können? Soll sie sich dort eine eigene kleine Wohnung nehmen? Das Risiko, daß ihr Mann ihr die Kinder auch dann konsequent vorenthält, ist groß, ihr zu groß – und außerdem hört Frieda schon jetzt ganz Nottingham hinter sich herflüstern, da gehe sie, die tief gefallene Frau des armen Professor Weekley. Darüber hinaus würde eine Existenz in eigener Verantwortung, einschließlich Erwerbstätigkeit, Friedas Wesensart und ihren Erwartungen ans Leben am allerwenigsten entsprechen. Sich auf Dauer bei Else einzunisten oder womöglich bei den Eltern, kann sie sich ebensowenig vorstellen.

Außerdem wäre mit keiner denkbaren Variante ihres aufregenden Zusammenseins mit D. H. Lawrence die Erlangung des Sorgerechts für ihre Kinder verbunden. Aber nur das ist es, was die Mutter am sehnlichsten herbeiwünscht. Bleibt der Vater unerbittlich, wird sie vielleicht noch Jahre warten müssen, neun, elf, dreizehn Jahre, bis zuerst Monty, dann Elsa, dann Barby volljährig sind und frei über eine Kontaktaufnahme mit ihrer Mutter entscheiden dürfen – Jahre, von denen Frieda annehmen muß, daß sie gegen sie arbeiten werden.

Es gibt Menschen, Frohnaturen, denen vergnügliche Ablenkung bestens über Niedergeschlagenheit hinweghilft. Auch eine trotzige Kopf-hoch- beziehungsweise Augen-zu-und-durch-Mentalität zeitigt diesbezüglich gute Ergebnisse. Nach diesem Muster handelt regelmäßig auch Frieda. Am Abend ihres Geburtstags in Mayrhofen streift sie das hübsche Trachtenkleid über, taucht, von D. H. begleitet, ein ins Wirtshausgetümmel, wo »Zithern näseln und Männer in ihren schweren Bergschuhen den Schuhplattler« tanzen. Sie will sich herumwirbeln lassen. Sie strahlt, während sie von kraftvollen Armen unter den Brüsten gepackt in die Luft gehoben wird, sie jauchzt laut vor Vergnügen, bis . . .

. . . bis der Bauernbursche mit den breiten Schultern durch voreiligen Triumph in den Augen seine männliche Begierde verrät.

Lawrence, der jede Bewegung seiner attraktiven Geliebten mit den Augen verfolgt hat, spricht aus Erfahrung, wenn er Friedas unvermittelten Rückzieher folgendermaßen kommentiert: »Sie würde ohne so etwas wie geistige Anerkennung keine Liebe dulden. Bekam sie die geistige Anerkennung, war sie eine Königin, um so mehr eine Königin, je mehr Männer sie liebten. Aber das Verlangen des Bauern war von der anderen Art: das männliche Verlangen nach dem Besitz der Frau, nicht der geistige Mann, der sich sexuell darbringt. Von dem Bergbewohner würde sie keine Verehrung bekommen: nur lüsternes Sich-Paaren und Besitzergreifen. Und sie würde ihre weibliche Festung der Überlegenheit niemals übergeben. Sie würde sich vor keinem Mann beugen. Der Mann mußte sich vor ihr beugen.

›Auf die Knie, o Mann!‹ hieß ihr Kommando in der Liebe. Zwecklos, diesen durch und durch muskulösen Bauern zu kommandieren.«[201]

Demzufolge fertigt Frieda ihren erhitzten Tanzpartner mit einem kühlen Dankeschön ab.

Die Alpenüberquerung der nun vier denkbar schlecht ausgerüsteten Wanderer beginnt am 27. August 1912.

1. Tag: Zemmbachtal mit enger Zemmschlucht, Fehleinschätzung der körperlichen Kräfte, ungemütliche Übernachtung im Heu in der Gegend der Kaseler Almen, es regnet.

2. Tag: Morgens verproviantieren in der *Jausenstation Breitlahner*, über einen Saumpfad durch den Zamser Grund hinauf zur (alten) *Dominikushütte*, man kommt nur langsam voran, weiterhin Regen.

3. Tag: Qualvoller Aufstieg auf 2250 Meter zum Pfitscher Joch bis gegen Mittag, es schneit, Einkehr in die Schutzhütte *Rainers Wirtshaus*, dann hinunter ins Pfitschtal, Landstraße Richtung Sterzing, etwa elf Kilometer vor der Stadt Übernachtung im *Gasthof zum Elephanten auf der Wöhr*.

4. Tag: David Garnett und Harold Hobson reicht es, sie steigen in den Frühzug Verona–München, Frieda und Lawrence finden in Sterzing nur ein schauriges Zimmer, Lawrence durchstreift anschließend ziellos Straßen, Frieda liegt bewegungslos auf dem Bett, keinen Schritt könnte sie mehr gehen.

5. Tag: Statt, wie Frieda vorschwebt, die vor zwei Monaten fertiggestellte vergleichsweise bequeme Straße zum Paß in 2100 Metern Höhe zu nehmen, beharrt Lawrence auf dem Maultierpfad durch das steil ansteigende, abgeschiedene und im oberen Teil unwegsame Jaufental; der Pfad verliert sich, es gibt nur noch Fußlöcher im steilen

Fels. Als ihre Kräfte und ihr Vorrat an Galgenhumor erschöpft sind, fleht Frieda: »Ich kann nicht, ich kann nicht weiter! . . . Ich kann nicht mehr. . . . Warte auf mich. Warte auf mich! . . . Warte!« Keine Reaktion ihres Begleiters. Sie schreit ihm wütend nach: »Ich will dir was sagen.« Es bricht aus ihr heraus: Vor drei Tagen, hinter der Dominikushütte, während er und Bunny sich dem Blümchenpressen hingegeben hätten, habe sie Harold Hobson geliebt – »er hat gesagt, er braucht mich so nötig . . .«![202] Die Otto-Gross-Schülerin handelte frei nach der Devise: Dieser nette junge Mann muß von der Qual eines Gefühlsstaus erlöst werden. Denn nach Tirol war Hobson direkt aus Rußland gekommen, wo er seine Angebetete in ihrem Elternhaus besucht hatte. Strenger Aufsicht wegen war es über Wochen beim reinen Anbeten geblieben.[203]

Er und Frieda hätten wie die Irren gestritten, schreibt Lawrence Bunny unverzüglich hinterher.[204] Ein Jahrzehnt später wird er die Ereignisse des Jahres 1912 beim Entwurf autobiographischer Skizzen für ›Mr. Noon‹ noch einmal Revue passieren lassen und eine andere Reaktion auf Friedas Bekenntnis präferieren: »Mach dir nichts draus. Wir tun Dinge, ohne zu wissen, daß wir sie tun.«[205] Da ist Frieda aber ganz anderer Meinung.

6. Tag: Früher Aufbruch, die Nacht in der eiskalten Hütte war kein Vergnügen, sie erreichen den Jaufenpaß schlotternd vor Kälte, die Schuhe sind durchweicht, es liegt Schnee, dann endlich geht es bergab, gegen vier am Nachmittag packt beide blankes Entsetzen, sie haben irgendwann unterwegs die falsche Richtung eingeschlagen, sie sind . . . zurück in Sterzing! Abendzug nach Bozen, Frieda entert den Speisewagen, stopft sich den Bauch voll. Lawrence führt ihr empört die Verschwendung ihrer kargen Geldmittel vor Augen: Das gemeinsame Kapital schwinde, schwinde ernstlich, und doch rasten sie in ei-

nem luxuriösen Speisewagen nach Süden, wohin und warum, das wisse Gott allein . . .[206]

7. Tag: Eisenbahnfahrt nach Trient, Suche nach einem Zimmer: »äh – camera – affittare – affittarsi«, Trient ist 1912 noch österreichisch, eine alte Vettel schlägt ihnen die Haustür vor der Nase zu und hinter der nächsten Tür, die widerwillig geöffnet bleibt, lauert widerliches Ungeziefer.

8. Tag: Mitten in Trient bleiben Passanten neugierig stehen, andere riskieren verstohlene Blicke, die Frau im mitgenommenen dunkelgrünen Burberry mit den schlaff herabhängenden Seiten und dem heruntergekommenen Kleid aus Baumwollvoile hockt wie ein Häuflein Elend auf einer Bank gegenüber dem Standbild des Dichters Dante. Frieda zittert am ganzen Körper, denn sie hat das, was man gemeinhin einen Nervenzusammenbruch nennt.

»Warum weinst du? Du brauchst nicht zu weinen. Es ist ja nichts passiert. Alles in Ordnung.« Lautes Aufheulen. »Wir gehen woandershin.« Heftiges Naseschnauben, letzte trockene Schluchzer. »Sollen wir nach Riva gehen?« Ja! »Es wird herrlich, herrlich, herrlich! . . . Ich weiß, es wird mir schrecklich gefallen.«[207]

Von Lawrence unterstützte Autosuggestion mit Selbstheilungseffekt . . .[208]

Obwohl Frieda sechs Reisewochen in Erinnerung bleiben,[209] ist seit ihrem Aufbruch in Bayern erst genau ein Monat vergangen, als am 4. September 1912 das Ziel sichtbar wird: der Gardasee, silbrig glitzernd, Schilfwogen, Segel in Weiß, Braun oder Gelb, die von weitem Schmetterlingen ähneln, der riesige Rücken des Monte Baldo, schwarze Trauben, weiße Trauben, Muskatellertrauben, schwarze Feigen, gelbe Feigen, Birnen, Äpfel, Granatäpfel, Pfirsiche, Oliven. Sie können sich nicht satt sehen. Nach einem kargen Mahl offenbart ein Kassensturz den Ernst der Lage. Ein paar Münzen ergeben zusammen eine Winzigkeit mehr als ein einziges englisches Pfund. Gottlob gibt es in Riva Vermieterinnen mit Herz. Oder mit dem richtigen Näschen? Jedenfalls wittern die beiden ältlichen Jungfern in der Familienpension *Leonardi* hinter Friedas Landstreicherfassade die Baronesse. Einer solchen wird auch das Feilschen ums Entgelt und das Selberbrutzeln von Mahlzeiten auf dem mitgebrachten Spirituskocher als reizende Marotte ausgelegt.

Auf Rivas staubtrockenen Straßen flanieren in hautnahe Beinkleider und goldbetreßte Uniformjacken gezwängte dralle kaiserlich-königliche Offiziere; Modedamen mit Hüten von Wagenradgröße auf kunstvoll aufgetürmter Haarpracht und glitzerkramgeschmückten offenherzigen Dekolletés hängen in deren exakt abgewinkelten Armbeugen. Noblesse oblige! Nusch, derzeit wohnhaft in Wien und wie Else stets in Briefkontakt mit der Schwester, ahnte, woran es Frieda am Standort habsburgischer Pralinésoldaten am meisten fehlen würde.

»Signora Lawrence« fischt aus den an sie adressierten zwei Schachteln einen enormen schwarzen Plüschhut mit schwarzem Federschmuck sowie einen kleineren aus Stroh geflochtenen, ein raffiniert geschnittenes Paquinkleid – zarter, dunkel- und taubenblauer Seidensamt mit üppiger Stickereiarbeit in Purpur. Sie zieht Unterrock und Morgenmantel hervor, beides anschmiegsam, hauchzart und mit Spitzen besetzt, schließlich noch zwei Paar hohe Schnürstiefel, grünlichgrau, herrlich weiches Ziegenleder, dazu schwarze Lackgaloschen.[210] Jedes Glanzstück wird ausgiebig bejubelt, und eine Auswahl darf unter Lawrences Aufsicht sogleich paradieren.

Sie seien am Gardasee wirklich glücklich gewesen, bis auf die Zeit vielleicht, da Frieda ihre Leidenschaft für Feigen mit einer »Herbstkolik« abbüßen mußte – ihr einziger Kummer. So sieht es Lawrence.[211] In den dreißiger Jahren wird die vermeintlich Glückliche das eigene Gedächtnis befragen und im Katalog der Kümmernisse quälende Depressionsschübe verzeichnet finden. Da wäre zum Beispiel der zehnte Geburtstag ihrer Tochter Elsa, an dem Lawrence ihr gestand, daß er den Brief nach London mit ihrer Bitte an Bunny, ein Buch zu besorgen und es der Tochter rechtzeitig zu bringen, mit großer, viel zu großer, mutwillig herbeigeführter Verzögerung abgeschickt hatte.[212] Wie allgemein üblich bei Vorwürfen aus weiblichem Munde, waren auch Friedas Vorhaltungen von Lawrence in Hysterie umetikettiert worden. Frieda erinnert sich ebenso an vergleichsweise nichtige Anlässe, aufgrund derer D. H. außer sich geriet. Nachträglich sucht die Memoirenschreiberin nach einer Entschuldigung: »Er war nie sehr belastbar ... Da er wußte, daß [wir] das beide nicht ständig aushalten konnten, brachte ihn sein Selbsterhaltungstrieb dazu, vom Bett aus mit kühler Stimme zu [mir] zu sagen ›... so kann es wirklich nicht weitergehen. Du siehst ja selbst, wie krank mich das macht; wenn die Dinge *so* zwischen uns stehen und du dich so aufführst, dann halte ich es für besser, wenn du verschwindest.‹«

Friedas Aufzeichnungen offenbaren aber auch, daß sie – vorübergehend und aus Verzweiflung und Angst, sie könne nach ihren Kindern auch Lawrence verlieren – in Riva mit Selbstmordgedanken spielt.[213] Ihr Rettungsanker ist Einbildung, kraft derer sie sich nun die kommenden Osterferien als Zeitpunkt für ein Wiedersehen mit ihren Kindern in den Kopf setzt. Lawrence will wie immer kein Wort über eine Konfrontation mit dem Weekley-Nachwuchs hören und erst recht nichts von Friedas Plan, nötigenfalls allein nach England zu reisen.

Stimmungsaufbessernd wirken Mitte September fünfzig Pfund von Duckworth in bar als erste Rate für ›The Trespasser‹. Der Roman war Ende Mai erschienen, seither wartete Lawrence dringend auf den für diesen Zeitpunkt vereinbarten Honorarvorschuß, auf den Else Jaffé noch achtzig Schweizer Franken drauflegt.

Seit sie in Riva sind, schielt Frieda über die nahe Grenze, denn noch sind sie nicht in Italien. Sie wünscht sich als Winterwohnung etwas Repräsentatives. Mehr häuslicher Komfort verspricht mehr Besucher. Die Einsamkeit macht dem Paar sehr zu schaffen.

Ihre neue Unterkunft in Gargnano entspricht Friedas und nach dem Geldsegen auch den Lawrenceschen Vorstellungen voll und ganz. Das Fischernest am westlichen Gardasee-Steilufer ist 1912 von Riva aus nur mit dem Boot zu erreichen. Vom 18. September an vermietet ihnen Pietro di Paoli die vorzeigbare möblierte Erdgeschoßwohnung seiner *Villa Igéa*. Dieses Quartier verfügt über Annehmlichkeiten, die in von D. H. unaufhörlich an alle Freunde sowie gute und auch noch so flüchtige Bekannte ausgesandten Briefen herausgestrichen werden: Wohnzimmer, Küche, zwei Schlafräume, alles sauber und piekfein, nichts fürs gewöhnliche Volk, herrlicher Blick über den Gardasee, ein Gärtchen zum Verlieben, Sonne, immer Sonne und keine Spur von Touristen, ein ideales Plätzchen zum Überwintern.

Zum Italienischlernen wird Signora Feltrelline, die Dorflehrerin, engagiert. Als erstes sind auf Geheiß des Haushaltsvorstands Lawrence Zahlen und Fragen nach Preisen einzuüben.

Kaum hatte sich Frieda notdürftig ans Köcheln auf kleiner Flamme gewöhnt, da stellen sie in der *Villa Igéa* das Hantieren mit schweren Kupferpfannen über offenen ummauerten Feuerstellen oder tropfnasse bleischwere Bettwäsche, die aus Zubern gehievt werden will, neuerlich vor schier unlösbare Probleme. »Kinderkram«, behauptet Lawrence und nimmt der in seinen Augen Untalentierten nach und nach die Hausarbeit aus der Hand.[214] Die an Dienstboten gewöhnte Frieda sieht darin keinen Eingriff in ihre Kompetenzen. Und wenn sie, in Handarbeit normalerweise firm, sich der Löcher in Herrensocken annimmt, dann verwandelt sie die, spaßeshalber, in kunterbunte Stopfwollkunstwerke.[215] Denn selbst im Umgang mit der Nadel wähnt sich Lawrence versierter als Frieda, und die läßt ihn gern in diesem Glauben – haben sie doch im September 1912 ein wirkliches Problem in Teamarbeit zu lösen.

Nach Heinemann hat nun auch Edward Garnett den mit großem zeitlichen Aufwand von ›Paul Morel‹ zu ›Sons and Lovers‹ umgeschriebenen Roman zurückgewiesen: unausgegoren, aufgebläht, formlos.

Mit Gottes Hilfe, verspricht Lawrence dem äußerst skeptischen Garnett in seiner Briefantwort, werde er das Manuskript nochmals überarbeiten.[216] Wohingegen Frieda, rückblickend, feststellt, der schriftliche Versuch der Überwindung seines massiven Muttersöhnchenkomplexes – D. H. habe seine Mutter mehr als jeden anderen Menschen, auf die Ödipusart, geliebt, verrät sie Edward Garnett eingedenk Lawrences Schwierigkeiten mit gerade diesem Werk[217] – sei nur durch *ihr* Eingreifen, die ganz und gar *ihr* zuzuschreibenden Änderungen und Ergänzungen und aus *ihrer* Feder stammenden Passagen, zu dem geworden, was der Roman nach Rezensentenmeinung im Endeffekt ist: eine psychologische Meisterleistung.[218]

Wie Garnett hält Frieda die bislang rein Lawrenceschen Nachbesserungsanstrengungen für mißlungen, nennt das Ergebnis »Fehlschlag«, auch »Babykram«, und beschließt, sich ab sofort sowohl ins Umschreiben als auch in den Schriftwechsel mit dem Agenten einzumischen. »Weißt du«, bestätigt sie Garnett zunächst, »›Sons and Lovers‹ fühlt sich so an, als sei nichts *hinter* all den Begebenheiten, als gebe es kein ›Hinterland der Seele‹, nur angestrengt empfundenes windiges Zeug. ... Es scheint mir, als seien die tiefsten und letzten Dinge ungesagt geblieben, wenn zum Beispiel ein Mann in dem Buch die hübsche Locke in ›ihrem‹ Nacken liebt, wenn er sie so stark und schön liebt, gibt es etwas hinter dieser Locke, *über* diese Locke *hinaus*, wo ›sie‹ ist, die Lebendige, Kämpfende. Autoren sind so vage, undeutlich – ich werde mich jetzt dieser Geschichte annehmen und Du wirst sehen, was für eine ›gioia‹ [ital. Juwel, Anm. d. Verf.] sie werden wird – Einen Triumph haben wir Frauen, Ihr Männer könnt nichts allein machen . . .«[219]

Garnetts Vorwurf jedoch, der Roman habe keine »Form«, muß Frieda heftig widersprechen: »Ich glaube nicht, daß er keine Form hat. Ich dachte es zwar, aber nun bin ich der Meinung, jeder muß sie erkennen. Ich glaube, die Ernsthaftigkeit des Buches leidet, wenn man es einem Formalismus zu sehr unterordnet. Ich habe darüber von meinem Mann Ernest so viel gehört; warum seid Ihr Engländer nur so wild darauf. Alles im Leben will sich in alle Richtungen entwickeln, aber Ihr könnt nicht aus Eurem Schneckenhaus heraus. Ich weiß schon, so ist es sicherer. Doch dafür liebe ich Lawrence: daß er so mutig und ehrlich in seiner Arbeit ist. Er wagt sich ans Licht und zeigt unverhüllt, was Sache ist. Wirklich, er ist der einzige Revolutionär, den ich kenne, der diesen Namen verdient, und was neu ist, muß auch einen neuen Ausdruck finden. Später mag man es als Kunst bezeichnen. Ich hasse ›Kunst‹, sie erinnert mich an Grammatik, die man versucht, der Sprache überzustülpen. Zuerst war die Sprache, dann abstrahierte man aus ihr Grammatik. Ich glaube ganz fest, daß L. wirklich groß ist – trotz aller Mängel. Sehen Sie nur das Leben in seinem Werk, es überwältigt einen, da bin ich sicher. Es ist möglicherweise zu intim, tritt zu nahe, doch ich glaube, das macht seine Jugend . . . Halten Sie mich nicht für unverschämt, wenn ich all das sage, aber ich fühle mich ziemlich verantwortlich für ›Paul‹ [Lawrences Alias-Name in ›Sons and Lovers‹, Anm. d. Verf.] . . .«[220]

Friedas großer Einfluß auf D. H. Lawrences Œuvre, ja das Einfügen ganzer von ihr stammender Passagen, insbesondere während der Anfangsjahre ihres Zusammenlebens, die Übernahme ihrer Liebes- und Lebensphilosophie in seine Werke – all das wird von der Lawrence-Forschung nicht bestritten. Martin Greens Würdigung der »Muse der erotischen Imagination«, mit deren Hilfe sich seiner Meinung nach D. H. Lawrence »zu einem der größten romantischen Romanciers der Welt entwickelte«[221], hätte Frieda, so sie deren Veröffentlichung noch erlebt hätte, kaum überrascht, da auch sie in aller ihr zustehenden Unbescheidenheit anmerkt: »Es ist mein größter Schatz, mein Ruhm, meine tiefste Überzeugung, daß ich Teil seines Lebens war, ein bedeutender . . . überall in seinem Werk ist es nachzulesen.«[222] Doch wie zu erwarten, gibt es auch kritische Stimmen. Auf den noch zu ihren Lebzeiten vom Literaturwissenschaftler F. R. Leavis erhobenen Vorwurf, sie sei »schlecht« für Lawrence gewesen, kontert Frieda beispielsweise: »Pah! Das hätte ihnen so gepaßt, wenn er als zahmer kleiner Schriftsteller über reizende, wohlerzogene kleine Leute geschrieben hätte.«[223]

An Beschäftigung ist also kein Mangel. Und doch: Je näher 1912 das Jahresende rückt, desto kribbliger wird Lawrence. Zwei Monate Isolation. So viele verlockende nach England geschickte Einladungsschreiben und nicht ein Gast avisiert. Abgeschrieben. Wie er befürchtet hat. Englische Schriftsteller, die wie er vorwärtskommen wollen, sollten das heimische Literatur-Drehkreuz eben nicht verlassen. Das ist die Quittung für seine Eskapade mit Frieda, und Edward Garnett ist nur Sprachrohr prüder Spätviktorianer! Was der unermüdliche Briefeschreiber Lawrence seit Wochen schriftlich anklingen läßt, kann Frieda tagtäglich aus seinem Genörgele heraushören.

Endlich, Anfang November, kündigt sich in der *Villa Igéa* Besuch an. Zwar kennt man Signora Samuelli fast nur vom Sehen, doch ist sie eine gebürtige Deutsche, das verbindet, und sie besitzt in der Nachbarschaft ein Hotel. Das Interesse der Dame beruht auf purer Neugier, denn Friedas und Lawrences lautstarke Wortgefechte sind vom einen Ende des Dorfes bis zum anderen zu hören – in Gargnano ist das ebenso Tagesgespräch, wie der zweifelhafte Status des deutsch-englischen »Ehepaares«.[224] Was Frieda ernsthaft beschäftigt, ist Signora Samuellis Ruf als exzellente Hausfrau. Bereits Tage vor der Nachmittagsvisite bringt »Mrs. Lawrence« ihren Hausmann auf Trab.

Im Advent fährt Ernest Weekley noch einmal schweres Geschütz auf. Er bombardiert Frieda mit Vorwürfen. Seine stärkste Waffe sind aktuelle Photos von Barby, Elsa und Monty. Richtig massiv wird Weekley gegen Ende des Jahres: Lawrence hatte das Weihnachtspaket für Friedas Kinder unter seinem eigenen Namen aufgegeben. Daraufhin schickt Weekley den Inhalt, begleitet von Morddrohungen und wüsten Beschimpfungen an den »dreckigen Hund« D. H. Lawrence zurück. Frieda geht davon aus, daß ihr Geliebter ihren Mann bewußt provoziert hat. Nichts läßt Lawrence unversucht, um ein Wiedersehen Friedas mit ihren Kindern zu vereiteln – furchtbar der Gedanke, er müsse ihre Liebe teilen, und noch furchtbarer der, sie könne letztlich – nur der Kinder wegen – nach Nottingham zurückkehren. Dabei sind ein Dreivierteljahr nach ihrem gemeinsamen Weggehen aus England die Würfel zu Lawrences Gunsten längst gefallen.

Da aus England keine Weihnachtsgrüße kommen und aus

dem großen Kreis der von Lawrence Eingeladenen schließlich ausgerechnet der bekanntermaßen liebebedürftige Harold Hobsen dem Ruf in die *Villa Igéa* gefolgt ist, was Lawrence zu Extrakosten für ein Einzelzimmer außerhalb ihrer Wohnung nötigt, sinkt das Stimmungsbarometer in die Nähe des Tiefpunkts.

Um allerdings aus einer niedergedrückten Frieda eine hochgemute zu machen, bedarf es wenig: eines herrlichen Christrosenbuketts, von Lawrence gepflückt und mit freundlichen Worten überreicht, ein paar weißer, ins Goldhaar gesteckter Blüten oder der Erlaubnis, mit Ausgehkleid und Imponierhut aufgetakelt auf rotsamtenem Logenplatz eine Laientheatervorstellung anzusehen – während der sie heftig mit im Parkett sitzenden Uniformträgern flirtet.[225] »Ich fühle mich wirklich gut, und ich weine nicht mehr!«[226] wird Bunny Garnett am vorletzten Tag des Schicksalsjahres 1912 beruhigt. Notfalls perfekt funktionierender Selbsterhaltungstrieb ermöglicht es sogar, die vom eigens aus Mailand angereisten englischen Konsul überbrachten Dokumente betreffs Eröffnung des von Weekley nun energisch vorangetriebenen Scheidungsverfahrens wie gar nicht existent anzusehen. Allerdings erfährt Lawrence in diesen Tagen von Frieda, sie sei keineswegs scharf auf eine zweite Heirat.[227] Daß seine Geliebte ihn so bald als möglich heiraten würde, hatte der im Grunde seines Herzens unverbesserliche Puritaner Lawrence, dem wilde Ehen eigentlich ein Greuel sind, bisher für eine Selbstverständlichkeit gehalten.

Im April 1913 findet man die beiden wieder auf der nördlichen Seite der Alpen. Zum einen ist die *Villa Igéa* von nun an anderweitig vergeben. Zum anderen steigen, sobald am Gardasee die Hauptsaison beginnt, die Kosten für alle an Touristen vermietbare Objekte erheblich. Davon abgesehen, wollte Frieda unbedingt zurück nach Bayern,

zumal sie der Schwager in sein nagelneues Landhaus in Irschenhausen eingeladen hat. Das Dorf liegt nur einen Kat-
zensprung von Wolfratshausen und Icking entfernt. Kostenlos, »luxuriös, perfekt, à la mode«[228] – Edgars *Villa Jaffé*
müßte auch das Lawrencesche Herz höher schlagen lassen.
Statt dessen hört Frieda bald von morgens bis abends das
Hohelied auf Italien. Auf Oberbayern geht Dauerregen
nieder. Zusätzlich hagelt es saftige Flüche: verdammtes
naßkaltes Wetter, verdammte unverrückbare Berge, verdammte zungenbrecherische Sprache, verdammte kleinkarierte deutsche Biedermänner, verdammte inbrünstige
Katholiken. Lawrence verdammt auch die, die ihm das ein-
gebrockt hat: »Meine Frau – sie war ›meine Frau‹ und ›mia
Signora‹ in Deutschland und Italien, aber niemals ›my wife‹
– Frieda ist nie weit von mir entfernt, im wörtlichen und
übertragenen Sinne. Du wärst überrascht zu sehen, *wie*
verheiratet – oder geheiratet ich bin . . .«[229], jammert er
einer alten englischen Bekannten (im Wissen um Friedas
Gewohnheit, seine Briefe zu lesen) vor. Frieda ist empört.
Sie hocke ihm auf der Pelle? Lawrence meint, sie laufe ihm
nach? Eine Reise nach Baden-Baden schafft da Abhilfe;
Friedrich und Anna von Richthofen machten die südwest-
deutsche Kurstadt zu ihrem Lebensabendwohnsitz. Endlich kann Frieda ihr Verhältnis zum Vater wieder ins Lot
bringen.

Am 29. Mai 1913 erscheint ›Sons and Lovers‹ in England.
Das Gemeinschaftswerk erregt Aufsehen. Gelobt wird genau das, was Frieda beisteuerte. Doch soll ihre Freude darüber nicht ungetrübt bleiben. Äußert sie in Briefen eine
andere Meinung als die von D. H., werden entsprechende
Textstellen neuerdings mit Verbalinjurien geahndet.
»Arschkriecherei«, kritzelt er zum Beispiel an den Rand,
wenn sie mit Garnett in Literaturfragen übereinstimmt.
Und neben schriftliche Klagen über schlechte Behandlung

durch ihn setzt er ein wütendes »Miststück!«. Nachdem Frieda einmal im Zusammenhang mit ihren Kindern ihr Gottvertrauen erwähnt hat, zieht Lawrence um das Wort »Gott« einen Kreis und schmiert in großen Lettern quer über die Seite »Wer soll denn das sein? Irgendein neuer Kerl?«.[230] Auch die ihr ungefragt erteilte Auskunft, sie verdanke seine Zuneigung nur dem Umstand, daß seine Mutter nicht mehr lebe, hält Frieda für keinen guten Witz.[231]

Nach einer lautstarken Auseinandersetzung verschwindet Frieda Knall auf Fall nach Wolfratshausen – ». . . nachdem ich während des Abwaschens einen Teller auf seinem Kopf zertrümmert habe [zuvor hatte D. H. behauptet, Frauen hätten keine Seele, Anm. d. Verf.]! Und ich glaubte, ich wäre mild und gut.«

Besorgt erkundigt sich Elses Sohn Friedel: ». . . was ist, wenn du auch den Mann jetzt satt hast? Drei Onkel von einer Tante sind mir zuviel!« Sie werde, verspricht die Tante, als Mahnung – wobei es dahingestellt bleibt als Mahnung für wen – eine Tellerscherbe am Band um den Hals tragen.

Es gibt noch andere Versöhnungsrituale . . . Auch nach ein paar Minuten einfach so tun, als ob nichts geschehen wäre, ist eines, das beiderseits bestens funktioniert.

Seit kurzem nennt Lawrence Frieda »Phönix«[232]. Phönix! Ein seltsamer Vogel, dessen Furchtlosigkeit in der Mythologie mit Unanfechtbarkeit belohnt wird. Lawrence war bereits in Italien in Lorenzo umgetauft worden. Frieda liebt es, ihn so zu nennen, es klingt so weich und zärtlich . . .,

. . . und im übrigen kennt sie den Grund für Lawrences Mißmut. Es gibt wieder einmal Ärger mit einem Manuskript.

Seit ein paar Wochen muß er, müssen sie sich unfreiwillig mit dem probeweise an Garnett gesandten und prompt bemäkelten ersten Teilstück des neuen Romans ›The Sisters‹ (später aufgeteilt in ›The Rainbow‹ und ›Women in

Love‹) herumschlagen. Nach der nervtötenden Umschrei-
berei von ›Sons and Lovers‹ hatte er, hatten sie die gleiche
Erfahrung eigentlich nie mehr machen wollen. Nun aber
sieht sich Frieda erneut gezwungen, mit Edward Garnett
schriftlich zu diskutieren. Wieder geht es um Lawrences
Ehrenrettung – und ein wenig auch um die ihre. Und
wieder geht sie taktisch klug vor. Erst nach anfänglicher
Zustimmung versucht sie, den eigenen Kopf durchzusetzen.

Auch sie liege wegen der Titelfiguren mit D. H. im
Clinch, gesteht Frieda dem Kritiker ein. »Die sind *ich*,
diese ekelhaften, überlegenen, arroganten Weiber! . . . L.
haßte mich wegen der Kinder . . . deshalb schrieb er das!
Ich weiß nun, warum Goethe ›Iphigenie‹ schrieb, so her-
vorragend sie ist, man soll mich hängen, wenn ein Mann
sie lieben wollte, ebenso könnte er mit den ›Tafeln der
zehn Gebote‹ verheiratet sein wollen. . . . Das Buch wird
letztlich in Ordnung sein, vertrau mir um meinetwillen, es
werden Frauen vorkommen, keine Superflundern. . . . Ich
denke, noch ist das Buch seines Talentes würdig – nicht
aber seines Genies.«[233]

Am 19. Juni wagen sich Frieda und Lawrence nach einem
Jahr, einem Monat und sechzehn Tagen Abwesenheit zurück auf die britische Insel. Sie dürfen bei den Garnetts in
The Cearne unterschlüpfen. Constances Schwester Katherine Clayton und deren Sohn Douglas übertragen dort für
Lawrence das revidierte handschriftliche Teilstück von
›The Sisters‹ in die Maschine und ebenso etliche, sozusagen auf Vorrat produzierte Kurzgeschichten, die vor allem
die Erlebnisse der letzten Monate zum Inhalt haben. Geht
es ums Tippen, macht sich Frieda nur zu gern Lawrences
Meinung zu eigen, sie habe zwei linke Hände; in Wirklichkeit ist ihr Tippen »zuwider«[234].

Was weder Lawrence noch Frieda als eine reale Bedrohung – für sein Leben und für ihre Gesundheit – hatten ansehen wollen, offenbart sich unübersehbar in diesem Frühsommer. Den großen blutroten Fleck im Schnupftuch entdeckt Bunny Garnett, und zwar per Zufall. Eigentlich hatte er es für Friedas Eigentum gehalten und nur nachsehen wollen, ob seine Freundin wirklich adelskrönchengeschmückte Taschentücher verwendete. Doch dann erfährt Bunny, daß dieses Tuch von Lawrence benutzt wurde, und auch, daß mit Lawrence über Tuberkulose nicht zu reden sein wird und daß man keinen Arzt ungestraft in dessen Nähe bringen darf. Lawrence in die Nähe eines Arztes zu bringen ist ganz und gar unmöglich. Folglich kann Frieda am 9. Juli nur auf sofortiger Abreise ins Seebad Kingsgate, Broadstairs, bestehen.

Zum bescheidenen gemieteten *Riley House* in Kingsgate gehört ein Badezelt unterhalb der Kalkfelsen. Nur Frieda genießt die eigentlich D. H. zugedachten Bäder in der Sonne – und beobachtet dabei aus den Augenwinkeln die vielen Väter und Mütter mit kleinen Kindern. Der Patient streunt umher, und sein elender Zustand äußert sich in schlechter Laune: Er könne hier so gut wie nichts zu Papier bringen, und je länger er in diesem Kingsgate festsitze, desto weniger falle ihm ein, jammert er Frieda vor, die ihn in dieses öde Kaff geschleppt habe, und er macht sie gleichzeitig auf die absolute Ebbe in der Kasse aufmerksam. Noch ist es ihr nicht möglich, seine stereotypen Hinweise auf Kirchenmausarmut als Übertreibungen eines Sparsamkeitsfanatiker zu deuten.

Ob Lawrences Schreibunlust nicht doch auf seine Krankheit und weniger auf Mangel an Inspiration zurückzuführen ist, ist bald darauf auch für Frieda eine Frage von höchst untergeordneter Bedeutung, da es ihm dann eindeutig an Zeit zum Schreiben fehlt. Das aber hängt mit Lobeshymnen, die englische Literaten und Literaturkritiker auf D. H. Lawrence anstimmten, zusammen und die seit dem Gardaseewinter schmerzlich vermißte Besucher plötzlich nach Kingsgate strömen lassen. Auch Katherine Mansfield und John Middleton Murry kommen nach Kingsgate. Nur mußte denen zuvor eine Ein-Pfund-Note für die Eisenbahnfahrt übersandt werden. Die Paare hatten sich kurz zuvor in London kennengelernt. Alle vier fühlten sich sofort zueinander hingezogen. Die am 14. Oktober 1888 in Wellington (Neuseeland) als Kathleen Beauchamp geborene, in England geschulte Bankierstochter steht, wie Lawrence, am Beginn einer kurzen, aber ganz außergewöhnlichen Karriere als Schriftstellerin; einiges von ihr wurde im *New Age* abgedruckt, und ›In a German Pension‹ ist im Dezember 1911 erschienen, »bayerische Kurzgeschichten«, vom Verlag als »reizende literarische Neuheit« angekündigt.[235] John Middleton (Jack) Murry, jetzt dreiundzwanzig, war ihr im gleichen Jahr aufgefallen als ein begabter, leicht chaotischer Oxfordstipendiat aus kleinen, argen Verhältnissen, der damals mit seinem Projekt einer zweisprachigen Vierteljahreszeitschrift *Rhythm*, die sich längst als wirtschaftlicher Flop erwies, noch Furore machte. Katherine wurde Murrys Mitarbeiterin, seine Geliebte, ist aber noch an den Musiker George Bowden gebunden. Mit ihm war sie die nie vollzogene Ehe eingegangen – Katherine hatte in der Hochzeitsnacht die Flucht ergriffen –, um dem Kind, das sie von einem anderen Musiker, Garnet Trowell, erwartete, dem Namen nach einen Vater zu geben.

Denkt John Middleton Murry an die erste Begegnung mit »Mrs. Lawrence«, stehen ihm Sonnenschein, Panamahut auf flachsenem Haar und ansteckende Fröhlichkeit vor Augen.[236] Frieda begeistern die »Murrys« ebenfalls, aber mehr noch als John Middelton hat es ihr Katherine angetan: feines braunes Haar, zarte Haut und braune Augen, erlesen und vollkommen, verläßlich und humorvoll. Katherine sieht in Frieda eine faszinierende Mischung aus heldenhafter Liebesgöttin und tragischer Muttergestalt.[237]

Dem neuen Ruhm verdanken Frieda und Lawrence auch die Bekanntschaft mit den Asquith, die in Kingsgate ihren Sommerwohnsitz haben. Er: Herbert, Sohn des Premierministers Henry Asquiths, sie: Cynthia, Tochter des Earl of Wemyss und 1914 Erbin des Titels Lady. Die Asquiths werden unverzüglich in jene Bekanntenkategorie eingeordnet, der unbedingt blaues Richthofenblut untergejubelt werden muß.[238] Cynthia Asquith mag die um acht Jahre ältere »Mrs. Lawrence« auf Anhieb, sie findet Frieda herzlich, voller Wärme, kraftvoll und strotzend vor Gesundheit, unglaublich vital und bemerkenswert großzügig.[239] Die Einladung zu den Asquiths vermittelte Edward Marsh, Privatsekretär des britischen Marineministers Winston Churchill und außerdem Mitglied der exklusiven *Apostles' Society* in Cambridge sowie mit den Philosophen Bertrand Russell und G. E. Moore eng befreundet. Vom Marsh jener Tage stammt im übrigen die Aussage, das Weekley-Lawrence-Paar komme anscheinend gut miteinander aus, doch habe ihn D. H. wegen seines schrecklich kranken Aussehens erschreckt.[240] Selbst Bestsellerautor H. G. Wells bekundet, als sie Ende Juli noch ein paar Tage London anhängen, sein Interesse am Newcomer Lawrence.

Mit den sehr anerkennend formulierten Rezensionen von ›Sons and Lovers‹ setzt sich die Verwandlung eines Bergarbeitersohns in einen gesellschaftsfähigen Romancier von Rang und Namen fort. Der *Manchester Guardian* erklärt ihn sogar zu einem der bemerkenswertesten zeitgenössischen Dichter.

Interessanter, aus Friedas Sicht, ist das, was dem Rezensenten und Freudianer Alfred Kuttner in *The Psychoanalytic Review* zu ›Sons and Lovers‹ einfällt: Der Roman habe ihn

begeistert. Endlich ein Werk, das die vielleicht bahnbre-
chendsten neuen psychologischen Theorien aus Wien be-
stätige, und eines, das Mr. Lawrence vor dem zerstörerischen Schicksal seines glücklosen Protagonisten Paul Morel
bewahrt habe, da er, Lawrence, aus den dunklen Kämpfen
der eigenen Seele als triumphaler Künstler hervorgegangen
sei: »Er heilte sich durch künstlerischen Ausdruck.«[241]

Frieda ist schon der Meinung, daß dieser Heilerfolg auf
ihr Konto geht und auch, daß sie im Rummel um den Erfolg von ›Sons and Lovers‹ ein bißchen zu kurz kommt.

»Ich bin auch ein ›Erfolg‹«! – im Brief an Else muß sie
das loswerden. Darüber hinaus hat sie jetzt an D. H. nicht
zu unterschätzende, ganz neue Seiten entdeckt – auch davon wird der Schwester berichtet: ». . . Wenn ich L[aw-
rence] mit den anderen vergleiche, sehe ich, daß er eine
eigene, innere, unabhängige Aktivität besitzt; er ist so viel
mehr, als man zuerst denkt . . . Man macht viel Getue um
ihn . . . Geld und Menschen usw. – Wenn seine Gesundheit reicht, bringt er's noch weit, man merkt es – Einer, der
wirklich aus sich heraus leistet, ist merkwürdig selten.«
Und dann gibt sie Else doch noch, verklausuliert, ihre Bitterkeit über die Nichtöffentlichmachung ihres Anteils an
›Sons and Lovers‹ zu verstehen: ». . . zum Glück besitzen
wir Richthofens die Gabe, uns in anderen verlieren zu
können.« Friedas Brief an die Schwester endet mit dem
Hinweis, ihr Leben mit Lawrence könne wirklich erfreu-
lich sein, wenn . . .

. . . wenn die Tragödie nicht wäre.[242]

Die Tragödie?

30. Juni 1913. Mittagszeit in *Colet House*, der privaten
Vorbereitungsschule für St. Paul's im Westen Londons:
Montague Weekley stürmt gerade Richtung Ausgang. Ihn
inmitten der schuluniformierten Knabenhorde auszuma-
chen fällt schwer. Beinahe rennt Monty seine Mutter über

den Haufen, die aufgeregt in die Menge späht und sich ihm dabei in den Weg stellt.

»Du«, stammelt er, »du, wo kommst du jetzt her?«

Dem Direktor macht der Junge weis, seine Tante sei überraschend gekommen; er erhält die Erlaubnis, das Schulgelände kurzzeitig zu verlassen, und läuft strahlend zu Frieda zurück. Was in Mutter und Sohn in der nun folgenden Stunde vorgeht, was die Mutter dem Sohn zu erklären versucht, ob der Sohn seine Mutter eindringlich um Rückkehr bittet – das behält Frieda für sich.

Doch beschreibt sie in ihren vier Jahrzehnte danach skizzierten ›Memoirs‹ noch das Wiedersehen mit ihren anderen beiden Kindern: Einen Tag nachdem sie Monty in *Colet House* getroffen hat, gelingt es Frieda mit Hilfe des Sohnes, ihre Töchter auf der Straße abzufangen und bevor sie von der Tante weggezerrt werden, ein paar Worte mit ihnen zu wechseln. Laut jubeln die Mädchen, fragen die Mama, ob sie wieder nach Hause gekommen sei. Die Mama muß sie enttäuschen.

Im Hause Weekley wird der Brief (unbekannten Inhalts), den Frieda ihrem Jungen beim Abschied in die Hand gedrückt hat, zum Auslöser strenger Verhöre und Verbote. Ernest erwirkt unverzüglich einen richterlichen Beschluß, der Frieda von Juli an jede Art von Kontaktaufnahme mit ihren Kindern untersagt.[243]

Die Tragödie!

Ihr Entsetzen und ihre Wut kann Frieda nur in einem Brief an Schwester Else zum Ausdruck bringen: »Ernest, die verfaulte Leiche, steckt mir noch in den Knochen! . . . Für ihn ist die Liebe tot . . . – Aber es ist unglaublich, daß er *so* an eine Mutter schreiben kann . . . ich bin immer noch wie etwas, das durch ein ›Nichts‹ saust – Und die Kinder! Mich jetzt innerlich von den Kindern loszureißen, ist entsetzlich – es ist wie wenn lebendige Stücke Fleisch von einem gerissen werden . . .«[244]

Da D. H. sich nach Nottingham absetzt, sucht und findet Frieda bei anderen Trost – zuerst bei den Eltern in Baden-Baden, dann bei Else in Bayern. Aber pünktlich zum 11. August 1913 kommt auch Lawrence zurück nach Irschenhausen. Friedas vierunddreißigster Geburtstag: rührend das Defilee von Neffen und Nichten. Elses Tochter Marianne und Nuschs Kinder Hadubrand und Anita schleppen für die Tante körbevoll Obst und Blumen herbei. Friedel hat ein Stückchen auf der Mundharmonika eingeübt. Halbbruder Peter beeilt sich, ein Gratulationsgedicht loszuwerden, der blonde Bub ist bald sechs und seinem Vater Otto Gross wie aus dem Gesicht geschnitten. Von Schwager Edgar bekommt Frieda zum Geburtstag hübsche Sandalen, Else steuert ein neues Dirndlkleid bei. Stolz posiert die Beschenkte auf der Veranda für ein Photo: »I *am* grand . . .«![245]

Kein Vergleich zu der Frieda auf der Goldene-Hochzeit-Aufnahme von vor zwei Jahren.

Schade ist nur, daß Lawrence ihr das von ihm gewünschte Lebkuchenherz mit Zuckerguß-Liebesbeteuerung nicht schenken konnte. Denn um das am Wolfratshauser Marktsonntag zu ergattern, hätte er die Bauernburschentraube vor dem Stand energischer auseinandertreiben müssen.

Richtig resolut regelt Lawrence hingegen die Frage, wie und wo sie die nächsten Wochen verbringen: »Ich liebäugele jetzt mit einer Fußwanderung über die Alpen, Ziel Mailand. Aber Frieda wird nicht mitkommen können, wir sind knapp bei Kasse . . . Also muß sie zu ihren Leuten nach Baden-Baden«.[246]

Abgeschoben. Das hinterläßt üblen Beischmack und riecht verdächtig nach Pech und Schwefel.

Auch bei Friedas Eltern hängt der Haussegen wieder einmal schief. Achtundsechzig ist Friedrich von Richthofen jetzt, und er verfällt körperlich und geistig so rapide, als wolle er den Vorwürfen seiner Frau durch Flucht in die ewige Seligkeit entgehen. Anna hat niemals grundlos gejammert, und dieses Mal fordert eine ehemalige Geliebte des Alten, Selma, für den nunmehr sechzehnjährigen unehelichen Sohn eine erkleckliche Alimentensumme nach.[247]

Schließlich bewahrt Jaffé seinen Schwiegervater mit einer Spende von tausend Mark vor dem Allerärgsten.

Der größte Vorzug eines Lebens aus dem Stegreif ist Reisen mit kleinem Gepäck. Dabei wird und soll es bleiben. Friedas Bitten um Ergänzung ihres überaus bescheidenen Hausstands werden stets abschlägig beschieden. Lawrences Begründung: Nur eine unbefriedigte Frau bedürfe des Luxus'. »Der Mann bestimmt, wo es lang geht, er ist unabhängig und nie derjenige, welcher gibt.«[248] Apropos geben: Elses Großzügigkeit kennt so gut wie keine Grenzen, bei Alfred Weber stehen sie in der Kreide, vom Menschenfreund Edgar ganz zu schweigen. Der hat sie jüngst für eine Woche ins *Albergo delle Palme* eingeladen, erstes Haus von Lerici, dem zauberhaften italienischen Hafenstädtchen, wo er derzeit gemeinsam mit einer namenlosen »Sünderin« wohnt. Frieda meint, Else solle froh sein, sich ihren Mann vom Leibe halten zu können.[249] Jaffé sorgt auch fürs nächste Quartier, das von Ettore Gambrosier gemietete Villino. Es gehört zu der über ein steil ansteigendes Ufergelände verstreuten Ortschaft Fiascherino. 1913 führt weder eine Straße noch ein Maultierpfad dorthin. Was nicht auf dem Kopf getragen werden kann, muß im Ruderboot befördert werden. Die entlang der ligurischen Küste aufgereihten Fischerorte – San Terenzo, Lerici, Fiascherino, Tellaro – werden in Reiseführern unisono ihrer malerischen Schönheit wegen gelobt. Aufenthalte Lord George Gordon Byrons und Percy Bysshe Shelleys (welcher sich vom Mittelmeerklima Heilung von seiner Tuberkulose versprochen hatte und hier 1822 ertrank – beides scheint Lawrence stark zu beschäftigen, erwähnt er es doch in Briefen mehrfach) hatten dem Landstrich den werbewirksamen Beinamen Poetenbucht eingebracht. Geographische Charakterbilder aus tiefblauem Meer aufsteigender weißer Felshänge sind spätestens seit ihrer Verbreitung durch Caspar David Friedrich Inbegriff touristischer Sehnsüchte.

Da ist es nicht erstaunlich, daß sich im Spätherbst 1913 auch Frida Gross' Lebensgefährte, der gerade haftentlassene Ernst Frick, in Lerici aufhält. Sie und Lorenzo seien ihm begegnet, schreibt Frieda sofort an Frida, mit der sie ständig Briefkontakt hält. Gleichzeitig berichtet sie der Freundin von einem Brief Ottos, der »wenig Eindruck« auf sie gemacht habe.[250]

(Gross wird im Januar 1914 laut Gerichtsbeschluß als gemeingefährlich eingestuft, unter Kuratel gestellt, in Berlin festgenommen und in die Wiener *Psychiatrische Anstalt Steinhof* eingeliefert werden.)

Am 18. Oktober 1913 verkündete das Scheidungsgericht London in Abwesenheit Friedas und ohne sie je angehört zu haben:

1. Ernest Weekley erhält das alleinige Sorgerecht für die Kinder.
2. Die geschiedene Ehefrau kann keinerlei Ansprüche geltend machen.
3. Das Urteil wird nach Ablauf von sechs Monaten wirksam.
4. Einem eventuellen Einspruch wird nicht stattgegeben.

Spätestens nach dem 19. Oktober wissen ganz Nottingham, ganz Eastwood, ganz England Bescheid: TO LIVE HER OWN LIFE: LADY LEAVES HER HUSBAND AND JOINS AUTHOR – so oder ähnlich lauten an diesem Tag die Aufmacher auflagenstarker Zeitungen, denn selbst »gewöhnliche« Scheidungen haben 1913 Seltenheitswert. Unter der Überschrift ist auch das einst von Lawrence in Metz abgesandte Corpus delicti, jener Brief also, mit dem er Weekley über Friedas Ehebruch aufgeklärt hatte, in voller Länge abgedruckt. Der Skandal ist perfekt – und das erst jüngst erworbene Ansehen des Schriftstellers D. H. Lawrence stark gefährdet.

Der schreitet unverzüglich zu Kniefällen – schriftlichen. Zuallererst vor den Asquiths. Die hatten bislang, wie viele andere, die es nicht besser wissen wollten oder konnten und im guten Glauben gelassen wurden, die »Lawrences« als Ehepaar angesehen. Unvorstellbar, man könnte aufgrund schlechter Presse in diesem Winter in Fiascherino ebenso isoliert bleiben wie früher in Gargnano. Deshalb wird diese neue südländische Adresse den potentiellen Besuchern in noch herrlicheren Farben geschildert: rosarotes Vierzimmer-Häuschen oberhalb des saphirblauen Meeres, von zartgrauen Olivenbäumen beschattet, ein Garten voller saftiger purpurner Trauben und zwischen dunkelgrünem Blattwerk schaukelnder dicker goldener Orangen.[251]

Anna von Richthofen hatte ihre Tochter beim letzten Besuch mit wappengeschmücktem Briefpapier aus Familienbeständen eingedeckt, auch das zeigt die erwünschte Wirkung. Der Gästestrom reißt nicht ab.

Ausgerechnet Constance Garnett ist im März des Jahres 1914 Zeugin von Lawrences wütender Reaktion auf Edward Garnetts Hiobsbotschaft, was er nunmehr von ›The Sisters‹ zu lesen bekommen habe, sei entschieden zu obszön. Was, im Klartext, »absolut inakzeptabel« heißt. Hinter vorgehaltener Hand flüsterte Edward Garnett englischen Kollegen zu, der Autor könne nun einmal seine proletarische Herkunft nicht verleugnen. Das kommt Frieda zu Ohren. Das geht auch gegen sie. Immerhin hatte *sie* Garnett vor Monaten versprochen, gemeinsam mit

Lawrence aus den »ekelhaften, überlegenen, arroganten« Roman-Schwestern liebende Frauen zu machen – und schon damals sich selbst und Else als Vorbilder im Kopf!

Zuerst klopft Lorenzos Mitstreiterin dem Freund energisch auf die Finger, dann verspricht sie Garnett erneut aktives Eingreifen. Bereits am 22. April 1914 kann D. H. den Vollzug vermelden: »Ich glaube, jetzt wirst Du Frieda und mich in dem Roman wiederfinden, es ist unser beider Werk«.[252]

Wer Geld hat, heißt es, redet nicht darüber. Wirklich feine Leute minderen Einkommens beherzigen diese Regel auch, desgleichen Mitglieder verarmter Adelsgeschlechter. Lawrence macht eine Rechnung nach der anderen auf, um sie, von altbekanntem Klagen begleitet, in alle Himmelsrichtungen zu verstreuen: Nur 50 Pfund Gespartes, aber 85 Pfund monatliche fixe Ausgaben, 60 Pfund für Miete, 25 für Hausarbeit und Wäsche. Erschwerend kommt hinzu, daß in Italien mit Honorarzahlungen angereicherte Briefsendungen unversehens in falsche Hände geraten und die Aufklärungsrate solcher Diebstähle gleich Null ist. Außerdem, um das Unglück vollzumachen, verweigert die Bank in La Spezia die Annahme eines in New York ausgestellten Schecks, Anzahlung für die amerikanische Ausgabe von ›Sons and Lovers‹. Dessen Gegenwert war Frieda von Lorenzo für dringend notwendige persönliche Anschaffungen versprochen worden. Nun geht sie leer aus.

Vorm richtigen Wohlfühlen im möblierten Häuschen war Großreinemachen vonnöten, auch hatten sie klitzekleinem lebenden Inventar zu Leibe rücken müssen. Fürs Schaffen einer richtigen Daheim-Atmosphäre steht Frieda in Fiascherino an Eigenem zur Verfügung: ein paar gestickte Deckchen, ein Täßchen hier, ein Väschen da. Zudem läßt sich mit Anlegen eines Kürbismarmeladenvorrats oder mit eingekellertem Rotwein Seßhaftigkeit vortäuschen. Das Leihklavier zielt in die gleiche Richtung. Es wird Frieda, sofern verfügbar, an jedem Aufenthaltsort bewilligt, wenngleich niemals kommentarlos. Dieses Mal mault Lawrence zu Recht: Das Transportboot droht zu sinken, und an Land brechen die Träger unter der bleischweren Last beinahe zusammen. Fiascherino erklärt »Signora Lorenzo« für komplett verrückt.[253]

Und doch schließt gerade Frieda dort echte Freundschaften – mit ihrer Italienischlehrerin Eva Rainusso; mit Felice und Elide, Mutter und Tochter, Haushaltshilfen aus dem benachbarten Tellaro, die sich für ihre Dienstherrin in Stücke reißen lassen würden (D. H. schimpft, Frieda, mit ihrem weichen Herzen und Kopf dann und wann, ließe sich, was das Personal angehe, auf Sachen ein, die den Mut eines heiligen Georg erforderten, um sie von den Folgen ihrer Gutmütigkeit wieder zu befreien[254]); mit den einzigen näheren Nachbarn Luigi und Gentile, der eine »sehr schön«, der andere »ein ungezügeltes Vergnügen«[255] (laut Lawrence, der mehr nicht verrät), und mit einem jungen Priester aus Sarzana (wie Frieda zu dem kommt und was sie mit ihm anfängt, ist unbekannt). Elides Brüder und Cousins kommen manchmal abends, dann singen alle zur Gitarre. Friedas kräftige Stimme wird bewundert, *La Pastorella* und *Di' a la Marcella che lui sa fa l'Amor* klingt es am 24. Dezember laut durch die Räume. Der Weihnachtsmonat überrascht mit fruchtenden und zugleich blühenden Zitronenbäumen. Bäuerinnen ernten Oliven. Ab und an findet Frieda wilde Glockenblumen, auch Narzissen, entdeckt nachts vereinsamte Glühwürmchen und tags verspätete Falter. Nur der Wind weht kalt von den Bergen bei Carrara, auf denen sich Schnee angesammelt hat. »Wie herrlich waren die Morgen in unserem kleinen Gut am Mittelländischen Meer, wenn wir fröhlich mit der Sonne aufstanden, und ich nach Tellaro zur Post wanderte.« Was macht es da, wenn Frieda peu à peu der »ganze Apparat der Verführung, kokette Unterwäsche und dergleichen ... nichts als Kniffe« verboten werden. »Er haßte jeden Hautgout, jede Liederlichkeit.« Es hatte nicht lange gedauert, bis Frieda dahintergekommen war, daß Lawrence bisher nur ein einziges Mal die von seiner Mutter so hoch gehängte moralische Meßlatte zu überspringen gewagt hatte: als er Professor Weekley die Frau abspenstig machte. Und wie schon gesagt: Im Grunde seines Herzens ist und bleibt Lawrence ein Puritaner.

Auf ihre Zeit in Fiascherino bezogen, kommt Frieda dennoch zu dem Fazit: »Unsere eigene Welt, die den andern draußen so klein und arm vorkam, war in Wirklichkeit eine starke uneinnehmbare Festung ... Lawrence konnte Menschen lehren zu leben, einfach dankbar für das Leben selbst zu sein. Er, der so zart und jeden Augenblick dem Tod so viel näher war als andere, fühlte ... den Wert jeden guten Augenblicks, der großen und kleinen Dinge.« Liebe und Ekstase – das klarzustellen scheint ihr noch wichtig – hätten nur einen kleinen Teil des Ganzen ausgemacht. »Lawrence und ich schienen zuzeiten die Grenzen menschlicher Glückseligkeit zu überschreiten. Er konnte so reich und tief glücklich sein, jener junge Lawrence, den ich gekannt habe, ehe der Krieg seinen Glauben an die menschliche Zivilisation und Kultur untergraben hat ...«[256]

In der Dunkelheit können sie Suchscheinwerfer der Kanonenboote übers Wasser des Hafens von La Spezia gleiten sehen, immer wieder tauchen vor der Küste U-Boote auf.

Der schwelende Konflikt Italiens mit Österreich, die Marokkokrise, der Niedergang des liberalen italienischen Parlamentarismus, das Erstarken einer nationalen Bewegung, die Annektion Libyens durch Italien, daraus resultierende militärische Auseinandersetzungen mit der Türkei ... –

die jüngste politische Entwicklung ihres Gastlandes war Frieda und D. H. nicht wichtig.

Imperialismus, machtpolitische Gegensätze im europäischen Staatensystem, das Auseinanderbrechen alter Bündnisse, Verstärkung der Heere, deutsch-englische Rivalität im Flottenbau, Schwierigkeiten des österreichisch-ungarischen Vielvölkerstaates, Rußlands Balkanpolitik, Warnungen vorm »Pulverfaß Europa« . . . – es ist, als lebten Frieda und D. H. auf einem anderen Stern.

Zu Tageszeitungen greifen sie, prinzipiell, äußerst selten.

Anfang Juni des Jahres 1914 ist Frieda gezwungen, in Fiascherino ihre Habseligkeiten einzusammeln. Lorenzo – die Idee war ihm spontan gekommen – erklärte ihr, er werde in Begleitung eines Ingenieurs mit dem Namen Lewis zu Fuß über die Schweiz nach Südwestdeutschland gehen. Sie selbst besteigt am 8. des Monats den Zug, ihr Ziel ist Baden-Baden.

Da sind es noch zwanzig Tage bis zur Ermordung des österreichischen Thronfolgers Franz Ferdinand und dessen Gemahlin in Sarajevo. (Franz Ferdinand ist jener Erzherzog, der vor vielen Jahren einmal mit einer von Friedas Schwestern getanzt hatte.) Den Juli werden von vornherein auf Scheitern angelegte politische Ultimaten, die Erklärung unbedingter Bündnistreue des Deutschen Reiches der Donaumonarchie gegenüber sowie überstürzte Mobilmachungen zum Krisenmonat machen. Am 1. August wird Deutschland Rußland, am 3. August Frankreich und tags darauf England den Krieg erklären. Spätestens von diesem Zeitpunkt an wäre für die englische Staatsbürgerin Frieda Weekley das Vaterland unerreichbar gewesen.

Sie und Lawrence treffen sich wie verabredet in Heidelberg. Für den 24. Juni ist London angesagt. Und anschließend Heirat. Lorenzo pocht auf geordnete Verhältnisse. Frieda glaubt nach wie vor felsenfest an freie Liebe. Trotzdem redet sie sich ein, die Legitimierung ihrer Beziehung werde den Zugang zu den Kindern erleichtern, da Ernest ein solches Zugeständnis an gesellschaftliche Konventionen unbedingt würdigen müsse.

Auf jeden Fall aber ist sie wild entschlossen – komme, was wolle – ihre Kleinen, wie und wo auch immer, wiederzusehen.

Anders D. H.: Der ist nur so lange beruhigt, wie ihm die »Weekleybrut« nicht in die Quere kommt. Was weniger mit Monty, Elsa und Barby persönlich zu tun hat, als vielmehr mit Lawrences Eifersucht und der Tatsache, daß die drei nach wie vor wie eine unüberwindliche Mauer zwischen ihm und Frieda stehen. »Ich wünschte, ich käme um Friedas Kinder herum«,[257] schreibt Lawrence kurz vor ihrer Englandreise an John Middleton Murry. Frieda meint dazu, Lorenzo sei nun mal ein Schwätzer, denn Schwätzen mache ihn glücklich, nur dürfe man ihn nicht so ernst nehmen.[258]

Doch möglicherweise ist Lawrences Kommunikationstalent wieder einmal hilfreich bei der bevorstehenden Wohnungssuche.

Das dritte Kapitel:
Frieda, die Antagonistische

1914 – 1915
»Arme Schriftstellerfrau, die sich solche Mühe gibt, und
jeder wünscht sie nach Jericho!«

Man hilft sich weiter. Über die Murrys hatten Frieda und D. H. im Juli vergangenen Jahres Charles Henry Gordon Campbell und dessen Frau Beatrice kennengelernt. In der Londoner Wohnung der beiden sind sie fürs erste untergenommen. Die Adresse – 9, Selwood Terrace, Onslow Gardens, South Kensington, S. W. – wird samt Telefonnummer sogleich den vielen Bekannten mitgeteilt. Beatrice ist zur Geburt ihres ersten Kindes in der irischen Heimat, Gordon arbeitet als Anwalt, also können tagsüber gut Lawrence-Besucher kommen. Am 24. Juni richtet sich Frieda für etwa acht Wochen ein, in denen für sie ein Thema zentrale Bedeutung hat: Sie will ihre Kinder sehen.

»Domani sono i nostri matrimonii – alle 10 1/2. Povero me, mi sentio poco bene.«[259] Braucht die Ankündigung des Ereignisses die fremde Sprache? Danach geht es jedenfalls auch so: »Frieda und ich haben heute morgen auf dem Standesamt von Kensington geheiratet. Ich denke, es war eine sehr annehmbare und würdige Veranstaltung. Ich fühle mich nicht als ein anderer Mann, aber ich glaube, ich bin es.«[260]

Frieda ist es völlig egal, ob und wie sie Mrs. Lawrence wurde. Konventionen interessieren sie nicht. Darüber ist sie hinaus. Aber nicht über den Verlust ihrer Kinder, noch lange nicht. Der Gedanke an Monty, Elsa und Barby beschäftigte sie, während Lawrence eifrig korrespondierte, um die Trauzeugenfrage ebenfalls »annehmbar und würdig« zu regeln – erst sollte Edward Marsh dabeisein, dann Arthur McLeod, ein ehemaliger Lehrerkollege, aber beide hatten keine Zeit –, schließlich unterschreiben am 13. Juli 1914 John Middleton Murry und Gordon Campbell die Heiratsurkunde.[261] Das im Hof Selwood Terrace aufgenommene Hochzeitsphoto, in biographischen Werken über Lawrence meist ohne die rechts neben den beiden Paaren abgebildete – Lawrencesche? – Wäsche auf der Leine publiziert, zeigt einen D. H., der mit seinem hellen Strohhut und dem dunklen Schnauzbart an einen sehr englischen Vorstadtcasanova erinnert. Neben ihm, zierlich, hübsch, Katherine Mansfield, dann Frieda mit ihrem zurückhaltenden Photographiergesicht, Middleton Murry an ihrer Seite schaut demütig. Gordon Cambell mag die Aufnahme gemacht haben. Es gibt noch ein zweites Bild: Frieda im spitzenbesetzten Morgenrock strahlend zwischen Lawrence und Murry.

Ihre erste Ehe hat sie endgültig abgetan: Auf der Fahrt zum Standesamt in der Marloes Road war es dem Bräutigam im letzten Moment eingefallen, daß ein Ring angemessen wäre. Er hatte das Taxi vor dem nächstbesten Juwelierladen halten lassen, war hineingestürzt – und Frieda streifte den Weekley-Ring vom Finger, um ihn Katherine zu geben, die, von dieser Geste bewegt, den Ring als ihren Talisman betrachten und nie mehr ablegen wird. Nur zu gern hätte Katherine ihren John Middleton auch geheiratet, aber sie war noch dem Papier nach Mrs. Bowden. Das Kind, das der Grund war für diese Eheschließung, hatte sie längst durch eine Fehlgeburt verloren. Erst am 3. Mai 1918 werden die Murrys heiraten können – auf dem gleichen Standesamt wie die Lawrences.

Katherine Mansfield stürzt sich nun voller Elan in die Freundschaft mit Frieda. Und erweist sich bald als nützliche und verläßliche Begleiterin bei deren Versuchen, ihre Kinder zu sehen. Die unverhohlen voyeuristische Komponente in Katherines Motivation hat Frieda nicht gestört.

»Frieda ist weiterhin hartnäckig dahinter her, die Kinder zu erwischen. Sie hat sie gesehen – die kleinen Mädchen wurden von einer dicklichen, bläßlichen, kränklichen, jüngferlichen Tante eskortiert, die, als sie ihre Mutter sah, den Kindern zukreischte – ›Lauft, Kinder, lauft‹ – worauf die armen Dinger in Panik gerieten und liefen. Frieda hat ihrer Mutter geschrieben, daß sie kommen soll. Ich hoffe, daß die alte Baronin hier voll Entrüstung aufkreuzen wird. Dann werden die Fetzen fliegen in dem madigen Weekley-Haushalt – verdammt soll das ganze etiolierte Pack sein, Maden!«[262] Lawrences am 17. Juli Edward Garnett gegenüber so temperamentvoll geäußerter Wunsch erfüllte sich nicht, die alte Baronin blieb, wo sie war. Zwar zeigt sie immer Verständnis für die Schwierigkeiten, in die ihre Töchter sich manövrierten, aber sie lehnt es ab, ihnen herauszuhelfen. Der alte Baron hat ohnehin längst beschlossen, sich zu all dem möglichst wenig zu äußern. Der jüngsten Weekley-Tochter, Barby, ist der Tag unvergeßlich; sie beschreibt die Szene, die Lawrence so aufgebracht hat, folgendermaßen: Frieda hatte sich gegenüber der Schule lächelnd aufgebaut, die sie und Elsa besuchten.[263] Als der ganze Spuk vorbei war, konnte Barby nicht widerstehen, noch einmal zurückzuschauen. Sie sah ihre Mutter immer noch dort stehen, das Lächeln unverändert auf dem Gesicht, als wolle sie den Mädchen so im Gedächtnis bleiben.[264]

Am 21. September endlich ist Frieda einen kleinen Schritt weiter: »Ich habe Ernest und die Kinder gesehen (nicht sprechen können), ja, ich bin ruhiger.«[265]

»Wir, Frieda und ich, denken darüber nach, nach Nottingham zu fahren . . . Frieda will ihren Mann sehen – den ersten meine ich.«[266] Sie plant das von Lawrence erwähnte weitere Treffen Ende November, am 9. Dezember ist es vorbei. Es war wie im Groschenroman – D. H. ist entschlossen, das, was geschehen ist, von dieser Seite zu nehmen, und beschreibt – wohl auch ein wenig, um sie zu unterhalten, denn diese gute Story muß er jemandem mitteilen – seiner frisch gewonnenen amerikanischen Freundin Amy Lowell die seltsame Konversation zwischen den Ex-Ehepartnern »wortwörtlich«, also dem, was für ihn Groschenromanstil ist, angepaßt:

»›Du‹, sagte der Quondam-Ehemann[267], und wich zurück – ›ich hoffte, dich nie wieder zu sehen.‹ [Frieda hatte sich, wohl wissend, daß er sie nicht empfangen würde, bei Weekleys Wirtin unter Angabe eines falschen Namens angemeldet, Anm. d. Verf.] Frieda: ›Ja – ich weiß.‹

Quondam-Ehemann: ›Und was tust du in *dieser* Stadt?‹

Frieda: ›Ich kam, um dich wegen der Kinder zu sprechen.‹

Quondam-Ehemann: ›Schämst du dich nicht, dein Gesicht dort zu zeigen, wo man dich kennt? Ist nicht die gewöhnlichste Hure besser als du?‹

Frieda: ›O nein.‹

Quon.-Ehem.: ›Willst du mich unter die Erde bringen? Gibt es denn keinen Ort, wo ich Frieden finden kann?‹

Frieda: ›Versteh doch, ich muß wegen der Kinder mit dir sprechen.‹

Quon.-Ehem.: ›Du wirst sie nicht bekommen – sie wollen dich nicht sehen.‹

Dann entwickelte sich das Gespräch noch mehr zu einer wüsten Beschimpfung, die teilweise so verlief:

Q.-E.: ›*Wenn* du schon weggehen mußtest, warum dann nicht mit einem *Gentleman*?‹ Frieda: ›Er ist ein *großer* Mann.‹

Noch wüster: Q.-Ehem.: ›Weißt du nicht, daß du die niederträchtigste Kreatur auf Erden bist?‹

Frieda: ›O nein.‹

Noch ein wenig mehr in dieser Art, und Frieda geht. Sie wird dann ihre Kinder weiterhin nicht sehen.

Q.-Ehem.: ›Weißt du nicht, daß meine Anwälte Anweisung haben, dich festnehmen zu lassen, wenn du versuchen solltest, Kontakt zu den Kindern aufzunehmen.‹

Frieda: ›Das ist mir egal.‹ Wäre das nicht zu schmerzhaft, wie es sich über drei Jahre hinzieht, was tatsächlich der Fall ist, könnte es lustig sein, meine ich.«[268]

Meint D. H. Lawrence.

Für Frieda ist die Erinnerung an diesen demütigenden Auftritt nur fürchterlich, kein bißchen lustig. Aber sie gibt nicht auf, beobachtet die Kinder weiterhin von ferne, läßt ihnen Zettel zustecken. Katherine Mansfield, die es sich nicht verkneifen kann, in einem Brief an ihre Mutter mit der adligen Freundin zu renommieren,[269] läßt sich gerne ein wenig in die Sache hineinziehen. Nicht alle Freunde, vor allem nicht alle D.-H.-Freundinnen, zeigen das gleiche Verständnis für Frieda.

Ihr Mann scheint eine ganz gewisse Sorte Frauen – Frieda übersieht gerne, daß sie einst auch dazu gehörte – anzuziehen. Und er erkennt sie instinktsicher. »Lawrence hatte beinahe so etwas wie einen sechsten Sinn für Menschen. . . . entdeckte er quer durch den Raum eine Frau, die ich gut kannte, und obwohl er sie nie zuvor getroffen hatte, bemerkte er, nachdem sie gegangen war, daß eine Frau hier gewesen sei, die mit ihrem Ehemann unglücklich war. Das stimmte; wie konnte er das wissen?«[270] Ja, wie nur? Frieda ist längst nicht mehr so erstaunt über ihres Lorenzos hohe Trefferquote beim Aufstöbern von Frauen mit ganz bestimmten Defiziten, wie der Partygast, der seine Beobachtung etwa zwanzig Jahre später aufzeichnete, als Lawrences Berühmtheit längst außer Frage stand. Sie ist mal belustigt, mal verärgert. Wenn sie belustigt ist, kann sie gut mit dem oft albernen Gehabe von D.-H.-Verehrerinnen umgehen, das Katherine Mansfield zur Weißglut bringt. Einmal mit zwei dieser Frauen, Catherine Carswell und Ivy Low, zu einem Picknick geladen, kam die Mansfield gerade an, als die beiden ». . . voll Begeisterung, mit wehenden Röcken und unter großem Hallo den Berg hinab auf Lawrence zu rannten . . .« Die Mansfield machte sofort kehrt und eilte, den vergeblich protestierenden Murry im Schlepptau, zurück. »»Das ertrage ich nicht‹, grummelte sie dabei.«[271]

Wer genau sind Lawrences Trabantinnen? Es gibt einige typische Beispiele für Beteiligte am Frauennetzwerk, das nicht nur ihn, sondern auch Frieda ein- und zuweilen auffängt.

Catherine MacFarlane Jackson Carswell, eine der Frauen mit den wehenden Röcken, ist 1879 in Glasgow geboren, also ebenso alt wie Frieda, gutbürgerlicher Herkunft, hat die Universität von Glasgow besucht und zwei Jahre Klavier in Frankfurt am Main studiert. Mit sechsundzwanzig heiratete sie Herbert Jackson, einen Künstler. Offenbar hatte sich das Paar zuvor nicht darüber verständigt, wie diese Ehe geführt werden sollte, jedenfalls ist er impotent und bedroht sie, als sie ihm von ihrer Schwangerschaft erzählt, mit der Pistole. Die Tochter wurde 1905 geboren,[272] in einem aufsehenerregenden Prozeß erreichte Catherine 1907 gegen den Willen der Jackson-Familie, die das Kind nicht als illegitim erklärt sehen wollte, die Annullierung der Verbindung. Sie brachte sich als Literaturkritikerin des *Glasgow Heralds* durch und heiratete 1915 den stillen, gelehrten Donald Carswell, der sich mehr fürs Schreiben als für seinen Anwaltsberuf interessiert und ebenfalls im *Glasgow Herald* veröffentlicht. Donald erwies sich als dem Leben nicht recht gewachsen, wurde depressiv, Alkoholiker, Catherine muß die Ärmel hochkrempeln und hart arbeiten, um der ewigen Geldprobleme Herr zu werden. Frieda und Lawrence schätzen die warmherzige, couragierte Frau, die sie 1914 (noch als Catherine Jackson) durch Ivy Teresa Low, die zweite der von Katherine Mansfield so herb verachteten Picknickteilnehmerinnen, kennenlernten. Miss Low hat bereits zwei nicht allzu gute Romane geschrieben und ist die Nichte von Edith Eder. Edith ist der Typ Frau, der vegetarisch ißt und flache Schuhe und einen ägyptischen Dschibbah als Kleidung bevorzugt. Eine Analyse durch C. G. Jung sowie eine Affaire mit H. G. Wells gehören zu ihren Lebenserfahrungen. Mrs. Eder und ihr Mann David[273], Psychoanalytiker, Freudianer der ersten Stunde, Sozialist, sind für Frieda und ihren Mann wichtige Kontaktpersonen zu Hampsteadter Intellektuellenkreisen, auf die sie sich besinnen werden, wenn sie in einem Jahr wieder einmal eine Wohnung suchen.

Doch nach Catherine Carswell wird zunächst eine andere Frauenfreundschaft angezapft: die mit Mary Cannan. Mary kultiviert das Leben. Und dabei hat sie gerne Leute um sich. Mit ihrem Mann, dem Autor (er arbeitet auch für *Rhythm*) Gilbert Cannan, bildet die Gastwirtstochter und ehemalige Schauspielerin den Mittelpunkt einer Künstlerkolonie in Chesham, Buckinghamshire. Die beiden besitzen dort eine alte Mühle, haben sich aber auf dem Grundstück inzwischen ein modernes Haus gebaut, in dem sie wohnen. Mary ist Mitte Vierzig, impulsiv, charmant, wohlkonserviert, mit dem siebzehn Jahre jüngeren Gilbert in zweiter Ehe verheiratet. Ihre erste Ehe hatte dreizehn Jahre gedauert und war nie vollzogen worden, ihr damaliger Mann, ein Theaterautor, ist ebenfalls impotent, aber klüger und großzügiger als der von Catherine Carswell. Er wird Marys Unterhalt sogar wieder weiterzahlen, wenn sie sich 1917 auch von Gilbert trennt – nachdem der sich erst eine Geliebte genommen und dann Marys Haushaltshilfe geschwängert hatte und letztlich wegen eines Nervenleidens in einer Anstalt untergebracht werden mußte.[274] In Cheshams Künstlerkolonie haben die Murrys und die Campbells sich im Jahr zuvor ein Haus geteilt, nun, Ende August 1914, mieten die Lawrences eins.

The Triangle, Bellingdon Lane, ist ein ehemaliges Landar-
beiterhäuschen, Apfelbäume und Ulmen umgeben es, nahebei liegt Elliots Farm, hier gibt es Eier, Käse, Milch,
Speck zum Anlocken potentieller Besucher, die sich von
dem dreieinhalb Meilen langen Fußweg vom Bahnhof
nicht abschrecken lassen sollen. Frieda und D. H. sind verrückt nach Gästen, zwei davon bleiben ab dem 26. Oktober in der Nachbarschaft: die Murrys mieten in diesem
Jahr *The Rose Cottage* für sich allein. Etwa eine Stunde Fußweg oder, anders ausgedrückt, ein stinkendes Kohlfeld und
ein oft überflutender Ententeich liegen zwischen beiden
Häusern. Frieda und Katherine können auf unange-
strengte Weise Zeit miteinander verbringen, ihre allzu öffentlichen, in der Literaturszene gespielten, und allzu
privaten Rollen, die ihren jeweiligen Partnern gegenüber,
abstreifen und sich mit netten Nichtigkeiten beschäftigen.
Frieda liebt das. Was sie später in dem Aufsatz ›Katherine
Mansfield Day by Day‹[275] festhält, liest sich wie das In-
haltsverzeichnis einer Frauenzeitschrift: Herstellung eines
Potpourries aus Rosenblättern, Kräutern und Gewürzen;
Spaziergänge mit Gesprächen über »weibliche« Themen;
Tips zur Schönheitspflege – Katherine empfielt Frieda
hundert Bürstenstriche jeden Abend für schönes glänzen-
des Haar, den Gebrauch von Cuticura[276]-Seife und einer
Gesichtscreme nach dem Rezept ihrer Mutter; Kochen für
Gäste. Das interessiert Frieda weitaus mehr als Kosmetik-
tips, und wenn Katherine sie lobt: »Frieda, das Geflügel ist
wunderbar gelungen und die Sauce zu gut, um wahr zu
sein«, ist sie sehr stolz. Eins ihrer Rezepte hat Frieda der
Freundin gewidmet.

Katherine Mansfield Pudding
Zutaten:
3 Orangen
3 Eier

1 Tasse Wasser
1/2 Tasse Zucker
Gelatine

Etwas Orangenschale und den Zucker in Wasser kochen, durchs Sieb geben, Orangensaft hinzufügen, mit Eigelb rühren, bis die Masse eine dicke Konsistenz hat, Eischnee und aufgelöste Gelatine unterziehen und kalt stellen.

Die beiden haben offensichtlich eine Art kuschelige Ecke für sich hergerichtet, in die sie sich zurückziehen können. Abends, wenn die Männer dabei sind, werden die Themen härter, wirft man sich vor allem gegenseitig unsensibles, phantasieloses Verhalten im Bett vor.

Doch was ist zu erwarten, wenn wahrlich schwerwiegende Probleme an den Nerven zerren: Am 4. August 1914, kurz vor dem Einzug der Lawrences ins *Triangle*-Cottage, war England als Reaktion auf den Einmarsch deutscher Truppen in Belgien in den Krieg eingetreten. »Ich verbringe meine Tage damit, die oberen Räume zu tünchen . . . Währenddessen arbeite ich in meiner Seele die Kriegsnachrichten durch. Deutschland ist ein seltsames Land: es läßt einen nicht kalt. Ich schwanke zwischen totalem Haß . . . und sehne mich dahin, daß mir das Herz brechen könnte.«[277] Bald wird man von D. H. sehr viel harschere Töne über das »Vaterland« seiner Frau zu hören bekommen – sie übertönen ihre Äußerungen zunächst völlig –, doch schneller noch wird ihm, der immer aufs Geld schaut, auch klar, daß der Krieg ganz handfeste finanzielle Probleme für ihn aufwerfen kann. Es war stets ein beruhigendes Gefühl, daß von Friedas deutscher Verwandtschaft, konkret von Else und Edgar Jaffé, finanzielle Unterstützung kam, wenn die Lawrences dieser bedurften. Mit einer derartigen Rückendeckung ließ sich das Wagnis des freien

Schriftstellerdaseins eingehen. Als D. H. erkennt, daß von Deutschland nach England in Kriegszeiten kein Geldtransfer mehr möglich sein wird, überfallen ihn Existenzängste. Hektisch fängt er an, seine Armut brieflich in alle Welt hinauszuposaunen und seine Außenstände einzutreiben. Hier sind es Schulden des englischen Verlegers Methuen (50 Pfund), da des amerikanischen Kennerley (10 Pfund 7 Schillinge 6 Pence) – die sich aus fälligen Restzahlungen für abgelieferte Manuskripte und Differenzbeträgen zwischen Vorauszahlungen und Anteilen an verkauften Exemplaren verschiedener D.-H.-L.-Veröffentlichungen zusammensetzen.[278] »Wir . . . sitzen hier sehr knapp mit unseren letzten *six pence* und halten die Luft an.«[279] Romantisches Beerenpflücken im Spätsommer und Herbst 1914 hat also ganz ernste ökonomische Gründe, Lawrence rühmt diese Tätigkeit, der er zusammen mit Frieda nachgeht, entsprechend. Mehr jedenfalls als deren Versuch, auf bewährte Weise die Kasse aufzufüllen. Haben nicht ihre Übersetzungen verhältnismäßig leicht nennenswerte Beträge eingebracht? Warum sollte sie sich also nicht das im April in England und in Amerika erschienene Theaterstück ihres Mannes ›The Widowing of Mrs. Holroyd‹ vornehmen? ». . . meine Frau will sich damit amüsieren . . .«[280], diese ihre Arbeit – zu der geplanten Übersetzung kommt es dann auch nicht – herabsetzende Bemerkung ist typisch für D. H. Lawrence, der Freunden gegenüber seine Frau mehr als dreimal verrät, ehe der Hahn kräht. Der Adressat ist dieses Mal Samuel Solomonovich Kotelíansky, bequemerweise »Kot« genannt. Ein ukrainischer Jude, der 1911 nach England gekommen war, um mit einem Stipendium Jura zu studieren. Er blieb und verdiente sich fortan seinen nicht gerade üppigen Lebensunterhalt im wesentlichen mit Übersetzungen – trotz schlechter Englischkenntnisse. Doch man wird ihm nicht mit den üblichen Karrieremaßstäben gerecht. Kot ist ernsthaft, großzügig, leidenschaftlich, loyal, zum Freund wie geschaffen. Katherine Mansfield (die ihn skizziert, wie er im verrauchten *Russian Law Bureau* in Holborn sitzt, auf einem Roßhaarsofa unter kitschigen Bildern – Christus mit Kindern, Kätzchen in einem Korb mit Stiefmütterchen), Mark Gertler, Gilbert Cannan, Ottoline Morrell, Virginia und Leonard Woolf[281] . . ., alle schätzen ihn.

Friedas Briefwechsel mit Kot belegt, daß ihr an seiner Meinung über sie viel liegt. »Du magst überzeugt sein, daß ich neben Lawrence nicht zähle, doch ich nehme mich, meine Ideale und mein Leben nicht weniger ernst als er sich. Das aber willst Du nicht zugeben, und Du unterstellst mir, eingebildet zu sein. Auch wenn ich es nicht will, so verletzt es mich doch sehr, daß Du mich nicht als menschliches Wesen betrachtest. Aber Du hältst ja sowieso nicht viel von Frauen, in Deinen Augen sind sie keine Menschen.«[282] Viele solcher Briefe schreibt Frieda, viele solcher Gespräche sollen ihren in diesem Sinn gleichberechtigten Status neben dem berühmten Mann absichern.

Im Oktober zeigen D. H.s Jammerepisteln erste Wirkung. Freunde hatten sich vor einiger Zeit für ihn eingesetzt – ein Scheck über fünfzig Pfund flattert ins Haus, der *Royal Literary Fund* zeigt sich gewillt, nach einigen Klimmzügen zur Überwindung von Verfahrenshürden, den durch die bisher erschienenen gut dreißig Kurzgeschichten und Essays, das Theaterstück, das Dutzend Gedichtveröffentlichungen und vor allem seine Romane ›The White Peacock‹, ›The Trespasser‹ und ›Sons and Lovers‹ nachgewiesenermaßen bedeutenden Schriftsteller zu unterstützen. Und der weiß die bestmögliche Verwendung für den Geldsegen: »Lieber Kot, . . . Als ich die Wardour Street hinunterging, sah ich ein Halsband, das ich für Frieda kaufen möchte. Es ist in einem Laden fast am südlichen Ende der Wardour Street . . . ein Second Hand Juwelier . . . ein

Halsband von Lapislazuli eingelassen in weiße Emailspangen . . . kostet 30 Schillinge. Es hängt in Augenhöhe in der Nähe des Eingangs. Ich sende Dir einen Scheck. Wenn Du das Halsband findest, kauf es bitte für mich. . . . runde Lapislazuliperlen . . . Du kannst es nicht verwechseln . . . mit 30 Schillingen ausgezeichnet.«[283]

Das ist typisch für das Wechselbad an Gefühlen, mit dem Frieda zurechtkommen muß. Dieser Mann ist schwer zu fassen. Ihre Leistung besteht unter anderem darin, daß sie genau das nicht versucht. Daß sie ihn so sein läßt, ohne sich ihm auszuliefern. Daß sie ihn respektiert und sich Respekt verschaffen will. Und das nicht mehr – wie vor der Zeit ihrer Beziehung zu Otto Groß – durch Leistungen im Sinn von »gute Mutter«, »gute Hausfrau«, »gute Ehefrau«; auf die Idee, eine »gute Literatenfrau« oder auch erfolgreiche berufstätige Frau zu werden, ist sie erst gar nicht gekommen. Sie beansprucht vielmehr Achtung für ihr Bemühen, sich selbst, ihr ureigenes Wesen zu erkennen – und ihren Mut, dann auch sie selbst zu sein, in keinem Fall einem Idealbild, das andere entworfen haben, zu folgen.

Am Ende des ersten Kriegsjahres bedarf Frieda der Zerstreuung durch rauschende Feste: Am 23. Dezember feiern die Murrys, die Cannans, deren Schützling Mark Gertler, Gordon Campbell (Beatrice ist wieder in Irland) und Kot bei den Lawrences; D. H. fabriziert auf dem Primuskocher einen umwerfenden Punsch. Zwei Tage später, in gleicher Besetzung, diesmal bei den Cannans, sind wieder alle betrunken, zu Lawrences und Friedas großem Vergnügen kommt es zum Austausch heftiger Zärtlichkeiten zwischen Mark Gertler und Katherine Mansfield während einer Scharade.

Das Geld wird wieder knapp. Schon im Februar 1915 müssen und können die Lawrences die paar Schillinge Wochenmiete einsparen, die *The Triangle* kostet. Viola Meynell, Schriftstellerin, Dichterin, Ivy-Low-Freundin wie Catherine Carswell, bietet ihnen freies Wohnen – sie zahlt auch noch die Putzfrau – in einem Cottage, das ihr auf dem weiträumigen Besitz ihrer Familie zur Verfügung steht. 1912 hatten Violas Eltern, Wilfried Meynell und seine Frau Alice, reichlich Land und Gebäude erworben, mit der Absicht, ihre große, literarisch ambitionierte, exzentrische, sehr katholische Familie aus dem allgemeinen gesellschaftlichen Kontext herauszulösen und dort anzusiedeln. Dem Status des »Hohen Paares« gemäß ist seine Wohnung im Haupthaus, einem alten, englischen Bauernhaus mit steilem Dach, mächtigem Fachwerk und imposantem Bibliotheksanbau. Drinnen ein Flair von italienischem Nippes vor William-Morris-Tapeten. Violas Cottage war aus einer Reihe von Kuhställen entstanden, ist also lang und schmal, es hat weiße Wände, schwarze Balken und einen offenen Kamin aus roten Ziegelsteinen. Drei Zimmer haben die Lawrences und ein Bad mit »fließend« heißem Wasser! Um sich irgendwie zu revanchieren, unterrichtet D. H. Violas zehnjährige Nichte Mary Saleeby täglich dreieinhalb Stunden lang,[284] unterhält die Meynells durch Scharaden und Balladen und ist ein bereitwilliger Mitspieler bei Kricket und Krocket. All das macht ihm natürlich einen Riesenspaß und drängt Frieda einmal mehr an den Rand.

Murry kommt zu Besuch. Er hatte sich einsam gefühlt im *Rose Cottage*, denn Katherine ist in Paris, nicht zuletzt, um zu testen, was sie mit Frieda auf den langen Spaziergängen in Buckinghamshire erörtert hat: die Verwendbarkeit Francis Carcos, des französischen *Rhythm*-Korrespondenten, als Liebhaber. Murry: »Am 16. Februar 1915 . . . zu den Lawrences nach Greatham . . . war ganz schön elend, als ich ankam . . . Lawrence hieß mich gleich zu Bett gehen . . . wußte mehr über meinen Körper als ich . . . war froh, seinen Anweisungen zu folgen.«[285] Es kommt zu Gesprächen über »männliche« Themen: Murry diskutiert mit Lawrence seine enttäuschte Liebe zu einem gemeinsamen Freund. Stellvertretend für die unausgesprochene homoerotische Anziehung, die beide zueinander spüren? Und während beide Männer sich näherkommen (darüber, wie weit sie gingen, gibt es widersprüchliche Äußerungen), muß Frieda erkennen, daß Murry sich mehr und mehr gegen sie wendet. »Die Lawrences waren heute sehr gut zu mir. Möge ich es ihnen vergelten«,[286] notierte Murry zwar am Tag seiner Ankunft, doch was Frieda betrifft, gelingt ihm das nur schlecht. Sie muß mit dieser Mini-Männergruppe das Haus teilen, ist Zeugin einfühlsamer Berührungen und Besprechungen und wortlosen Verständnisses beim Verlegen grünen Linoleums: Lawrence schneidet und Murry befestigt die Bahnen. Und beäugt Frieda kritisch: »Ehrlich gestanden glaube ich nicht, daß sie ihn überhaupt liebt. Sie ist verliebt in die Idee von ihm als einem berühmten und hervorragenden Schriftsteller – das ist alles. Und der Gedanke, daß es ihr möglich war, ihn mit ihrer verdammten geheuchelten ›Liebe‹ zu ihren Kindern zu tyrannisieren, widert mich an.«[287] Eifersucht ist im Spiel.

Auch in Äußerungen der D.-H.-Lawrence-Bewunderin Lady Ottoline Morrell über Frieda ist von Eifersucht die Rede: »Frieda ist teuflisch, sie ist wirklich ein wildes Biest, ganz unkontrolliert, grausam zu Lawrence und irrsinnig eifersüchtig, wenn sie denkt, daß irgend jemand Lawrence mehr schätzt als sie.« – »Sie war eifersüchtig, daß wir alle Lawrence mochten und bewunderten . . . und sie für nicht so bedeutend hielten wie ihn. Sie sagte sogar laut und herausfordernd: ›Ich bin ebenso bemerkenswert und wichtig wie Lorenzo.‹«[288]

Wie kann die arme Schriftstellerfrau nur so dreist sein und von ihrer Gastgeberin auf Garsington einklagen, was diese dem armen Schriftsteller ohne weiteres gewährt?

Wie kann sie nur auf einem Tisch sitzen und mit den Beinen baumeln, während ihr Mann, wie die anderen Gäste in einem weißen Overall steckend, einen Eierbecher mit Goldfarbe in der einen, den Pinsel in der anderen Hand *und* immer einen charmanten, witzigen, klugen Spruch auf den Lippen die Konturen der Täfelungen im roten Zimmer Lady Ottoline Morrells nachzieht, und wie kann sie nur über diesen Anblick spotten? Wie kann sie es wagen, ihre Ideen zu den noch fehlenden Vorhängen zu äußern?

»Sie hat eine schrecklich irritierende Art und macht sich einen Spaß daraus, sich als Quälgeist aufzuführen.«[289]

Spielverderberin! Frieda, die Antagonistin. Die ganze Nacht streiten die Lawrences lauthals. Philip Morrell, Ottolines harmoniebedürftiger Ehemann, legt D. H. nahe, Frieda zu verlassen, doch der denkt nicht daran. Zwar gelingt es Lawrence, dem teuflisch begabten Schauspieler, noch Eindruck zu machen. Geprügelt, verloren, unglücklich, besorgt, geknickt, mitleiderregend: mit genau diesen Worten beschreibt Lady Ottoline später seine Erscheinung, als er beim Abschied in der Eingangshalle von Garsington stand – um sich dann auf dem Absatz umzudrehen und nach London zu entschwinden, auf Friedas Fersen.[290]

Eine meisterhafte Vorstellung D. H. Lawrences und lohnend dazu, ist doch Ottoline, 1873 geboren und ganz in der Nähe Eastwoods, auf Welbeck Abbey einsam und unglücklich aufgewachsen, der dickste Fisch in seinem Teich und er noch lange nicht mit ihr fertig. Doch auch sie bleibt ihm nichts schuldig: »Er war nicht das Kind einer alten kultivierten Familie«, stellt sie fest, und zu einem Rosenbogen, den er voller Begeisterung im hochherrschaftlichen Park von Garsington aufstellt und bepflanzt, kann sie sich die Bemerkung nicht verkneifen: »Der kleine Bogen wurde immer erhalten . . . um des Mannes willen, der ihn plante und baute, sehr zum Ärger von anderen, die ihn absurd und vorstädtisch fanden.«[291]

Derartige Subtilitäten sind Frieda allerdings fremd. Wenn sie es für richtig hält, Lawrence an den Klassenunterschied zu erinnern, sagt sie einfach: »Vergiß nicht, Lorenzo, ich bin eine Baronesse.« Er hört es nicht ungern.[292]

Lawrence taktiert vorerst. Ottoline Morrell hat ihn in ihrem Haus in Bloomsbury anläßlich einer Dinnerparty mit einem äußerst interessanten Mann bekannt gemacht: Bertrand Arthur William Russell, ihr Liebhaber, ein Mathematiker, ein Philosoph. Flugs skizziert auch Lawrence eine eigene, noch sehr vage gehaltene Philosophie, schickt sie Lady Ottoline zur weiteren Verteilung. Das hat er sich überlegt: Es sollen Sympathisanten geworben werden für eine noch zu gründende utopische Kolonie Rananim – der Name ist der leicht mißverstandene Beginn des von Kot oft gesungenen 33. Psalms in hebräischer Sprache[293] –, vor allem hofft Lawrence auf Geldgeber für die Kolonie. In vielen Briefen breitet er immer wieder neue Ideen für eine Verfassung aus, die Handhabung des ganzen Projekts erinnert ein wenig an einen Halbwüchsigen, der einen Club gründet und mit Feuereifer die Statuten ausarbeitet (kein Privateigentum, keine Klassenunterschiede . . .). Ein Emblem mit einem Phoenix entwirft er sofort. Zunehmend unterzieht er, der nun mit Hingabe den Baum der Gesellschaftswissenschaften anbellt, auch vorhandene Staatswesen einer »kritischen« Durchsicht und entwickelt krause Ideen. Von Demokratien hält er prinzipiell nichts, daß Arbeiter über die Besetzung höchster Staatsämter durch Wahl bestimmen, ja selbst in diese hineinkommen können, findet der Bergmannssohn unmöglich. Das soll der Aristokratie vorbehalten bleiben. »Das Ganze muß in einem absoluten *Dictator* und einer gleichberechtigten *Dictatrix* gipfeln.«[294] Dieser Dame mißt Lawrence die Herrschaft über die häusliche Hälfte des Lebens zu. Ob ihm wohl bewußt ist, daß Frieda demnach durch ihre adlige Geburt für höhere Ämter qualifiziert ist als er selbst? Und er geht die lange Liste seiner Bekannten durch, wer wohl für seine Kolonie zu gewinnen wäre: H. G. Wells, Ezra Pound, Virginia und Leonard Woolf, W. B. Yeats, Rebecca West, Lytton Strachey, Compton Mackenzie, Richard Aldington, Hilda Doolittle . . . Alle werden angeschrieben.

Frieda zieht es vor, von Lorenzos neuem Spiel möglichst wenig Notiz zu nehmen, sie glaubt – völlig zu Recht, wie sich zeigen wird – ohnehin nicht daran, daß es jemals ernst damit würde. Typisch für ihn, nimmt er ihr das übel. ». . . Frieda wird bald wieder zu sich kommen. Es ist mit ihr, wie mit allen Deutschen – mit aller Welt – sie haßt das Unendliche, meine Unsterblichkeit.«[295] Mit Bertie Russell plant D. H. bereits eine Vorlesungsreihe im Herbst in London. Der will über Ethik sprechen, er selbst über Unsterblichkeit.

Das ist es: die Verbindung von Blattgold und Ethik und Unsterblichkeit. Lady Ottoline ist hingerissen. Frieda dagegen ist ärgerlich. »Seelenbrei« nennt sie diese Melange und gibt zu verstehen, daß sie eine handfeste Affäre dergleichen allemal vorziehe. Garsington-Gäste, die Frieda mochten, wie der Musiker Heseltine und der Schriftsteller Kouzoumdjian, der später unter dem Pseudonym Michael Arlen berühmt wird, »vergiften die Atmosphäre«, so die Lady, »sie schmeicheln ihr und sind zu ihr aufmerksamer als zu Lawrence.« Auch der junge Huxley mit dem »charmanten Namen Aldous«, den Philips Mutter den Morrells schickt, wird Friedas Freund und Bewunderer.[296]

Und irgendwie schafft es am Ende Lawrence ganz allein und unabhängig von Frieda, sich mit Ottoline Morrell hoffnungslos zu zerstreiten – wie mit den Meynells. Er ist ein Spieler, ein Schauspieler, aber kein Narr: Wenn es ums Schreiben geht, kennt er keine feigen Rücksichten. In einer Kurzgeschichte greift er eine überaus tragische Begebenheit aus dem Jahr 1913 auf. Sylvia Lucas, die andere kleine Nichte Viola Meynells, war über eine Wiese gerannt, gestolpert und in eine Sichel gefallen, die ein Gast im Gras vergessen hatte. Die Schmerzensschreie des Kindes waren unerträglich lange unerträglich weit zu hören, die Wunde wurde zunächst nicht richtig behandelt, Sylvia trug eine lebenslange Behinderung davon. In Lawrences Geschichte ›England, My England‹ ist nicht ein Gast, sondern der Vater am Unfall schuldig. Als Akt der Selbstbestrafung meldet er sich zum Kriegsdienst und fällt. Diese Wendung mußte der entsetzten Familie wie eine Verwünschung erscheinen, denn tatsächlich wird der Vater des Kindes kein Jahr nach Erscheinen der Erzählung in der Somme-Schlacht getötet.

Mit Lady Ottoline verfährt Lawrence wie mit den Meynells. In seinem neuen Buch ›Women in Love‹ gibt es eine »Lady Hermione« – und die ist eine großartige, bitterböse Karikatur der Dame. Ottoline erkennt sich natürlich und wütet gegen den Autor. Und der überwirft sich gleich noch mit Bertie – er meckert plötzlich ungefragt an dessen Art zu leben und zu arbeiten herum –, mit dem er doch zusammenklang »wie Hochzeitsglocken«[297].

Bertie: »Er ist erstaunlich; er durchschaut einen völlig.«
Ottoline: »Ja, aber glaubst du, er sieht wirklich richtig?«
Bertie: »Absolut. Er ist unfehlbar . . .«[298]
Von dieser hohen Meinung über Lawrence kommt Russell nur durch einen – in bezug auf Frieda – bösen Trick herunter: »Lawrence war, obwohl die meisten das nicht erkannten, das Sprachrohr seiner Frau. Er hatte die Worte, aber sie hatte die Ideen. Sie verbrachte jeden Sommer einige Zeit in einer Kolonie österreichischer Freudianer, und das zu einer Zeit, als Psychoanalyse in England nur wenig bekannt war. Irgendwie schnappte sie frühzeitig die Ideen auf, die später von Mussolini und Hitler weiterentwickelt wurden, und diese Ideen übertrug sie auf Lawrence, sagen wir, durch Blutwissen. Lawrence war ein im

Kern furchtsamer Mann, der versuchte, seine Furchtsamkeit hinter Großspurigkeit zu verbergen. Seine Frau war nicht ängstlich, und ihre Anprangerungen sind wie Donner, nicht großspurig.«[299] Anprangerungen nach Friedas Art hat er schriftlich: »Sie, Sie sind mir ein wenig böse. Es kommt Ihnen so vor, als würde ich Ihre Arbeit nicht genug achten, die ich doch nie verstehen könnte; diese ganz spezielle, von Männern erschaffene Sache, die Sie Intellekt nennen, ist für mich ein Rätsel, aber keins, das mich besonders fesselt. . . . Sie verwirren die Leute mit Ihrem Intellekt; das ist ziemlich amüsant, sozusagen Ihre Version des *Willens zur Macht*. Ich sollte Ihren Intellekt stets fürchten, ich empfinde ihn zur Zeit irgendwie als frauenfeindlich.«[300]

Der ausgewiesene Pazifist und Unterstützer der Frauenbewegung fühlt seine Motive bloßgelegt. Vor allem, weil Lawrence für ihn, den großen Polygamen, auch noch ein paar unangenehme Weisheiten parat hat: »Der normale Engländer der gebildeten Schicht geht zu einer Frau, um sich selbst zu befriedigen, denn er geht nicht, um etwas zu entdecken, oder eine neue Verbindung einzugehen oder sich weiterzuentwickeln, sondern nur an sich selbst eine längst bekannte Reaktion hervorzurufen.«[301] Russell scheint noch eine Weile süchtig nach derart schmerzhaften Enthüllungen seines verborgenen Selbst zu sein, denn er wirbt weiter um Lawrence, bis Frieda zu einem neuen Schlag ausholt: »Sie sagten, Sie seien nicht sehr glücklich – ich wüßte auch nicht, warum Sie es sein sollten – Sie baten mich, Lawrence zu sagen, daß Sie ihn lieben – doch ich *spüre* nicht, daß Sie sich wirklich etwas aus ihm machen – ich glaube nicht, daß Sie sich überhaupt aus jemandem etwas machen, und wenn, in einer höchst unbefriedigenden Weise – und Ihr Glaube an Ihre sozialdemokratischen Ideale ist *nicht* lebensnotwendig für Sie, er wirkt eher wie Halsstarrigkeit.«[302] Der Brief wird von Lawrence fortgeführt, also unterschreibt er jedes Wort. Was Wunder, daß dessen Thesen den armen Russell eingestandenermaßen an den Rand des Selbstmords treiben.[303]

Die Freundschaft Lawrence/Morrell: aus und vorbei. Auch die Vorstellung, die äußerst dekorative (ihre roten Haare, ihr weißgepudertes Gesicht mit den sehr ausgeprägten Zügen und ihre atemberaubenden Kleider und Kopfbedeckungen boten einen Anblick, der die Leute mehr als einmal auf der Straße zusammenlaufen ließ) Lady Ottoline Violet Anne Morrell, Halbschwester des 6. Duke of Portland, könne als »Radnabe«, die die Rananimer zusammenhält, als »Kompaß«, der auf »das Ewige ausrichtet«[304], fungieren, kann Lawrence vergessen. Vorbei das bezaubernde Bild von Treffen der Gruppe in Garsington: »Der wunderbare Rasen unterm Ilex mit dem alten Haus und seiner edlen alten Front – es ist so entrückt, so ganz und gar eine kleine Welt für sich, wo man sich wirklich von den zeitlichen Dingen lösen kann . . .«[305] So beeindruckt war Lawrence, nur dreimal war er in diesem Paradies, insgesamt nicht mehr als zehn Tage. (Distanzierter und mokant gibt sich dagegen ein anderes Mitglied der »Ottlerie«[306], Virginia Woolf, angesichts der unverhohlen zur Schau gestellten Upper-Class-Pracht: »Scheint die Sonne je normal in Garsington? Nein, ich glaube, daß selbst der Himmel mit blaßgelber Seide dekoriert ist, und ganz gewiß sind die Kohlköpfe parfümiert.«[307]) Erledigt auch das auf den ersten Blick großzügige Angebot der Morrells, ein Gebäude auf dem weitläufigen Besitz für die Lawrences herrichten zu lassen; wegen überzogener Forderungen – der Mieter oder der Vermieter in spé, wer hier zuviel wollte, ist nicht endgültig zu klären – wurde das Projekt aufgegeben. Vergessen auch Ottolines Bereitschaft zur Intervention bei Professor Weekley, dessen Schwäche fürs Ranghöhere ausgenutzt werden sollte, um ihm Treffen zwischen Frieda und ihren Kindern abzuschwatzen. Vorbei seelenvolle Stunden wie beispielsweise die an einem unvergessenen Vorfrühlingstag, als D. H. der Lady »die kleinen roten Flammen« der weiblichen Blüten des Haselstrauches zeigte und sie, in Unkenntnis dieser botanischen Besonderheit, dachte: »In Ihnen lebt sicher auch diese Flamme.«[308] Und sie hatte ja recht – mehr jedenfalls, als ihr in diesem Moment bewußt war.

Zu einer anderen »Dame der Gesellschaft« verläuft die Beziehung dagegen konfliktfrei. Wenn sich Osbert Sitwell, der doch wahrhaftig von seiner Schwester Edith einiges an exzentrischer Aufmachung gewöhnt ist, bei Ottoline Morrells Anblick der Vergleich mit einer überdimensionalen spanischen Infantin aufdrängt, dann ist Cynthia Asquith – die Kingsgate-Bekanntschaft der Lawrences – die definitive strahlende *Quattrocento*-Schönheit.[309] 1887 geboren, in Cheltenhams Ladies' College ausgebildet, bei Hof vorgestellt, von John Singer Sargent gemalt, keine Station im traditionellen Werdegang einer Dame wurde ausgelassen. Folgerichtig heiratete sie genau in die passende Kaste: 1910 den zweiten Sohn des Premierministers, Herbert Asquith, Anwalt – und, wie Donald Carswell, einer, der eigentlich keine Lust auf seinen Beruf hat und Poet sein will. Lady Cynthia muß deshalb Geld verdienen. Sie ist Sir James Barries Sekretärin, des Mannes, der Mary Cannans erster Ehemann war. Mit ihrer Mutterrolle hat sie Probleme. Lady Ottoline im Verhältnis zu ihrer einzigen Tochter Julian ähnlich, interessieren sie vorrangig die gesellschaftlich relevanten Aspekte ihrer Nachkommenschaft. Zwei Söhne hat sie geboren – mit denen zusammen sie auf Photos hinreißend aussieht –, 1911 John, der an nicht diagnostiziertem Autismus leidet, und 1914 Michael, nach einer erfolgreich durch dreimonatigen Sanatoriumsaufenthalt behandelten Tuberkulose. Dieses Kind interessiert D. H. Lawrence außerordentlich. Natürlich schwingt er sich zu höchst zweifelhaften psychologischen Diagnosen auf, die Cynthia Asquith mit keinem geringen Maß an Schuld belasten (Hauptursache der Probleme ihres Sohnes sei ihr mangelhafter Glaube an Gott . . .) und sie darüber hinaus leider nicht einmal ratlos lassen: Lawrences Therapievorschläge sind ebenso amateurhaft.[310] Doch Cynthia ist nicht übelnehmerisch. Sie akzeptiert sogar, daß das Schicksal ihres Jungen, ja ihre gesamte familiäre Situation, in der Kurzgeschichte ›The Rocking-Horse Winner‹ verarbeitet wird.

»Ich halte sie [die Lawrences, Anm. d. Verf.] für die berauschendste Gesellschaft der Welt. Ich hätte nie gehofft, ein derartiges geistiges Vergnügen mit jemandem zu haben. Es ist so wundervoll, so perfekt à trois zu sein. Ich mag sie so. Sie hat Spontaneität und warmherzige Klugheit, und so viel Bewunderung und Verständnis für ihn. Er interessiert mich ganz enorm und zieht mich an. Seine Rede ist so außerordentlich echt und lebendig – so viel Humor und doch so viel Fähigkeit zu Schärfe und Wut, was meine friedfertige Natur liebt und begehrt.«[311] Daß Frieda einen Schal, den Cynthia bei den Lawrences vergessen hatte, einfach benutzte und durch unsachgemäßes Waschen ruinierte, ist ihr natürlich keiner Erwähnung wert. Viel lieber erinnert sie sich an den Spaziergang am Strand von Littlehampton, wo die Asquiths und die Lawrences im Gedenken an ihr Kennenlernen vor einem Jahr im Seebad Kingsgate einen Nachmittag miteinander verbrachten. Die Frauen waren allein, als Frieda plötzlich ihr Herz ausschüttete, wie schwierig das Leben als Frau eines »Genies« sei. Leute, klagte sie, »speziell Frauen – speziell eine Frau« – behandelten sie als bloßes Anhängsel und hörten nicht auf damit, ihr Lorenzo zu »erklären« und ihr zu erzählen, daß er ein Wesen, wie »direkt vom Himmel gefallen« sei.[312] Die eine spezielle Frau ist natürlich Lady Ottoline Morrell . . .

Wie Lady Cynthia Asquith ist auch die Lawrence-Gönnerin Amy Lowell Frieda gewogen. Den Kontakt zu der Poetin, die in der Gruppe der »Imagisten« eine führende Rolle spielt, hatte Edward Marsh hergestellt. Die wohlhabende Amerikanerin, die sich während ihrer Londonbesuche im eleganten *Berkeley Hotel* eine ganze Suite leistet, liebt es, dorthin zum Dinner zu bitten. Als sie Frieda im August 1914 bei einem solchen Anlaß erstmals gegenübersteht, ist sie »überwältigt von der Überraschung und dem Vergnügen, einer Dame von so starker, vitaler Präsenz zu begegnen«.[313]

Lawrence kann natürlich nicht der Versuchung widerstehen, die Lowell als potentielle Geldquelle zu sehen. Er schreibt ihr einen Brief, listigerweise mit Bleistift, und bittet sie, das zu entschuldigen, denn ». . . es ist weder eine Feder noch Tinte im Haus.«[314] Bei einem Schriftsteller? Als Amy Lowell wieder zurück in Amerika ist, läßt sie ihre Schreibmaschine (eine Smith's Premier No. 2) einpacken und über den Atlantik schicken. Sie hat sich diese Gabe wohl überlegt, Geld würde D. H. Lawrence sicherlich nicht annehmen, so kann er aber das teure Tippen der Manuskripte sparen. In beiden Punkten irrt Miss Lowell: Die Freundinnen und Freunde, die für ihn tippten, taten es bisher in der Regel aus Gefälligkeit, Viola Meynell und Kotelιansky zum Beispiel. Selber zu tippen ist keinesfalls seine Sache, das hat er mehrfach ausprobiert. Und er hätte überhaupt keine Schwierigkeiten damit gehabt, Bares zu akzeptieren, so wie er immer begierig ist, neue Förderer und Freunde aufzutun, mit deren »Familienanschluß« sich Frieda nolens volens dann arrangieren muß.

Mit E. M. Forster[315], dem feinen, eleganten, will das nicht so recht klappen. Er moniert Friedas und Lawrences Gewohnheit, sich abwechselnd in einem Brief zu äußern als Formfehler: Er wolle es nicht mit einer ganzen Firma zu tun haben.[316] »Sie berühren da einen wunden Punkt bei mir«, läßt Frieda ihn daraufhin wissen – in einem gemeinsam, das heißt abwechselnd mit Lawrence geschriebenen Brief –, »arme Schriftstellerfrau, die sich solche Mühe gibt, und jeder wünscht sie nach Jericho . . . arme zweite Geige, wie überrascht man doch über ihre Existenz ist!«[317] Auch die Freundschaft zu Edward Marsh wird zunehmend schwierig, da er als Sekretär des Marineministers Winston Churchill in die allgemeine Linie des Deutschenhasses eingeschwenkt ist. Zwar versucht Marsh, den nicht auf die Lawrences zu übertragen, aber Frieda, in dieser Frage mittlerweile so wenig konfliktscheu wie üblich, sucht die Auseinandersetzung darüber zu führen – und verstimmt ihn mit ihren dummen (es gebe zuviel Aufhebens in der Presse um Vergewaltigungen belgischer Frauen durch Deutsche) und ihren klugen Bemerkungen (es sei Sache der Frauen, sich dagegen zu wehren, daß die Kinder, die sie geboren und aufgezogen hätten, im Krieg geopfert würden) gleichermaßen. Letztendlich wird der Marsh-Kontakt auf den Rat von Lady Asquith hin eingefroren – von beiden Seiten, die Lawrences akzeptieren, daß sie kein guter Umgang für einen Mann seiner Position sind.

D. H. belastet anderes. Ganz allmählich hat die Krankheit, der er nicht den richtigen Namen geben mag, sich fest in seinem Körper eingenistet und Anfälligkeit und Schwäche noch verstärkt. Aufreizend muß daher die in Kriegszeiten übliche Zurschaustellung maskuliner Gesundheit und Stärke auf ihn wirken. Hilflos läßt er sich zu verbalen Kraftmeiereien hinreißen, die natürlich Frieda treffen, da sie eben der feindlichen Nation (und dem auch gelegentlich feindlichen Geschlecht?) entstammt: »Auch ich hasse die Deutschen, ich könnte jeden einzelnen von ihnen umbringen. Warum dürfen sie uns zu diesem rasenden Haß aufstacheln, warum müssen wir bis zum Wahnsinn gequält werden, wo wir doch nur in tiefster Seele bekümmert sind und niedergedrückt? Sie werden unsre Niedergedrücktheit und unsern Kummer in einer wütenden Haßwelle fortjagen. Und wir wollen nicht zu dieser Wut, zu diesem zerstörerischen, wahnsinnigen Haß aufgewiegelt werden. Und doch können wir nicht anders, wir werden aufgestachelt, mehr und mehr. Ich bin selber toll vor Wut. Ich möchte am liebsten eine Million Deutsche umbringen – zwei Millionen.«[318] Wie tief emotional irritiert Lawrence ist, zeigen auch seine hysterischen Tiraden gegen Homosexuelle, die seinen Weg kreuzen. Marsh, Forster und Keynes[319], den er während eines gründlich mißglückten Besuchs in Cambridge kennenlernte, verursachen ihm nun äußerstes körperliches Unbehagen, Myriaden von schwarzen Käfern ziehen durch seine Träume: »In Worthing waren gestern viele Soldaten. Ich kann Dir überhaupt nicht sagen, wie häßlich sie waren. . . . Ich mag die Sinneslust – aber nicht nach Insektenart – das ist obszön. Ich mag es, wenn Männer Tiere sind – aber Insekten – ein Insekt, das ein anderes besteigt – um Gottes willen! Die Soldaten in Worthing sind so . . .«[320] Kaserne oder College, er ist zutiefst unfähig, sich als Mann zu definieren, von gegebenen Vorbildern abzugrenzen oder sich mit ihnen zu identifizieren.

». . . ich sah K[eynes] an diesem Morgen in Cambridge. Es war eine der Krisen in meinem Leben. Es machte mich verrückt vor Jammer und Feindseligkeit und Wut. Trenne dich, David, und versuche, eine Frau zu lieben. . . . Ich könnte mich in eine Ecke setzen und wie ein Kind heulen . . .«[321] David Garnett[322], für Lawrence so etwas wie ein Lieblingsjünger, soll durch diesen Brief vor drohender homosexueller Verstrickung »gerettet« werden. Er löst beim Empfänger Wut und Empörung aus. Doch Garnett bekommt einen zweiten Brief: von Frieda.

»Mein lieber David,

macht es Dich krank, so mit Briefen bombardiert zu werden? Ich war Dir so zugetan, als Du hier warst, und ich sah nicht, daß Du zufrieden oder glücklich warst – ich spürte eine große Stärke und Lebendigkeit und ein so ursprüngliches *Du*; wenn Du nur mehr an Dich glauben könntest, an das, was Dir ureigen ist, und Deine Kräfte sammeln und ausrichten würdest! Du bewunderst andere Leute immer viel zuviel ... Du wagst nicht, Dir selbst zu vertrauen ... Aber Du willst so viel und viel wirst Du bekommen – wenn Du es nur zuläßt. Wie auch immer, Du bist mein lieber Freund.

Deine Frieda«

Frieda bleibt fest, läßt sich nicht in Lawrences Schwierigkeiten mit sich und anderen hineinziehen. Sie ermöglicht Garnett den Blick auf den Grund seines Wesens. Er ist sehr bewegt von der »Sympathie, nein, Liebe«, die sie ihm vermittelt. Sechs Jahrzehnte später hat dieses Gefühl nichts von seiner Wirkung eingebüßt, er ist noch immer beeindruckt von »ihrer Weisheit und ihrem Glauben an mich. Weitaus weniger emotional als Lawrence, sah sie die Dinge viel klarer ... Während ich das schreibe, scheint mir, die beste Antwort auf Lawrences Brief wäre gewesen, mit Frieda zu schlafen. Aber leider kommt mir dieser Einfall dreiundsechzig Jahre zu spät«.[323]

D. H. Lawrence, der »Halbheld«[324], läßt sich nun einen Bart wachsen![325]

Zu all dem belasten wieder neue Geldnöte den Freiberuflerhaushalt. Schon seit dem 5. Dezember 1913 war klar, daß die Kosten von Friedas Scheidung, offenbar von Ernest Weekley zunächst gezahlt, zur Erstattung anstehen. Immerhin 144 Pfund 12 Schillinge und 10 Pence. Am 8. Juli 1915 wurden dem Betrag noch 10 Pfund 15 Schillinge und 2 Pence hinzugeschlagen – alles in allem eine beträchtliche Summe.[326] Lawrence tobt: »Ich werde nicht zahlen, selbst wenn ich Millionär wäre, würde ich es nicht tun – ich würde eher ins Gefängnis gehen... Biester, Wanzen, Blutegel... keinen Penny bekommen sie von mir.«[327] Letztlich verzichtet Weekley. Und er erlaubt Frieda endlich, die Kinder zu treffen, zunächst zwar nur kurz in der Kanzlei seines Anwalts, aber immerhin, eine Entwicklung in Friedas Sinn ist eingeleitet. Über Weekleys Motive wurde von Biographen viel spekuliert. Die Tochter Barbara Weekley-Barr ist nach Jahrzehnten überzeugt, er habe dem Wunsch seiner Kinder nachgegeben.[328] Über deren Motive will Frieda sich keine Gedanken machen – sie ist einfach glücklich, daß sie sie sehen kann.

1915 – 1919

»... weißt Du, ich bin auch seine Frau, die Frau des ›Mannes‹, im Unterschied zur Frau des ›Künstlers‹. Dem letzteren würde ich mich jederzeit unterordnen, aber...«

D. H. Lawrence: »Freunde suchen andere Zimmer für Frieda, auch in Hampstead. Möglicherweise will sie dort einige Zeit allein bleiben, wenn sich etwas findet. Sie bringt ihre Zeit damit zu, von sich als einer Person zu denken, der Unrecht geschehen ist, die man verletzt und gekränkt hat, wegen der Kinder und weil sie Deutsche ist. Das ärgert mich und ödet mich an. Ich wünschte, sie würde Zimmer in Hampsteadt bekommen und mich allein lassen.«[329]

Frieda Lawrence: »Ich will eine kleine Wohnung in Hampstead mieten, ich glaube einfach, daß ich manchmal für mich sein muß, L[awrence] ist sehr anstrengend, und ich will auch die Kinder auf ihrem Schulweg sehen.«[330]

D. H. Lawrence: »Ist es nicht wunderlich, wenn eine

Frau ihre Kinder hat, kümmert sie sich nicht um sie, und wenn sie einen Mann hat, kümmert sie sich nicht um ihn, sie will nur ihre Kinder. Es ist etwas dran an dem Gerede über weibliche Querköpfigkeit. Frieda sorgt sich nun nur um ihre Kinder. Es ist, als ob Frauen – oder zumindest sie – darauf bestehen, unglücklich und hoffnungslos unzufrieden zu sein: wenn ein Mann viel will, wird sie mit aller Gewalt zur Mutter und Männerhasserin, wenn ihre Kinder viel wollen, wird sie mit aller Gewalt Jüngerin der ›Liebe‹ im Gegensatz zu Hausfrau und Mutter. Was für eine miserable Kreatur!«[331]

D. H. Lawrence: »Mrs. Lawrence ist . . . auf der Suche nach ihrer Wohnung – es sei denn, eine Bombe hat sie getroffen – von den eigenen Landsleuten umgebracht – das ist genau das Schicksal, für das sie gemacht ist.«[332]

D. H. Lawrence: »Unsere Wohnung ist 1, Byron Villas, Vale of Health, Hampstead. Sie ist schon da, um nach Möbeln usw. zu schauen. Wir ziehen endgültig am 31. Juli ein.«[333]

Also doch: *Unsere* Wohnung. *Wir* ziehen ein. Die selbstverständlichste Sache der Welt. Neuerdings. Nicht zu Friedas Glück, denn die Entfremdung zwischen ihr und D. H. ist schwerwiegend und hat 1915 einen vorläufigen Höhepunkt erreicht. Ihr Vater stirbt nach monatelangem Leiden am 29. Januar 1915. ». . . erfuhr ich, daß mein Vater gestorben war. Ich sprach mit niemandem davon, sondern behielt es für mich. Als ich es Lawrence erzählte, sagte er: ›Du hast doch nicht annehmen können, daß Du Deinen Vater Dein Leben lang behältst?‹«[334] Sehr unsensibel, vor allem, wenn man bedenkt, wie beredt Lawrence Ehemännern brieflich die Leviten lesen kann. So ermahnt er einen gar nicht einmal so nahen Bekannten, der seiner Frau in der Situation einer ungeplanten Schwangerschaft nicht beisteht: »Ich finde, der Kummer sollte Sie beide einander näher bringen, aber anscheinend lassen Sie das Gegenteil zu. Ich kann mich natürlich täuschen. Ich finde es jedoch schlimm, daß sie in ihrem Kummer einzig nach ihrer Mutter jammert. Sie sollten für sie Mutter und Vater zugleich sein. . . . dadurch trennen Sie vielleicht ihr inneres Leben von dem ihren – ich spreche nicht von der wirklichen, äußeren Trennung –, . . . innerlich entfernen Sie sich vielleicht von ihr und lassen sie innerlich allein zurück: das wäre jedoch keine wahre Ehe, es wäre ein Scheitern.«[335] Jedem Wort kann Frieda zustimmen, wohl wissend, daß sie ganz anderes erlebt. Und deshalb hat sie größte Zweifel, ob es ihr gelingen kann, von ihrem übernervösen Partner das Maß an Rücksichtnahme zu erlangen, das sie beanspruchen muß. Sie versucht es trotzdem – unter Vorbehalt: »Weißt Du, schreibt sie an Kot, ich bin auch seine Frau, die Frau des *Mannes* im Unterschied zur Frau des *Künstlers*. Dem letzteren würde ich mich jederzeit unterordnen, aber . . .«[336]

Das Vale of Health ist eine Ansammlung von Backsteinhäusern mitten in Hampstead Heath, das gelegentlich als Londons Schwabing[337] bezeichnet wird. Hier wimmelt es von Schriftstellern, Malern (auch Mark Gertler und Dorothy Brett haben hier ihre Ateliers) und Analytikern (die Eders wohnen beispielsweise in der Nachbarschaft und Ernest Jones, der 1907 Otto-Gross-Schüler war und 1908 Frida Gross analysiert hatte; er weiß also einiges über Friedas »Vergangenheit«). Die Lawrences kennen hier bald das Möbelangebot jedes Second-Hand-Shops und auch des Caledonian Markets. Sie schleppen drei Windsor-Küchenstühle an, zwei Wohnzimmerstühle, einen blauen Perserteppich (das Geld dafür hat ihnen Edward Marsh geliehen). Die zu diesem Zeitpunkt noch nicht brüskierte Ottoline Morrell hat eine Stickerei angefertigt: einen Baum mit großen hellen Blüten, Vögeln und Tieren nach einer Zeichnung von Duncan Grant, die bald dunkel gerahmt über einem an die Wand gerückten Tisch hängt, das Obst in der Schüssel auf dem Tisch hat sie auch geschickt. Einmal mehr gehen Briefe an die Freunde mit Einladungen. *The Signature* heißt Lawrences neuestes Hätschelkind, ein Zeitungsprojekt von der kurzlebigen Sorte. Doch mit Normalität hat all das nichts zu tun. In London ist der Krieg näher. Friedas Landsleute lassen einen Zeppelin am Himmel erscheinen, und die Empörung um das Versenken des Passagierschiffes *Lusitania* durch deutsche U-Boote am 7. Mai – es hatte Zivilisten getroffen! – hat sich noch längst nicht gelegt. Der Name Richthofen wird durch Friedas Cousin Manfred, den »Roten Baron«[338], berüchtigt. David Garnett muß sich von Scotland-Yard-Detektiven aushorchen lassen, weil ein Hausbewohner mitbekommen hat, daß Frieda sich im Hausflur mit »Auf Wiedersehen« verabschiedete. Lawrences früherer Förderer Ford Madox Hueffer, der sich nun – um seine deutsche Abstammung, auf die er noch vor kurzem so stolz war, zu verbergen – Ford Madox Ford nennt, machte bereits einen Spitzelbesuch, der noch verhängnisvolle Folgen haben wird. In dieser äußerst schwierigen Zeit sind Frieda Besuche in Deutschland verwehrt, kaum Kontakte zu ihren Schwestern, ihrer Mutter möglich – die die Kriegsjahre durchsteht, indem sie sich in ihre Kindheit zurückträumt und ihre Erinnerungen in ein mit blümchenbedrucktem Kretonne überzogenes Buch einträgt: biedermeierliche Kleinstadtszenen aus der Zeit, als es noch Postkutschen und Nachtwächter gab.[339] Die wenigen Briefe kommen über die Schweiz, durch Frida Gross vermittelt. So erfährt sie vom Tod ihres alten Freundes Udo von Henning, der schon am 7. September 1914 bei Chalons fiel. Aber auch ihre englischen Freundinnen trauern: Die Brüder von Katherine Mansfield und Cynthia Asquith sind beide innerhalb weniger Tage im Oktober 1915 gefallen, im gleichen Monat, in dem Frieda den Tod ihres kleinen Neffen Peter, des Sohnes von Otto Gross und ihrer Schwester Else, beklagt.

Elses Kummer teilt Lawrence ebenfalls, er schätzt sie ganz außerordentlich und hat ihr ›The Rainbow‹ gewidmet: *Zu Else* sollte ausgerechnet in Sütterlin (in England: German!) auf dem Vorsatzblatt stehen – das wurde vom Methuen-Verlag abgelehnt, aber als das Buch am 30. September im Kriegsjahr 1915 erscheint, ist es in deutscher Sprache einer Deutschen gewidmet. Die ohnehin in bezug auf die Lawrences übersensiblen Behörden holen zum Schlag aus. Am 3. November werden die noch nicht ausgelieferten 1011 Exemplare des Buches, das Kritiker als ungeheuren phallischen Dschungel bezeichnen, als eine Orgie der Sexualität, in der keine Form der Lasterhaftigkeit und der schlüpfrigen Andeutung fehle, beschlagnahmt und vernichtet. Und Methuen wehrt sich nicht, versucht nicht, die Rechte des Autors zu schützen![340] Natürlich wird damit auch die Rückzahlung des Vorschusses von dreihundert Pfund fällig . . .

Der Brief, den Lawrence am 6. November an seinen Agenten Pinker schreibt, gibt nur unzulänglich wieder, auf welche Krise der Schriftsteller zutreibt: ». . . wünsche ich allen, der ganzen Bande mit Stumpf und Stiel die ewige Verdammnis an den Hals. . . . Ich hoffe, in etwa vierzehn Tagen nach Amerika zu gehen. . . . Pässe haben wir erhalten. Damit endet mein Schreiben für England.«[341]

Frieda trifft der Skandal um das Buch aus ganz eigenen Gründen hart. »Mir war zumute, als sei ein Mord geschehen, Mord an einer neuen Lebensäußerung auf dieser Erde«[342] – einer Lebensäußerung, die eine zentrale Bedeutung in ihrem eigenen Dasein hat, D. H. ist in diesem Sinn ihr Schüler.

Und ein weiteres kommt hinzu: Ein Schriftstück des Innenministeriums macht deutlich, daß die Beschlagnahme des Buches eher noch wegen ihr als Deutscher als wegen seines »pornographischen« Inhalts erfolgte. Im Umfeld der Gerichtsverhandlung gegen den Verleger und verschiedener Protest- und Hilfsaktionen von Freunden war natürlich auch das breitgetreten worden. Das belastet Frieda – ebenso wie Lawrences Sprunghaftigkeit in seinen Entscheidungen. So unternimmt er entgegen seinen Ankündigungen alles, um die Abreise nach Amerika zu verhindern. Er verpatzt gezielt die reale Chance, eine Bescheinigung über seine Untauglichkeit zum Militärdienst zu bekommen, die Voraussetzung für das Verlassen Englands ist. Statt dessen bereitet er Ende November einen Kurzbesuch in Garsington vor. »Ich habe einen neuen Anzug bekommen, und Frieda hat eine neue Jacke und einen Rock. Ich habe ihr einen Hut gemacht, eine Art russischer Toque, aus kleinen Pelzresten – sie sieht daher sehr gut aus. Sie soll auch einen dicken, warmen Mantel bekommen, weil es so kalt ist.«[343] Lohnt sich das für ein, zwei Tage Garsington? Oder für Florida, sein neuestes Traumziel??

»In jenen dunklen Tagen ging es mir schlecht. Selbstverständlich mußte ich unter den gequälten und gereizten Stimmungen von Lawrence leiden. Seine Liebenswürdigkeit war verschwunden, und zeitweise wandte er sich gegen mich so wie gegen die übrige Welt. Er war krank geworden. Nirgends gab es ein wenig Hoffnung oder Fröhlichkeit. Er mochte die Vorstadt und unsere Wohnung nicht, er mochte mich nicht und niemanden . . . und überall war Krieg.«[344] Wenn die zurückhaltende Frieda so schreibt, ist es wirklich schlimm. Wie schlimm, das wird deutlich, wenn man die Überfülle biographischen Materials zu D. H. Lawrence sichtet und der Tendenz entkleidet, die in den Erinnerungen seiner Zeitgenossen, die auch die Friedas sind, nur zu deutlich wird: Lawrence war zwar ein äußerst schwieriger, unzuverlässiger, schulmeisternder, anspruchsvoller, zuweilen distanzloser Freund mit bizarren

168

1 Anna von Richthofen,
geb. Marquier,
Friedas Mutter

2 Friedrich von Richthofen,
Friedas Vater, als Kadett

3 Frieda (rechts) mit ihrer älteren Schwester Else (etwa 1881)

4 Frieda von Richthofen (etwa 1895)

5 Julie und Camilla Blas,
Friedas Lehrerinnen und
Wahltanten

6 Frieda mit Ernest (1901)
unterm Kirschbaum
im Garten des Eich-
berghauses (im Hinter-
grund zu sehen)

7 Barby, Monty und Elsa Weekley, Friedas Kinder

8 Elsa, Monty und
Barby Weekley,
Friedas Kinder

9 Barby, Elsa und
Monty Weekley,
Friedas Kinder

10 Else, Frieda und Nusch – die Richthofen-Schwestern

11 Otto Gross (2. von links) im Kreis von Freunden (etwa 1914)

12 Ehemaliges Gasthaus zur Post in Beuerberg

13 D. H. Lawrence, Katherine Mansfield, Frieda, John Middleton und Murry: Das Brautpaar Lawrence mit Trauzeugen
am Tag der Hochzeit (13. Juli 1914)

14 Higher Tregerthen, Cornwall; links im Bild: »Kathrine's Turm«; rechts der kleine Küchenanbau der Doppelhaushälfte, die Frieda und D. H. 1916–1917 bewohnten

15 Ottoline Morrell
von Cecil Beaton
photographiert)

16 Wyewurk, Thirroul,
New South Wales,
wo die Lawrences im
Sommer 1922 lebten

17 D. H. Lawrences Zeichnung der Kiowa Ranch,
New Mexico (etwa 1924)

18 Dorothy Brett,
Frieda und
D. H. Lawrence
beim Blick über
den Zaun der
Kiowa Ranch,
New Mexico,
etwa 1924

19 Frieda und
D. H. Lawrence
backen Brot auf der
Kiowa Ranch

20 Frieda und
D. H. Lawrence
auf den Stufen der
Kirche von Soledad,
Mexico, 1924

21 Villa Mirenda
bei Florenz

22 Frieda und
D. H. Lawrence
in der Villa Mirenda
(1927)

23 Frieda
(Alfred Weber
gewidmet)

24 Mabel Luhan,
Frieda,
Dorothy Brett,
1935

25 Frieda und
Angelo Ravagli
in Texas auf der
Reise nach
Laguna Vista,
etwa 1947

26 Friedas Grab
links von
D. H. Lawrences
»Kapelle«,
Kiowa Ranch

Ideen – doch er war auch charmant, unterhaltsam, verständnisvoll und nicht zuletzt ein Genie, an dessen Ruf zu kratzen den eigenen beschädigen konnte. Wie einfach für viele, die Ehefrau als Wurzel aller üblen Eigenschaften zu sehen, vor allem, wenn er sich selbst nicht selten auf die Seite der Beobachter häuslicher Szenen schlägt und Frieda öffentlich abkanzelt. Wäre sie nur etwas weniger vital, etwas weniger deutsch, etwas weniger selbstbewußt, etwas weniger eigensinnig aufgetreten, Leute vom Schlag Lady Ottolines hätten sich mit ihr arrangieren können. Im vierten Jahr ihrer Beziehung zu D. H. Lawrence muß Frieda sich als oft unbeliebtes Anhängsel des nun(!) berühmten Schriftstellers sehen, in ihrer eigenen Würde mißachtet, in ihrer Mutterrolle beschnitten, am Umgang mit ihren deutschen Verwandten und Freunden gehindert, als feindliche Ausländerin mißtrauisch beobachtet, an einen sichtbar kranken, äußerst reizbaren Mann gekettet. Selbst die Genugtuung, Einfluß auf ein anerkanntes Werk aus seiner Feder genommen zu haben, ist ihr wieder einmal versagt worden, ja sie wird für dessen Scheitern verantwortlich gemacht. Und Biographen werden fortfahren, sie abzustempeln durch das unkritische Übernehmen von Anekdoten wie dieser: »Eines Nachts stürmte Frieda in die Praxis von Ernest Jones und weinte, daß ihr Mann versucht habe, sie zu ermorden. ›Wie sie ihn behandeln‹, sagte der Analytiker, ›wundere ich mich, daß er das nicht schon längst getan hat‹.« Nach Jones eigenen Aufzeichnungen sprachen die beiden in dieser Nacht über »die dunklen Kräfte, die sie [die Lawrences] in solche stürmischen Situationen brachten«. Er nannte Frieda eine »reizende und intelligente Frau« und erkannte »einige Elemente von Weisheit und Selbstkontrolle«, die allem zum Trotz den Bestand der Ehe sicherten.[345]

Weisheit? Selbstkontrolle? Wohl weniger. Doch sicher verkörperte Frieda durch pures Dasein genau das, was

Lawrence bis aufs Blut peinigte und doch unauflöslich band: »Sie war wieder sehr groß geworden, die Magna Mater. .... sie war die grauenhaft anmaßende Königin des Lebens ... Er sah die gelbe Flamme in ihren Augen, er kannte den unglaublichen Hochmut, mit dem sie ihren Vorrang heischte. Sie selber wußte nichts davon. Sie war allzu bereit, sich vor dem Mann in den Staub zu bücken. Aber nur, wenn sie des Mannes so sicher war, daß sie ihn anbeten konnte, wie eine Mutter ihr Neugeborenes anbetet: mit der Anbetung unbestrittenen Besitzes. Unerträglich, Eigentum der Frau zu sein! Immer mußte der Mann das abgebrochene Stück Weib darstellen ... Ohne Frau galt der Mann nicht für voll und hatte keinen Platz in der Welt.«[346]

In diesem Sinn werden in den kommenden Monaten alle Kräfte, die die beiden zusammenhalten, aufs äußerste strapaziert werden.

Weg von London. Warum nicht Cornwall? Sozusagen auf halbem Weg nach Florida. Auch dort gibt es Freunde mit Häusern, nun sind es die Beresfords: John Davys, Schriftsteller und Architekt, und Beatrice, seine Frau. Was sie zu bieten haben: ein Cottage in Porthcothan, St. Merryn, Padstow, an der nördlichen kornischen Küste. Frieda und Lawrence stranden dort wie zwei Büschel Tang. Keine Menschen, keine Ereignisse, die sie mehr umtreiben, ein großes Haus mit großen hellen Räumen, weit geht der Blick über eine kleine Bucht aufs Meer, Stille. Heult der Wind im Kamin, wird er von den beiden gehört. Kommt die Haushälterin in ihr Blickfeld, fällt sie auf. Emma Pollard, Mitte Dreißig, hat zwei uneheliche Kinder, eins lebt bei ihr. Lawrence, dem zu Tode erschöpften, von hochintelligenten adligen Damen und bürgerlichen Herren unendlich genervten Kulturarbeiter erscheint diese Frau aus dem Dorf, die sich der Sorge ums leibliche Wohl nie versagt – sie backt Brot und Kuchen, fabriziert anbetungswürdige Puddings – als ein ruhiges Ufer, das er ersehnt wie Rananim, aber nie erreichen wird. »Ich würde eine kornische Frau heiraten«, und »Die Frauen sind so sanft und so weise und so attraktiv – so sanft und widerspruchslos, und doch so treu«[347], lauten nun seine brieflichen Bekenntnisse.

». . . vor zwei Tagen habe ich mich wieder schwer erkältet, was mich in eine seltsame Stimmung versetzt, so als ob es nicht weitergehen könne, als ob alles zu Ende sei. Ich glaube, daß alles zu Ende ist, und daß man nun auf den Beginn des Neuen warten muß. Aber es ist ziemlich furchtbar, so mit dem Ende konfrontiert zu sein, nur mit dem Ende. . . . Doch das Wasser ist so weiß und machtvoll und unfaßbar unter den schwarzen Felsen, daß es nicht von dieser Welt zu sein scheint. Ich habe das Gefühl, als sei ein sonderbarer, wilder, fremdartiger Gott in der Gischt.«[348] Noch keine vier Jahre ist es her, seit sich Frieda unwiderruflich an den jungen, attraktiven, aufs Leben neugierigen Lawrence band. Wie soll sie diesen neuerlichen Tiefstand seiner physischen und psychischen Gesundheit verkraften? An Flucht denkt sie nun nicht. Diesen Mann kann sie nicht sich selbst überlassen. Aber sie braucht Hilfe. Von Amy Lowell erbittet sie Geld, von Bertrand Russell einen Besuch. Auch mit Ottoline will sie ihren Frieden machen um Lawrences willen. Und ein Arzt muß sich seiner annehmen. Amy Lowell spendet hochwillkommene sechzig Pfund als Hilfe zur Selbsthilfe und verspricht mehr, Bertie kann nicht kommen, eigene Probleme entschuldigen ihn hinreichend, Ottoline schickt unter anderem orangefarbenen Jersey zu einer warmen Weste, in der Lawrence wie ein »Rotkehlchen im Frühling«[349] aussieht, allerdings pflegt er sie unter einer Jacke zu tragen, denn er ist besorgt, zu blaß zu wirken. Dr. Maitland Radford diagnostiziert unaufgeregt Streß, eine Infektion – Ruhe und Wärme empfiehlt er als Heilmittel.

».. . ich war wochenlang krank. Ich hatte wahrhaftig das Gefühl von Auflösung, das entsetzliche Gefühl, das man hat, wenn man richtig krank ist. Aber nun, ganz plötzlich, gestern und heute: eine Art Erwachen, ein starkes Erwachen. Ich fühlte mich sonderbar. Zäh und zart zugleich; und mein rechter Arm und mein rechtes Bein und meine rechte Seite ganz schwach, empfindungslos, wie eine kleine Lähmung, wie anstrengend, nur einen Stift zum Schreiben zu halten – aber ich bin nun über den Berg, für dieses Jahr.«[350] Und Frieda an seiner Seite. Immer.

»Und Frieda und ich sind immer mehr richtig verheiratet – dem Himmel sei Dank. Es war solch ein Kampf. Aber es kommt in Ordnung.«[351] So wie das Wetter sich bessert: Schon am 15. Januar stehen blaue und weiße Veilchen, kleine wilde Narzissen und dicke Osterglocken, die die Pollard-Kinder aus ihren Gärtchen anschleppten, in den Vasen. Anfang März müssen die Lawrences sich eine neue Wohnung nehmen, die Eigentümer meldeten Eigenbedarf an. Frieda und D. H. spielen – in Erinnerung an Buckinghamshire 1914/15? – mit dem Gedanken, es mit den Murrys gemeinsam zu tun. Und plötzlich: »Ich mag die Leute hier nicht. Ihre Seelen sind wie das Innenleben von Insekten. Man hat das Gefühl, daß, wenn man sie zerdrückt, sie zu weißlichem Dreck werden würden, ähnlich einer zerquetschten Kakerlake. Sie *fürchten* sich alle – deshalb sind sie so schäbig. Ich verstehe sie wirklich nicht. Ich weiß nur eins, nie im Leben bin ich so fundamental egoistischen Menschen begegnet, weder Franzosen, Deutschen, Italienern, Schweizern noch Engländern.« Auch Emma ist bei D. H. in Ungnade gefallen: »Das einzig Richtige ist, sie als Dienstboten zu benutzen, als Minderwertige: denn sie haben die Sklavenseelen . . .«[352]

Als Frieda und D. H. Porthcothan verlassen, haben sie den Beresfords zu beichten: eine Flasche ihres Gins getrunken, die Verandatür beschädigt, den Verschluß einer Wärmflasche zerbrochen[353]. Doch tatsächlich sind schwerwiegendere Zerstörungen zu beklagen. »Lawrence hat mich erschreckt durch sein sehr seltsames Verhalten . . .«[354] Der fremdartige Gott in der Gischt hatte ihm – und Frieda – Angst gemacht.

Verwundert es, daß Frieda einen Neubeginn mit Unterstützung von Freunden herbeisehnt? Ab 29. Februar 1916 machen sie und der arg aus dem Gleichgewicht geratene D. H. Zwischenstation in *The Tinner's Arms,* Zennor, wenig westlich von St. Ives. Schon nach fünf Tagen geht die Erfolgsmeldung an den lieben Jack und Katherine in Bandol. Ein Hinweis der Beresfords[355] hatte sich als brauchbar erwiesen: eine Handvoll kleiner Häuschen, *Higher Tregerthen*; am 17. März beziehen die Lawrences ihr neues Domizil. Seltsamerweise lassen sich die Murrys darauf ein, ihre Zelte in Südfrankreich abzubrechen, wo sich beide wohlfühlen und vor allem Katherine das milde Klima guttut. »Laß den Winter vorübergehen, bevor Katherine nach England kommt.«[356] Nur bis April will sie warten.

Higher Tregerthen, das sind zwei rechtwinklig zueinander angeordnete langgestreckte Gebäude aus Granit, genaugenommen, handelt es sich um Reihenhäuschen: Das aus zwei Einheiten plus einem »Turm« bestehende ist für Katherine und John Middleton vorgesehen, die dem am nächsten liegende Doppelhaushälfte parallel zum Fahrweg mit Blick auf die See haben sich die Lawrences ausgesucht. Alle Dimensionen sind puppig. Parterre, eigentlich etwas unterhalb des Wegniveaus, liegt ein kleiner Wohnraum mit Kamin, daran bergab angebaut eine Spülküche, oben das Zimmer mit Aussicht wird Schlafstube. Unmöbliert kostet dieses Cottage nur fünf Pfund im Jahr, der gut dreimal so

große, sieben Zimmerchen umfassende Turmkomplex
stolze sechzehn Pfund.

Im März ist das Wetter wechselhaft: Mal schneit es, mal
ziehen graue Regenschleier übers Land, mal scheint die
Sonne und läßt goldgelbe Ginsterblütenkaskaden duften
und lockt Lämmer heraus auf frischgrüne, von niedrigen
Granitmauern eingefaße Weiden. Dann leuchtet die nahe
See dunkelgrün und violett gegen den tiefblauen Himmel.
Lawrence, der es liebt, in seinen Briefen den tiefen Eindruck wiederzugeben, den die Natur stets auf ihn macht,
schickt lange Abhandlungen darüber an Mansfield und
Murry.[357]
    Die starken klaren Farben Cornwalls inspirieren Frieda
und D. H., die eifrig mit Renovierungsarbeiten beschäftigt
sind. Blau streicht er die Schränke und Regale, eigenhändig
verfertigt aus Holzresten, die Captain John Tregerthen
Short, Vermieter und gelegentlicher Bewohner der benachbarten Doppelhaushälfte, ihm überlassen hat. Aus gel-
bem Stoff mit grünen Klecksen darauf näht er Vorhänge.
Das Schlafzimmer im ersten Stock bekommt den besonderen, schwierig aus Lachs und Weiß zu mischenden blaßrosa
Anstrich, und der große grüne Kleiderschrank und die
Kommode werden hinaufgeschafft, indem man einige lose
Bretter im Fußboden aufnimmt – eine Prozedur, die ei-
gentlich zum Abseilen von Särgen vorgesehen ist und den
in bezug auf das Thema Tod sehr empfindlichen D. H.
ziemlich irritiert. Frische Kokosmatten bedecken bald die
Böden, Lady Ottolines Stickerei und eine von ihr gestiftete
Tagesdecke finden ihren Platz, auf dem Kamin stehen
Steingutfiguren (Jasper und Bridget, die zu Markte reiten –
wie alles, womit Frieda und ihr Lorenzo sich umgeben,
Gegenstand ausführlicher brieflicher Erörterungen).
Frieda ist eifrig tätig und glücklich – abgesehen davon, daß
sie Zahnschmerzen hat. Sie liebt es, sich häuslich einzu-

richten. Dollie Radford, Koteliansky, Heseltine müssen helfen, den bei diversen Freunden eingelagerten Hausrat zusammenzutragen, nach Lawrences Anweisung zu verpacken und per Bahn von London nach Cornwall zu expedieren – unter peinlich genauer Befolgung des ökonomischen Prinzips der Kostenminimierung: ein Feldbett mit Matratze und Kissen und Decken, ein Tisch, vier Stühle, zwei Kerzenhalter, Vorhänge, ein Teppich, eine Uhr, ein Kamingitter, ein Spiegel, zwei Primuskocher... allein Mark Gertler hat eine ganze Badewanne voller Lawrencescher Utensilien. Schließlich fehlen nur zwei Messingleuchter, die D. H. von seiner Mutter geerbt hat, und das Pendel der Uhr. Während Frieda einräumt, schickt D. H. wieder einmal Einladungsbriefe in alle Welt – ist ihm bewußt, daß viele Adressaten ihm schon kritisch gegenüberstehen? Daß sie den Status der Heldenverehrung aufgegeben haben? Heseltine, den er derzeit noch als Freund und künftigen Untermieter der Murrys sieht, ist überzeugt: »Alles, was er an einem schätzt, ist die Aussicht auf Bekehrung zu seiner eigenen reaktionären Weltanschauung. Ich glaube fest, daß er ein wunderbarer Denker ist und ein vollendeter Künstler, aber eine persönliche Beziehung zu ihm ist nahezu unmöglich.«[358]

Mit einer Energie, als gelte es ein kleines Rananim aufzubauen – »unser Rananim«[359], mit diesen Worten beschwört er seinen alten Traum –, macht Lawrence sich daran, Katherines Turm herzurichten. »Tätige Liebe« soll Gegenliebe herbeizwingen, kein Aufwand ist ihm zu groß. Eßzimmer: rot; unteres Turmzimmer: cremefarben; großes Schlafzimmer: blaßrosa... Entwürfe werden brieflich abgestimmt, selbst sensible Themen wie die Toilettenfrage mit Captain Short, dem Eigentümer von *Higher Tregerthen*, erörtert – Friedas Befindlichkeit in dieser Beziehung mußte niemandem Kopfzerbrechen machen.

Die bemerkt denn auch spöttisch, daß Lorenzo »tatsächlich *mehr* dahinter her ist«, den Murrys zu geben, was sie sich irgend wünschen könnten, als daß sie selbst alles bekämen, was sie brauchten.[360] Doch sie freut sich auf deren Kommen, freut sich sogar sehr und warnt vorsichtig: »Lawrence hat eine schlimme Zeit hinter sich.«[361] Und beschwört: »Mir liegt so viel daran, nun in vollem Seelenfrieden zu *leben*, wir sind *Freunde* und wir wollen uns nicht mehr um die *tieferen* Dinge kümmern, sie sind schon recht, laß uns nur leben, wie die Lilien auf dem Felde.«[362]

Leider kommt es anders. Was Friedas Seele nach eigenen Worten aufreibt,[363] ist durch frohe Farben nur flüchtig zu überdecken: Sie hat weiterhin Geldsorgen, was auch die Reisekosten zu ihren Kindern zum Problem macht; das künftige Schicksal des als obszön geächteten ›The Rainbow‹ bleibt ungeklärt; sie lebt immer noch in Fehde mit Lawrence-Bewunderen, die versuchen, sie links liegenzulassen; die Krankheit, unter der sie beide leiden, schreitet spürbar fort und – es ist nach wie vor Krieg.

Die Murrys 1916 in Cornwall bei den Lawrences – das geht von Anfang an schief. In den ersten Apriltagen kommen Katherine und John Middleton an, zehn Tage müssen sie noch in Zennor bleiben, im *Tinner's Arms,* wie Frieda und Lawrence zuvor, bis sie ihren frisch renovierten Anteil an *Higher Tregerthen* beziehen können. Daß Murry als Anstrichfarbe für die Stühle Schwarz bestimmt, scheint wie ein Omen.

Der Zauber des Ortes schlägt Katherine sofort in seinen Bann: Zwar ist das Haus in vielerlei Hinsicht ganz unvollkommen, und doch hat es so ein »gewisses Etwas – weshalb man sich danach sehnt. Kaum ist man da – ist man frei, frei wie die Luft. Man hängt seinen Hut an einen Nagel & das Haus ist eingerichtet. Es ist ein Haus, wo man auf der Treppe sitzt & das schöne Licht betrachtet, das den Raum darunter erfüllt. Nach Einbruch der Nacht hat das Haus drei Stimmen. . . . Ich darf nicht davon reden – Es hat mich behext.«[364] Dennoch: So sensibel Katherine aufs Ambiente reagiert, so sehr ist sie auch abhängig von der Konstellation der Mitglieder Klein-Rananims. Und in Cornwall sieht es nicht gut aus für sie. In Bandol hing Murry ihr an – jetzt scheint er froh, sich aus dieser Fixierung zu lösen und sich in eine neue begeben zu können: Lawrences Nähe sucht er nun. Tagelang verschwinden die beiden mit Rucksäcken zu langen Wanderungen durchs Moor und durch Ginster- und Heidegestrüpp. Über steinerne keltische Wälle klettern sie, um Weideflächen zu überqueren, und entlang schwarzer Klippen hinunter in sanftsandige Buchten, um an deren Grund zu rasten und zu baden, wo sich die vielfältigen Schreie der Möwen brechen und Seehunde in der Gischt spielen. Die beiden Männer erschließen sich so Räume fern von denen der Frauen.

Die können sich nicht mehr verstehen. Zu derb erscheint der dünnhäutigen Großbürgerlichen die adlig geborene Waschfrau, wenn die am dampfenden Zuber steht und genüßlich in der schaumigen Lauge planscht.[365] Zu nachgiebig der um die eigene Machtposition Kämpfenden, wenn die sich vom vor Wut rasenden Lawrence mißhandeln läßt: »Laß Dir erzählen, was Freitag geschah«, so schreibt Katherine an Koteliansky, den gemeinsamen Freund. »Ich ging hinüber zu ihnen zum Tee. Frieda sagte, Shelleys ›Ode an eine Lerche‹ sei falsch. Lawrence sagte: ›Du gibst an; davon verstehst du überhaupt nichts.‹ Dann fing sie an. ›Jetzt habe ich aber genug. Hinaus aus meinem Haus, du kleiner Gottallmächtiger du. Ich habe genug von dir. Willst du wohl jetzt den Mund halten.‹ Lawrence sagte: ›Ich gebe dir gleich eins auf die Backe, damit du still bist, du dreckige Göre.‹ Usw. Usw. Darauf verließ ich das Haus. Zum Abendessen erschien Frieda. ›Ich habe endgültig Schluß mit ihm gemacht. Es ist alles für immer aus und vorbei.«« Dann sei Frieda aus der Küche gegangen und habe angefangen, im Dunkeln immer ums Haus herumzulaufen, schildert Katherine das weitere Geschehen, und: Plötzlich erschien Lawrence und stürzte sich wie ein Wilder schrill kreischend auf sie. Er schlug sie und riß ihr die Haare aus. Sie entkam seinen Schlägen und floh in die Küche der Murrys, schluchzend rannte sie immer um den Tisch herum, Lawrence hinter ihr her. Im Licht der Küchenlampe war er weiß – fast grün im Gesicht und schlug einfach drauf – prügelte die große weiche Frau. Dann fiel er in einen Sessel und sie in einen anderen. Keiner sagte ein Wort. Stille trat ein, unterbrochen nur von Friedas Schluchzen und Schniefen. . . . L. saß da und starrte zu Boden und kaute an den Nägeln. Frieda schluchzte. Plötzlich, nach einer langen Zeit – ungefähr eine Viertelstunde – schaute L. auf und fragte Murry etwas über französische Literatur. Murry antwortete. Ganz allmählich kamen die drei wieder an den Tisch. Dann schenkte F. sich Kaffee ein. Dann redeten sie und L. allmählich wieder miteinander . . .[366]

Auch Murry läßt sich hinter deren Rücken über das Eheleben der Lawrences aus und zwar bei jemandem, der Frieda noch viel kritischer gegenübersteht als Kotelianksy, bei Ottoline Morrell. John Middleton – der keine Hemmungen hat, zu gestehen: »Ich habe den seltsamen Verdacht, daß ich in Sie verliebt bin«[367], der die Lady um Geld bittet und es mit einem Frieda und D. H. herabsetzenden Brief zurückzahlt und sie auf ihre unverhohlene, unvorteilhafte Darstellung in ›Women in Love‹ aufmerksam macht! – schmeichelt sich zusammen mit Katherine in Garsington ein. Ottoline läßt sich nicht lumpen, sie schickt Murry einen Brief Friedas zum gemeinsamen genüßlichen Durchhecheln. Ottoline klärt ohnehin jedermann darüber auf, daß sie Lawrences Frau für dessen schlechten Zustand verantwortlich macht. Heseltine und Arlen, derzeit in Cornwall, erzählen es natürlich Frieda. Die ist wütend, reagiert aber aus Rücksicht auf ihren Mann verhalten. Daraufhin erklärt Ottoline Frieda für verrückt.

Murry hat sich also von seinem »Blutsbruder« losgesagt und damit akzeptiert, daß diese ganz spezielle Freundschaft dem Zusammenhalt mit Katherine zu opfern ist. »Ich bin hier sehr allein«, jammert die und prophezeit: »In einem Monat ist vielleicht alles schon vorbei, ja es wird vorbei sein. Hier gehöre ich zu niemandem. Eigentlich habe ich überhaupt niemanden, aber ich treffe Vorbereitungen, das zu ändern.«[368] Katherine schafft es: Nach etwa sechs Wochen verläßt sie mit Jack *Higher Tregerthen* nach einem »Frühling voller Glockenblumen«[369]. Das Haus sei zu feucht, zu unruhig vor allem, Katherine könne dort nicht schreiben, sei melancholisch geworden, so sein Erklärungsversuch. Die Murrys werden es mit der Südküste Cornwalls versuchen, wo sie mit all ihren Problemen allein sind. D. H. ist verletzt und enttäuscht. Frieda fühlt sich einmal mehr vereinsamt, ganz auf die Beziehung zu ihrem Mann zurückgeworfen. Briefe an Koteliansky, dessen Freundschaft zu Katherine und Jack mittlerweile ebenfalls angeschlagen ist, belegen ihr Bemühen, das Geschehene zu verarbeiten. »Weißt Du, Jack ist von Natur aus schrecklich eifersüchtig.« Und: »Ich hoffe auch, daß Du und Katherine wieder Freunde sein werdet . . . ich habe sie gern; selbst wenn sie Lügen verbreitet, weiß sie doch mehr über das, was wahr ist als andere Leute . . . laß uns was häßlich ist übersehen.«[370] Friedas Briefe können derzeit wie Kniefälle sein: »Wie nett, daß Du einen Brief von mir willst! Ich glaube immer, die Leute wollten keinen«, schreibt sie an Dollie Radford im März 1916 und »Weißt Du, jedermann ist Lawrences Freund und niemand scheint *mich* zu mögen und ich denke, das ist zum größten Teil mein Fehler« an Kot im Oktober 1916.

Auch ihrem Mann gegenüber bemüht sie sich nun um Sanftmut. Sitzt Lorenzo bei einer Handarbeit – was er sehr gerne tut –, säumt er beispielsweise einen Schal, putzt er einen Hut auf oder kopiert er Bilder, um deren Inhalt besser zu erfassen, ist Frieda geduldig an seiner Seite. Kein Paar der Welt könnte dann harmonischer erscheinen. Doch so sehr Lawrence den Frieden braucht, den ihm solche »weiblichen« Arbeiten geben, so sehr drängt es ihn, den Schwachen, Kranken, sich an »richtigen Männern« zu messen. Das verlangt Frieda einiges mehr an Selbstdisziplin ab. Einen Steinwurf weit unterhalb *Higher Tregerthen* liegt *Lower Tregerten,* der Bauernhof der Hockings. Stanley, ein Hocking-Sohn, hatte einst den Neuankömmlingen den Weg zu Captain Short gewiesen und so Bekanntschaft mit ihnen geschlossen. Tägliche Lieferungen von Butter, Eiern, Milch wurden vereinbart. Lawrence sucht Kontakt zu den Bauern. Er liebt es, Mrs. Hocking bei der Zubereitung des Essens zuzuschauen, dem jungen Stanley bringt er am Küchentisch ein paar Brocken Französisch bei, doch sein Favorit ist William Henry, drahtig, kräftig, »hübsch« und »rötlich«, in Lawrences Augen auch von besonderer Nachdenklichkeit. Seine Gegenwart sucht er. Ihn will er beobachten, beim Binden des Getreides zu Garben etwa, will natürlich auch mithelfen; das Lob der Bauern »Sie werden von Tag zu Tag mehr einer von uns, Mr. Lawrence«[371] macht den Schriftsteller stolz. Viel Zeit verbringt er in den Feldern und auf der Ofenbank von *Lower Tregerthen,* Frieda ist selten dabei, gelegentlich hilft sie bei der Heuernte, kommt zum Nachmittagstee. Erbittert muß sie erkennen, daß, anders als Murry, William Henry zur ernstzunehmenden Konkurrenz wird, daß ihr Mann sich heftig verliebt hat. Dieses Mal ist sie überzeugt, daß Lawrence sie regelrecht betrügt.[372] Durch Sturm und Regen kämpft sie sich nach *Lower Tregerthen*: »Lorenzo, Lorenzo, wo bist du? Warum läßt Du mich in einer Nacht wie dieser allein?«[373]

Er läßt sie überhaupt zuviel allein. Kaum mehr gehen die beiden gemeinsam über die Felder und bieten den Anblick, der die kornischen Landarbeiter regelmäßig die Köpfe recken läßt: Er lang und dürr und rotbärtig, zumeist in einer grünen Cordhose und -jacke steckend, sie blond und üppig, liebend gern in Blau zu roten Strümpfen. Oder rosaroten. Oder orangefarbenen. Oder zitronengelben. Oder grasgrünen. Ganz nach Lawrences Gusto, er bestellt die für Cornwall extravaganten Artikel selbst bei Katie Berryman in Zennor, die nur zu begierig ist, sie dann an Friedas Beinen zu bewundern.[374] »Wo zum Teufel hat sie ihn aufgetrieben? Sie muß ihn in einer Wundertüte gefunden haben«[375], so der Kommentar der Leute.

Einmal noch, wenigstens, rächt sich Frieda. Nach einem der für die beiden üblichen Gefechte beginnt Lawrence, zufrieden mit sich selbst vor sich hin summend, in der Spülküche abzuwaschen. Frieda, die aus dem Wohnzimmer das Geschirr hereinträgt, findet dieses Verhalten so aufreizend, daß sie einen Teller glatt über seinem Kopf zerschlägt. Lawrence reagiert vorwurfsvoll: von hinten angreifen, das sei Frauenart – feige! – und, umbringen hätte sie ihn können . . .[376]

Wenn er vorübergehend verträglich wird, so hat Frieda doch keinen Grund zu ungetrübter Freude. Im November 1916 kommen Gäste: Robert Mountsier, Mitarbeiter der *New York Sun*, den Lawrence 1915 in Londoner Literatenzirkeln getroffen hatte, mit Esther Andrews, einer Schauspielerin ohne Engagement, die nicht wenig Geld in der Modebranche verdiente. Jetzt im Krieg engagieren sich die zwei beim Roten Kreuz. Die Beziehung der beiden attraktiven jungen Amerikaner ist in einem kritischen Stadium, nach Weihnachten reist Mountsier ab, und Esther Andrews bleibt noch, mit Unterbrechungen, bis Mitte Mai 1917.

»Sie war unglücklich, und in ihrem Unglück konnte sie nicht widerstehen, sich an Lawrence zu hängen, und zu versuchen, ihre Kräfte mit Frieda zu messen – es wurde für sie zum Desaster.«[377] Einer Gegnerin, einer Frau, zeigt Frieda sich also problemlos gewachsen. Esther nimmt es sportlich und stellt, wie sich in etwa fünf Jahren zeigen wird, in Amerika für die Lawrences die Weichen günstig.

Zwischen Frieda und D. H. läuft mehr ab, als »nur« unter Körpereinsatz geführte Kämpfe um Dinge, die sie, oberflächlich betrachtet, gar nicht wert sind. Es geht immer wieder um die Macht, um die Vorherrschaft von Mann oder Frau. Lawrence, der Normen gerne übernimmt, soweit sie angenehm in sein in vielem patriarchalisches, konservatives, puritanisches Weltbild passen, ist keinesfalls bereit, für sich Abstriche am Primat des Mannes zu machen. Lediglich im Bett duldet, ja fordert er Gleichheit, wenn auch reduziert auf die Frage, wer von beiden jeweils zuerst und wie zum Orgasmus kommt. Prinzipiell von höchstem Wert ist für ihn die Gleichzeitigkeit. Und er haßt es ganz und gar, wenn ihr Orgasmus ausschließlich auf der Stimulation der Klitoris beruht, er findet, das sei nichts Richtiges, eigentlich sei der Mann da überflüssig, oder wenn Frieda es so hinbekommt, daß er zuerst seinen Höhepunkt hat und ihn dann sozusagen als Instrument benutzt.[378] Frieda aber will sich, wenn überhaupt, nur selbst unterordnen, in Freiwilligkeit. Und sie nimmt es ihrem Lorenzo sehr übel, daß er sie dazu bringt, sich doch zu unterwerfen, indem sie ihm gewährt, was er eigentlich mit einem Mann erleben will: analen Sex.[379]

»Wir hatten viele Kämpfe auszutragen, so viel los zu werden, viel zu überwinden. Wir waren beide gute Streiter.« –
»Es hat einen langen Kampf zwischen Lawrence und mir gekostet, bis wir unsere Wahrheit fanden. Hart war das Le-

ben mit ihm und unerbittlich aufrichtig – da gab es keine Verzierungen und Verhüllungen.« –

»Wir kämpften den unvermeidlichen Mann- und Weib-Kampf. Es galt das Gleichgewicht zu halten, nicht in die Sphäre des anderen überzugreifen.« –

»Nur der heiße gemeinsame Wunsch, eine neue Art des Lebens zu schaffen, konnte uns so eng verbinden.« –

»Da Lawrence und ich Abenteurer von Natur waren, gingen wir auf die Suche und wollten jenes Hinterland der Seele erforschen.« –

»Ich lernte in einer harten Schule, daß ein Auserwählter die ganze Skala menschlicher Gefühle, von den höchsten bis zu den niedersten, in sich trägt.« -

»Manchmal haßte ich ihn und wehrte ihn ab, als sei er der Teufel in Person.«[380]

So erfahren hat Frieda Lawrence 1917 Verwendung für einen guten Freund. Cecil Gray, zweiundzwanzig – Frieda ist achtunddreißig –, ist greifbar, er wohnt in einem Cottage in Morvah, das den hochtrabenden Namen *Bosigran Castle* trägt. Der junge Mann ist Komponist, Musiker, Musikkritiker, Freund Philip Heseltines und wegen eines Herzfehlers untauglich für den Militärdienst. D. H. richtete ihm praktisch das Haus ein, kaufte in seinem Auftrag Möbel, verhandelte mit Handwerkern, ja er besorgte sogar Töpfe und Pfannen vor Grays Einzug im Juni. Der Termin und Lawrences Eifer deuten auf eine perfekte Ablösung für die Murrys, für Mountsier und Andrews hin. Tatsächlich beginnt auch bald ein reges Hin und Her über vier Meilen Feldwege. Angenehm vergehen Stunden mit Reden und vor allem mit Singen alter Volkslieder. Zur Erntezeit zieht es Lawrence jedoch wieder zu den Hockings, zu William Henry. Frieda ist empört. Und besucht Gray alleine. Ob er ihr Liebhaber wird? Warum nicht?[381]

An diesen besonderen Nachbarn schreibt D. H. Lawrence am 12. Oktober 1917 in aller Eile:

»Sind in große Schwierigkeiten geraten – heute morgen polizeiliche Hausdurchsuchung – weiß Gott, was sie finden wollen – und wir müssen Cornwall am *Montag* verlassen und dürfen kein verbotenes Gebiet betreten. – Komm sofort zu uns. – Ich habe nicht die geringste Ahnung, was das alles soll – Verflucht sollen sie alle sein.«[382]

Erst vor einigen Tagen war Cecil Gray zu einer Strafe von zwanzig Pfund verurteilt worden, weil es zahllose Beschwerden darüber gegeben hatte, daß er die Verdunkelungsvorschriften nicht beachtete. *Bosigran Castle* ist wunderbar vom Meer aus zu sehen, und man könnte von dort aus natürlich Signale an den Feind geben. Auch die Lawrences befinden sich voll im Blickfeld der kornischen Küstenwache. Im Sommer bewegten sich Männer getarnt durch blühende wilde Fuchsien- und Rhododendronhekken und Massen von purpurrotem Fingerhut Richtung *Higher Tregerthen*, jetzt im Herbst verstecken sie sich rund ums Haus in blaßvioletter Heide. Nicht wegen ihrer sehenswerten Strümpfe lauern sie Frieda auf, sondern um überraschend den Inhalt ihres Rucksacks zu kontrollieren. Ein Brot wird dann vorschnell für eine Kamera gehalten, und statt bei dessen »Enttarnung« Ruhe zu geben, wird die Idee ausgesponnen, Frieda könne deutsche U-Boot-Besatzungen mit Proviant versorgen. Denn natürlich ist die Deutsche den Einheimischen suspekt. Warum läßt sie sich auch das *Berliner Tageblatt* schicken, warum hat sie nicht ein Geheimnis aus ihrem Mädchennamen gemacht (den Kampfflieger Manfred von Richthofen kennt in England jedes Kind), warum sitzt sie mit flatterndem weißen Schal auf den Klippen (wie ein lebendes Signal), warum ist sie nicht wenigstens in die Kirche gegangen, um die Tochter des Vikars freundlich zu stimmen ... Aber ausschlaggebend war all das nicht, es gehörte mehr dazu, als das diffuse

Mißtrauen der Landbevölkerung, um die Lawrences letztlich aus Cornwall zu vertreiben.

Seit Beginn des Krieges ist ihnen Ford Madox Hueffer auf den Fersen. Er, dessen »Vaterland« – das Geburtsland des Vaters – Deutschland war, hatte plötzlich patriotische Gefühle für England entwickelt und wollte dienlich sein. Noch 1910 hatte er sich um die deutsche Staatsbürgerschaft bemüht und 1913 eine dick aufgetragene Liebeserklärung an Deutschland in Buchform publiziert. Im Januar 1915 war es dann ein Gedicht, das seine Treue zum neuentdeckten »Mutterland« anzeigte. Im März fuhr er mit Violet Hunt angeblich im Auftrag eines Ministeriums zu den Lawrences, um einen Bericht über sie anzufertigen. Ebenso angeblich tat er das in der festen Absicht, ihn wohlwollend ausfallen zu lassen. Deshalb, so seine Erinnerung, verließ er auch das Zimmer, als Frieda[383] begann, unfreundliche Bemerkungen über seine Uniform zu machen. Violet Hunt notierte derweil eine abfällige Äußerung Friedas über belgische Flüchtlinge – die diese in der ihr vorgeworfenen Form immer energisch bestritt. Was berichtet wurde, bekam jedenfalls so den erforderlichen Akzent. Richard Aldington und David Garnett erklären später ihre Überzeugung, daß die Schwierigkeiten der Lawrences auf das zurückzuführen sind, was Hueffer, der sich ja mittlerweile Ford Madox Ford nennt und russische oder holländische Abstammung für sich reklamiert, dem Kriegsministerium, dem Außenministerium oder seinem Freund C. F. G. Masterman im Informations- und Propagandaministerium damals zuspielte.[384]

Higher Tregerthen zu verlassen, darüber hatten die Lawrences schon länger nachgedacht. Im Dezember 1916 scheiterte jedenfalls der Plan, ein bestimmtes Haus in Surrey zu mieten, weil Frieda als Deutsche nicht willkommen war.[385] Beide beginnen in Cornwall mehr und mehr zu vereinsamen. D. H. fühlt sich abgeschnitten und isoliert, als habe er keine Verbindung und keine Beziehung zu irgend jemand, außer zu Frieda. Und sie hat nur ihn. Nicht einmal Besuche in London können sie machen, das Geld ist zu knapp, also sich auch nicht selbst um eine neue Wohnung kümmern. So sitzen die beiden viele Abende vorm Kamin, in dem Bündel trockenen Ginsters nur zu rasch niederbrennen, und lesen sich aus italienischen Büchern vor. Wieder einmal träumen sie von Amerika, wo D.-H.-L.-Werke Achtungserfolge erzielen, wo kein Krieg ist. »Wir beide suchen etwas Neues . . .«[386] und »Ich *weiß,* meine Florida-Idee war richtig . . . bis auf die Leute. Es ist falsch, Anhänger zu suchen. Man muß allein sein. . . . Frieda ist ganz bei mir, wir beide werden uns still verabschieden.«[387]

Nun ist der Abschied keineswegs still und auch nicht freiwillig ausgefallen. Und es erweist sich als vorteilhaft, daß sie doch nicht so allein sind. Dollie Radford bietet den Flüchtlingen erst einmal ihr Haus in 32, Well Walk, Hampstead,[388] an. Die Dichterin, Mutter Dr. Maitland Radfords, hat, seit sie die Lawrences 1915 kennenlernte, schon öfter bei deren Hauptstadtbesuchen die Gastgeberinnenrolle übernommen. Jetzt eröffnet sie den neuen Reigen der Frauen, die in einem kritischen Lebensabschnitt bereit sind zu helfen. Zwischen dem Oktober 1917 und dem 1919 werden Frieda und D. H. Lawrence einfach von einer zur anderen weitergereicht. Nach knapp einer Woche Well Walk ist es 44, Mecklenburg Square und Hilda Doolittle (H. D.), 1892 geboren, auch eine Dichterin, Imagistin wie Amy Lowell, die 1914 deren Bekanntschaft vermittelt hatte. Sie ist seit 1913 mit Richard Aldington verheiratet, 1919 wird sie ihn verlassen, ein Kind Grays zur Welt bringen[389] und schließlich 1938 geschieden werden. Ende 1917 prickelt es ein bißchen zwischen H. D. und D. H., Frieda liegt zunächst kampfunfähig mit einer Erkältung im Bett – in ungewohnt edlem aprikosenfarbenen und pflaumenblauen Ambiente. Lawrence fühlt sich inspiriert zu neuen kulinarischen Kreationen, er serviert Lady Asquith am Kamin Omelett mit Sardinen an Birnen. Frieda näht sich derweil aus golddurchwirktem Brokat ein Abendkleid,[390] in dem sie neben der Lady in der Oper glänzen will: Madame Butterfly, Die Zauberflöte ... sollte man sich das versagen, wenn ständige Luftangriffe an die Endlichkeit des Lebens erinnern? Wie Cynthia Asquith ist auch H. D. Friedas Freundin. Deshalb fällt die Warnung der Ehefrau ungewohnt verklausuliert aus: »Aber Lawrence interessiert sich nicht wirklich für Frauen. Er ist nur an Männern interessiert. Hilda, Du kannst Dir nicht vorstellen, wie er ist.«[391]

›Look! We have come through!‹ Unter diesem Titel erscheinen im November Liebesgedichte mit Frieda-Bezug von D. H. Lawrence. Der Verleger, Chatto, hatte ängstlich reagiert wegen der »durchgängig sexuellen Thematik« und auf Änderungen sowie vor allem auf das Herauslassen der Verse mit dem Titel ›Lied eines Mannes, der geliebt wird‹ bestanden.[392] D. H. offenbart darin mit deutlichen Worten, was Frieda ihm ist:

»Zwischen ihren Brüsten ist meine Heimat. – An ihrem Herzen.
Bedohen mich auch von drei Seiten gefährliche Räume, so ist doch die vierte
An ihrem Herzen in einer sicheren Festung geborgen.

Den Tag bin ich beglückt bei der Arbeit,
Kein Hinterhalt zwingt mich, ängstlich rückwärts zu schauen.
Dort bin ich gesichert.

Keine Ohnmacht der Seele verlangt, meine Furcht im Gebet zu betören.

Jede Nacht bin ich erwartet, das Tor ihrer Liebe steht offen
und ich schließe mich sicher dort ein.

Ich kann des Abends nach Hause kommen
Um wieder an ihrem Herzen zu liegen.
Und was ich Gutes tat, segnet ihr Friede,

Und was ich Böses tat,
Zittert in ihrem Körper,
daß ich mich schäme und schweige.

In Ewigkeit, das ist mein Hoffen,
Sei meine Seele eingegraben in sie,
Mein Herz sei wunschlos und voller Friede
Wie meiner Hände Verweilen um ihre Brüste.«[393]

Nach kurzem Kampf hatte D. H. nachgegeben, dennoch macht die *Times* »Orgien extremer Erotik« in den veröffentlichten Gedichten aus.[394] Hilda Doolittle, hin- und hergerissen, findet sie auch ziemlich »körperbetont«, und Bertrand Russell, dem seine Ottoline das Bändchen über den Frühstückstisch zuschiebt, gibt sich ebenfalls peinlich berührt: »Sie mögen ja durchgekommen sein, aber mir ist nicht klar, warum ich hinschauen muß«[395], mäkelt er in Anspielung auf den Titel.

In der ersten Dezemberhälfte wieder ein Umzug: Grays Mutter hält sich in Edinburgh auf und hat den Lawrences ihr Apartment in 13, Earls Court Square überlassen. D. H. ist es auf Anhieb zuwider: bourgois, mittelklassig, zu weiß. Zu sehr Gray? Eifersüchtig? Zwei Wochen später ist das Nest mehr nach seinem Geschmack, ein Zimmer in Dollie Radfords *Chapel Farm Cottage,* Hermitage bei Newbury, wird bis Ende Juli 1919 mit kleineren und größeren Unterbrechungen fremdbestimmte Zuflucht. Wo auch immer, die Polizei spürt den Lawrences nach: in London durch Herumfragen in der Nachbarschaft, in Berkshire durch Observieren der beiden beim Brombeerpflücken und beim Sammeln von Löwenzahn, aus dem Frieda und D. H. so etwas wie Bier brauen. Daß der Metzger sich weigert, einer Deutschen Fleisch zu verkaufen, ist letztlich unwichtig, sie können sich sowieso keines leisten. Sie sind sehr arm. Ein Cottage in einem kleinen verschlafenen Dorf »grad am Fuß eines Hügels unter Haselhecken, das Gärtchen grenzt an den alten Friedhof, wo die sonnige, graue, quaderbeturmte Kirche still vor sich hindöst . . .« wäre Friedas Traum – aber sie haben das Geld nicht, außerdem hat D. H. Skrupel: »Meine Schwester [Ada] wird wütend, wenn ich davon spreche, woanders hin, als in ihre Nähe zu ziehen.«[396] Also muß Frieda sich weiterhin damit abfinden, jedesmal, wenn Gastgeberin Dollie ihren »madman« (so nennt Lawrence deren nervenkranken Ehemann)[397] aufs Land bringen will, ausweichen zu müssen – wechselweise auf die *Grimsbury Farm*, Long Lane, ganz in der Nähe, und ins *Myrtle Cottage* bei Pangburne. Derweil rühmt der diplomatische Lawrence laut die Vorzüge eines Wohnwagens, was angesichts der Situation der beiden gar nicht mal so falsch ist – ». . . eine Frau, die einen Mann liebt, würde auf einem Brett schlafen . . .«[398], das ist eben seine Meinung.

Auch die beiden ländlichen Ausweichquartiere um Hermitage herum schaffen engsten Kontakt zu interessanten Frauen: Die *Grimsbury Farm* wird von Cecily Lambert und ihrer Cousine Violet Monk bewohnt und bewirtschaftet. Violet in hohen Stiefeln, Reithose, Männerhemd, Krawatte irritiert Lawrence, der natürlich sofort auf eine lesbische Beziehung tippt.

Auch hier, wie schon in Hilda Doolittles Wohnung, geht es Frieda, der als robuste Teutonin verschrieenen, die ersten Tage nach der Ankunft schlecht, und sie hütet das

Bett. Daß es in einem separaten Schlafzimmer stehen soll, weil sie »nicht zu sehr verheiratet sein will«, vertraut sie Cecily ebenso an, wie ihren trotzdem immer noch gehegten Wunsch nach einem Kind von D. H.[399]

Miss Lambert bekommt auch leicht heraus, wie sehr Frieda unter ihres Mannes Rastlosigkeit leidet, daß sie sich nach einem richtigen Zuhause sehnt mit roten Vorhängen – wie einst in Nottingham? Lawrences teuflisches Temperament lernen bald alle aus eigener Erfahrung fürchten. Wegen Nichtigkeiten kann er in Wut von »wirklich zerstörerischer Kraft« geraten.[400] Immer noch muß er Frieda vor beeindruckten Zeugen demütigen, sie als faul und nutzlos beschimpfen und sie zwingen, auf den Knien den Küchenboden zu schrubben (Cecily Lambert)[401] – oder er zitiert sie herbei, scheucht sie, pure Schikane, zurück, die Treppe zum oberen Stockwerk hinauf, heißt sie dort eine Tür schließen (Compton Mackenzie).[402] Frieda gibt sich gefügig, sie kennt ohnehin die Fortsetzung jeder dieser oder ähnlicher Geschichten: »Als ich am nächsten Morgen herunterkam, fand ich Lawrence und Frieda lauthals bayrische Volkslieder singend, während sie den Frühstückstisch deckten« (Douglas Goldring).[403]

The Myrtles, Pangbourne, wieder ein Cottage, wieder eine Gönnerin: Rosalind Baynes, Radford-Freundin, überläßt es den Lawrences und zieht erst einmal ins nahe *Spring Cottage* zu ihrer Schwester Joan Farjeon. Später kommt sie zurück, und sie arrangieren sich zu dritt in *The Myrtles*, aber als auch noch Mr. Baynes anrückt, wird es Lawrence zu eng.[404] Mit zwei Frauen leben: wunderbar; doch zwei Männer im Haus, das ist einer zuviel. Selbst der sonst in dieser Beziehung nicht so sensible D. H. fühlt sich unbehaglich, wenn er sich bei der winzigen außerehelichen Tochter Rosalinds unter den Augen des Gerade-noch-Ehemannes wie der verlorene Vater aufspielt. Obwohl er die Adultera sehr attraktiv findet, will er weg: »Liebes Fräulein Lambert, gilt Ihre Einladung noch, oder haben Sie die ständigen Wechsel satt? . . . Capt. Baynes ist hier . . .«,[405] der Brief geht am 26. August 1919 ab. Drei Tage später sitzt Frieda in der altbekannten Zinkbadewanne auf Cecily und Violets *Grimsbury Farm*, keine zwei Wochen dauert es, und sie packt ihren Schwammbeutel wieder in Dollies *Chapel Farm Cottage* aus. »Meine Frau flattert wie eine unglückliche Henne von Stange zu Stange. Aber ich will kein Zuhause haben.«[406]

Daß es doch einmal zu einem festen Wohnsitz für ein Jahr kommt, haben Frieda und D. H. Ada zu verdanken. Sie kann und will helfen, und als sich für Mai 1918 wieder einmal die Radfords ankündigen, schauen sich Bruder und Schwester Häuser an. Ein kleiner Bungalow, nur wenige Meilen von Ripley, wo die Clarkes wohnen,[407] wird schließlich von Ada für 65 Pfund p. a. gemietet, samt Möbeln, Krocketrasen und Blick in ein tiefes Tal. Die Lawrences sind also bis einschließlich April 1919 unter der Adresse *Mountain Cottage*, Middleton-by-Wirksworth, Derbyshire zu erreichen. Frieda hatte das Haus nicht mit ausgesucht, weil sie, mittlerweile ist das unkompliziert, in London ihre Kinder sehen konnte. Monty ist achtzehn, Elsa sechzehn und Barby elf Jahre alt, auch in intakten Elternhäusern sind das die Jahre der Ablösung. Frieda hat durch ihre nie nachlassenden Anstrengungen, Kontakt zu ihren Kindern zu halten, auf deren Entwicklung zu eigenständigen Persönlichkeiten zwar wenig Einfluß, aber doch intensiven Anteil daran genommen. Ihre Schuld an der Trennung der Familie schmerzt nicht mehr so stark – allerdings ist Frieda nach wie vor nicht bereit, Ernest und die Weekley-Familie ganz zu entlasten. Und D. H. auch nicht.

Aber gerade ihre Erfahrungen helfen ihr, sich vorzustellen,

was es für Lorenzo bedeutet, wieder in der Umgebung Nottinghams sozusagen im Schoß der Familie zu sein: »Um D. H. Lawrence zu verstehen, muß man wissen, daß er zu den Midlands gehört, diesem Nabel von England.«[408] Lawrence spielt mit Hingabe den lieben Onkel, Frieda strengt sich ebenfalls an und näht der Nichte ein graues Kleid. Und gibt sich Mühe, weder ihre Eifersucht auf die ungewöhnlich enge Geschwisterbeziehung noch ihre Erleichterung über die Entlastung, die sie so erfährt, überhand nehmen zu lassen.

Ada spendiert auch zwanzig Pfund für »Sonstiges«, von denen sofort eine weitere Jahresmiete für das kleine Cottage in *Higher Tregerthen*, das inzwischen zum verlorenen Zuhause avanciert ist, abgezweigt wird. Gut kommt Lawrence allerdings nicht damit klar, daß er auf die Unterstützung seiner Schwester angewiesen ist. »Schmerzlich«[409] ist ihm bewußt, daß er nicht in der Lage ist, sich und seine Frau zu ernähren. Deshalb ringt er sich auch noch einmal zur Bitte um Geld aus dem Literary Fund durch – nicht ohne ihr einen kräftigen Fluch hinterherzuschicken. Geschadet hat das glücklicherweise nicht: »Ich habe miserable 50 Pfund von diesem dreckigen Royal Literary Fund bekommen.«[410] Unfein ist auch sein Annäherungsversuch an Ottoline. Noch am 16. März 1918 gab er dem Mittelsmann Mark Gertler schriftlich: »Was kümmert mich das alte Aas?«[411] Natürlich blitzt er nun ab. An eine kleine Erbschaft Friedas in Deutschland ist nicht heranzukommen – Kriegszeiten.

Ebenfalls bedauerlich, daß aus der geplanten Weitervermietung (Koteliansky hatte vermittelt) des kornischen Cottages an Virginia und Leonard Woolf nichts wird[412], auch weil der Gedanke an eine Rückkehr nach *Tregerthen* neuerdings Mißbehagen bereitet: William Henry Hocking hat geheiratet.[413]

Paraguay, Brasilien oder Kolumbien – alles, nur nicht

England . . . Frieda braucht viel Nervenkraft, besonders im September 1918, als (die allgemeine Wehrpflicht ist eingeführt) wieder einmal eine Musterung ansteht. Es ist die dritte, und sie kann sich ausmalen, wie die Wirkung auf Lawrence sein wird. Und was sie abbekommen wird! Immer hadert er mit ihr, wenn ihn ein Unglück trifft – wie die schwere Grippe, die er mit unerwarteter Zähigkeit übersteht. »Ich werde nicht Friedas zarter Fürsorge ausgeliefert sein, bis ich wieder gesund bin. Sie ist wirklich ein Teufel – und ich habe das Gefühl, mich für immer von ihr zu trennen – sie allein nach Deutschland fahren zu lassen, während ich woanders hingehe. Denn es stimmt, daß ich von ihr lange genug schikaniert worden bin. Ich kann sie nun wirklich ohne Schmerz verlassen, glaube ich. Die Zeit ist reif, ein Ende zu machen – so oder so. Wenn die Krankheit ihr keine Lehre ist – mir schon.«[414] Die Nerven liegen bloß. Und nun seinen ausgemergelten Körper dem unvermeidlichen Spott preiszugeben, ja einem Fremden den Blick in seinen Darmausgang zu gestatten, ist ihm absolut entsetzlich. Das Resultat der Prozedur fällt ebenfalls erwartungsgemäß aus: Ergab die erste im Juni 1916 in Bodmin noch ein untauglich, hatte man ihn im Juni 1917 schon als bedingt tauglich eingeschätzt, im September 1918 hält man ihn für tauglich – die Kriterien hatten sich geändert. Sieben Wochen später ist der Krieg aus. Zum ersten Nachkriegsweihnachten trägt Frieda leuchtendes Rot und Gelb, »Berge von Essen« werden aufgetischt: »Truthahn, dicke Zungen, lange Wälle vom Schweinerippenstück, Schweinspastete, Würste, Mince-pies, dunkle Kuchen mit Mandeln überzogen, Quarkkuchen, Zitronentörtchen, Fruchtgelees . . . und dazu Whisky, Gin, Portwein, Burgunder und Muskateller«,[415] halb Ripley scheint mit den Lawrences zu feiern.

Frieda weiß wohl, daß ihre Familie in Deutschland hungert, und packt, mit D. H.s ausdrücklicher Billigung, eifrig

Lebensmittelpakete. Die Beklemmung, die sie empfand, als sie ihren Sohn in der Kadettenuniform sah, löst sich langsam. Frieda hat nur einen Gedanken: Sie muß nach Deutschland. Sie kann und will England jetzt loslassen. Lawrencesche Eifersuchtsanfälle halten sie nicht auf, im Gegenteil: »Frieda, die weiterhin darauf besteht, ihre Prüfungen zu ›fühlen‹, wird sehr übellaunig oder weint, wenn die Briefe aus Deutschland kommen. Sie hat sich in den Kopf gesetzt, hinzugehen und kann nicht. Ein neues Dilemma.«[416] Eins, das sich auflöste, wie der Krieg endete. Und flugs kehrt Frieda ihrem Mann samt seinen ungezählten »Maria Magdalenen« – der bissige Ausdruck für Lawrences Jüngerinnen stammt von Gray[417] – den Rücken. Die Zeit, da sie ihre ganze innere Kraft aufwenden mußte, um nicht in den Sog seiner alles überziehenden Larmoyanz, Ruhelosigkeit, Illoyalität zu geraten, soll vorbei sein.

Das vierte Kapitel:
Frieda, die Ambivalente

1919 – 1925
*»Soll er zum Teufel gehen, mir reicht's – immer wieder die
gleiche Leier.«*

Männer. Ein schier unerschöpfliches Thema. Anna von
Richthofen, Nusch, Else und Frieda können die ihren erstmals seit Jahren persönlich beim Wiedersehen in Baden-
Baden im Oktober 1919 durchhecheln: den Baron, dessen
Hinscheiden seiner Frau zu wirklich erfreulicher Gesellschaft von teilweise durch Kriegsfolgen in Würde verarm-
ten alten adligen Damen im Ludwig-Wilhelm-Stift[418]
verhalf; den hochverschuldeten Tunichtgut Max von
Schreibershofen, dem Nusch als echten Aktivposten in
schlechten Nachkriegszeiten ihren neuesten Verehrer, einen Berliner Bankier, entgegenhalten kann; Edgar Jaffé,
dessen Blitzkarriere im Kabinett des Unabhängigen Sozi-
aldemokraten und Pazifisten Kurt Eisner (schnell beendet
durch die Ermordung dieses bayerischen Ministerpräsi-
denten und die Ausrufung einer kurzlebigen revolutionä-
ren Räterepublik) Else vorübergehend zur Finanzmini-
stersgattin gemacht hatte; Alfred Weber, dessen fast ein
Jahrzehnt zurückliegende Prophezeiung, sein Bruder Max
Weber werde Else eines Tages seine Liebe offen eingestehen, sich unterdessen als Wahrheit herausgestellt hatte,
ohne daß er seine Rechte ganz einbüßte – und, last but not
least, Friedas Lorenzo, den, nach großspurigem Gerede,
nichts komme ihm gelegener, als Friedas vorläufiges Verschwinden von der Bildfläche, vom Zugfenster aus ihr beinahe boshafter Blick getroffen hatte.[419]
Abgesehen vom Telegramm mit der Nachricht von ih-

rer glücklichen Kanalüberquerung, läßt Frieda nichts von sich hören. Strafe muß sein. Viel zu lange, meint sie, sei sie viel zu schnell zu Versöhnungen bereit gewesen. Darin stimmen ihr die drei anderen Richthofen-Frauen zu, doch möchte die alte Baronin die regelmäßig an sie gesandten Carepakete als strafmindernd gewertet wissen. Denn seit Friedas Mutter deren Inhalt an Stiftsinsassinnen verteilen kann, ist ihre Wertschätzung im Hause unübertroffen. Die Menschen in Deutschland hungern. Daß ihr Baden-Baden-Aufenthalt auch Frieda – vorübergehend – um etliche Pfunde erleichtert, hängt mit der Nachkriegs-Steckrübendiät zusammen.

»Ich warte auf Frieda . . . Ich höre nichts von Frieda . . . Ich weiß nichts von Frieda . . .«,[420] tönt es ab dem 19. November 1919 zunehmend verunsichert aus Italien. Lawrence wartet von Tag zu Tag nervöser auf seine Frau, die, wie vor vielen Wochen verabredet, am 19. November hatte nach Florenz kommen sollen.

Aber Frieda denkt gar nicht daran, pünktlich am vereinbarten Treffpunkt *Albergo Balestri,* Piazza Mentana, zu erscheinen. Wenigstens ein paar Tage will sie ihren Mann noch zappeln lassen.

Endlich schickt sie die befreiende Nachricht: In den frühen Morgenstunden des 4. Dezember könne er sie am Bahnhof von Florenz erwarten. D. H. wird dem Ereignis gerecht, er holt sie mit der Kutsche ab und zeigt ihr, während die Sonne gerade aufgeht, die Herrlichkeiten der Stadt.[421] So zu tun, als sei man sich niemals gram gewesen, halten beide für das beste Mittel zur Konfliktbewältigung.

Hätte Frieda geahnt, was sich in Florenz angebahnt hatte, wäre sie ohne Verzug ins Hotel am Arnoufer geeilt, wo neben ihrem Mann zwei extravagante Herren logieren: Der eine ist der erfolgreiche Schriftsteller Norman Douglas, er gilt als Meister des frivolen Sarkasmus in Rede und

Schrift und als Wortführer auf Capri lebender Exzentriker. Douglas ist Witwer. Bei jeder sich bietenden Gelegenheit streut er aus, seine Frau sei verbrannt, aber – erstickt er mit einem maliziösen Lächeln jedes aufkeimende Mitleid – sie habe es durchaus verdient. Eigenen Angaben zufolge wurde der bemerkenswert ansehnliche Schotte im Jahre 1897, damals war er Ende Zwanzig, in einer der engen Seitenstraßen Neapels zur Homosexualität bekehrt. Lawrence lernte Norman Douglas 1911 als Assistenten des Chefredakteurs von *The English Review* kennen; er schätzt den amüsanten Unterhalter. An dem anderen, Maurice Magnus, lassen wenige Zeitgenossen überhaupt ein gutes Haar. Magnus war Isadora Duncans Manager gewesen und während des Krieges, nach großen Sprüchen und ein paar Ausprobierwochen, mit fliegenden Waffenrockschößen aus der französischen Fremdenlegion desertiert. Seinen Lebensunterhalt verdient der untersetzte Amerikaner als Liebediener und Schmarotzer. Derzeit macht er Norman Douglas die Cour, was ihn nicht hindert, begehrliche Seitenblicke auf Lawrence zu werfen. Den bringen Magnus' Anspielungen auf seine pennyzählende Krämerseele zwar in Rage, andererseits animieren ihn dessen herablassende Sticheleien, plötzlich den Mann von Welt herauszukehren. Und nicht zuletzt zeigt die erotische Herausforderung Wirkung. Frieda wittert sofort die alte Gefahr. Wie bedauerlich, daß die Zeiten längst vorbei sind, in denen offen zur Schau gestellte Homosexualität D. H. zutiefst irritierte! Was er von seiner Frau zum Thema zu hören bekommt, läßt sich denken. Was der Memoirenschreiberin rückblickend zu Florenz im Winter 1919 einfällt, subsumiert sie unter dem Markenzeichen »Männerstadt«[422], und aus der entfernt Frieda ihren Lorenzo jetzt so rasch als möglich.

Unmittelbar vor dem Weihnachtsfest – die Lawrences zittern vor cisiger Kälte und zanken und lechzen nach Ab-

wechslung, denn ausgerechnet in einer abgelegenen Bauernkate im Abruzzennest Picinisco hatten sie ihr Winterquartier gefunden – bringt er Capris bekömmlicheres
Klima und eine bereits fünf Jahre zurückliegende Einladung Sir Edward Montague Compton Mackenzies aufs
Tapet. Mackenzie besitzt auf der Insel die *Casa Solitaria.* D.
H. drängt nun darauf, so rasch wie möglich nach Capri
aufzubrechen. Frieda zieht mit. »Wir haben ein Apartment
hoch über diesem alten Ort – luftig und hell und die See
von zwei Seiten aus sichtbar. Meine Frau ist begeistert.«[423]
Das stimmt nicht. Frieda findet Capri, den »Schmortopf
halbgebildeter Typen«, »gräßlich«[424]. Im Gegensatz zum
Schwabinger *Café-Stefanie*-Publikum oder zur illustren
Gesellschaft auf dem Monte Verità üben die im *Café Morgano* versammelten Hedonisten keinen besonderen Reiz
auf sie aus. Frieda ist Capris promiskuitive Küßchen-hier-
und-Küßchen-da-Snobiety ein Greuel. Ihr geht es gegen
den Strich, wenn sie sich mit dem extravertierten Verhalten der englischen, deutschen, russischen Literaten, Musiker, Maler, Schauspieler, Revolutionäre, Politiker, Industriellen, die das Hauptkontingent der Capri-Gäste stellen,
konfrontiert sieht.

Im Februar 1920 wird Frieda von Lawrence mitgeteilt,
er fahre zu Magnus auf den Monte Cassino. Eine reine
Männerangelegenheit, natürlich. Der Konvertit Magnus
verfügt über Gönner innerhalb des Klerus und ist in dem
altehrwürdigen Benediktinerkloster ein gern gesehener
Gast.

Kaum ist Lawrence zurück auf Capri, packt er erneut,
dieses Mal bestimmt seine Frau sein Reiseziel: Sizilien ist
seit langem Friedas Traum. Sie setzt es durch und auch, daß
sie erst nachdem D. H. inmitten sizilianischer Postkartenlandschaft eine Traumwohnung im Obergeschoß der *Villa
Fontana Vecchia* in Taormina gefunden und bestens auf ihr
Erscheinen vorbereitet hat, gemeinsam mit Mary Cannan,

(ihre 1914 in England begründete Freundschaft wurde auf Capri aufgefrischt), dort eintrifft. Im Mai 1920 wird der Mietvertrag unterschrieben, er lautet auf ein ganzes Jahr. Sogar Verlängerung ist vorgesehen. Frieda ist sehr zufrieden.

Und sie tut sofort alles, um ein Home-sweet-home-Fluidum herzustellen. Auf Anrichten wird Selbstgemachtes, Kuchen, Torten, Fleischpasteten, ausgestellt und im Salon, eigenem Geschmack entsprechend, Regalen ein hellgrüner Anstrich verpaßt. Wunderbar. Lange nicht mehr war Frieda mit ihrem Leben so sehr einverstanden . . .

Das ändert sich an dem Tag, da sehr verspätet durchs ewige Hinterherschicken aufgrund ständiger Ortswechsel ein Brief von Barby bei Frieda eintrifft. Die Tochter berichtet in munterem Tonfall, sie male jetzt ganz beachtlich, dürfe vielleicht, vorausgesetzt, sie bekomme den Papa herum, eine Kunstakademie besuchen, habe zu Ostern die heimische Kirche mit Blütenzweigen geschmückt, freue sich auf die Konfirmation und kurve zum Entsetzen der Nachbarschaft auf dem Rücksitz eines Motorrades, das ein gewisser Tommy Miller lenke, durch die Gegend. Der Bruder, ist von Barby zu erfahren, studiere jetzt in Oxford, und wenn Montys Briefe vorwurfsvoll klängen, spekuliert sie, dann sei das auf väterlichen Einfluß zurückzuführen. Warum Elsa der Mutter gar nicht schreibe, behauptet Barby, wisse sie nicht, sie jedenfalls habe ihr Friedas wechselnde Anschriften stets übermittelt.[425]

Barbys erste Liebe ein gesichtsloser Name!

Montague geht zunehmend auf Distanz!

Elsa, ihre Älteste, die bis zum Sommer in einem Pensionat in der Schweiz mit jenen weiblichen Tugenden ausgestattet wird, die ihr selbst einst von den Blas-Schwestern eingeimpft worden waren, hüllt sich demonstrativ in Schweigen!

»Behalt den Brief«[426], kritzelt Frieda in Deutsch über Barbys Bericht und gibt ihn postwendend wieder auf. Es steht nicht fest, wohin. Möglicherweise schickt sie ihn an die Absenderin zurück, vielleicht soll er in Baden-Baden, vielleicht aber von ihrer Schwester Else aufbewahrt werden. Das hält Frieda für sicherer, da ihr Mann alles, was an die Weekleys erinnert, vernichtet, sobald er dessen habhaft wird.

Lawrence ist derzeit stark mit Agenten-Korrespondenz beschäftigt, wieder sollen Werke von ihm in den USA erscheinen. Finanziell geht es aufwärts, der Break-Even-Point ist längst überschritten. Doch seiner Frau händigt D. H. in Erwartung vieler Dollar- und Pfundnoten leider nur so viele Lire aus, wie sie dringend benötigt, um in Catania ihre Zähne richten zu lassen; gerechterweise sei hinzugefügt, daß sie zur gleichen Zeit beim Mann seiner Schwester Ada, einem Schneider, ein blauseidenes Kostüm bestellen darf. »Richtig vornehm«[427], jubelt die ungewohnt großzügig beschenkte Frieda. In aller Regel ist sie auf Selbstgenähtes angewiesen. Vor allem die Anfertigung einer Liebestöter genannten Schlüpferversion gibt ihr Mann ungern aus den Händen.

Lady Asquith wird – sie soll es auch im fernen England so weitererzählen – von Lawrence beruhigt: Das Eheleben in der *Fontana Vecchia* sei sehr entspannt und frei von jedem Kummer.[428] Friedas Rückblick straft sein Bulletin Lügen: Was sich in Taormina wirklich abgespielt hat? Tagelang könnte sie von Auftritten erzählen, ». . . wenn er auf Hundert war und am Ende seine Hand an meiner Kehle hatte und kreischte: ›Ich bin hier der Herr, ich bin hier der Herr‹! und ich, befremdet, erwiderte: ›Ist das alles? Was mir das wohl ausmacht, du kannst der Herr im Haus sein wollen, soviel Du willst.‹ Und dann guckte er ziemlich verdutzt. Nun gut, wir waren seltsame Geschöpfe, und doch steckte mehr dahinter ...«[429] Bei Lawrence steckt dahinter auch das Rollenklischee, wonach sich Männer wohl mit starken Frauen umgeben, nie jedoch ihre Abhängigkeit von starken Frauen eingestehen dürfen. Und was Lawrences starke Frau Frieda betrifft, steckt hinter ihrer Unnachgiebigkeit im Kampf zwischen Mann und Frau der unbeugsame Wille, nie mehr im Leben gegen ihre Überzeugung zu handeln und niemals mehr kleinmütig zu sein.

Spürt sie ihre Widerstandskraft erlahmen, braucht sie sich nur die Otto-Gross-Beschwörungen des Jahres 1907 vor Augen zu führen: »Zukunftsmuth ... Kraft zum Widerstand, zum Ganzbleiben gerade *wegen* Deiner prachtvollen Art, gerade *weil* Du zur Freiheit und *nur* zur Freiheit geboren bist ... bleib stark und frei. Du *darfst* nicht unterliegen ...«![430] (Was sie viel später erfährt: Gross erfror im Februar 1920, von seiner Drogensucht gezeichnet und völlig entkräftet, in einem Hausdurchgang in Berlin. Freunde hatten tagelang vergeblich nach ihm gesucht. Im März wäre er dreiundvierzig geworden.)

Jan Juta, ein junger Maler, der in Taormina häufig mit den Lawrences zusammentrifft, sieht das augenblickliche Verhältnis seiner Freunde so: Frieda erwarte jeden Augenblick eine Attacke und rüste sich zugleich für ihren Angriff auf das Verteidigungssystem ihres Mannes und sei dennoch beunruhigt über diese furchtbaren Auseinandersetzungen. D. H. bewundere zwar Friedas Streitbarkeit, beharre aber auf Sieg. Juta beschreibt Zornesausbrüche und Tränenfluten. Doch die Schlußfolgerung, die Lawrences seien zutiefst unglücklich, lehnt er entschieden ab: »Ungeachtet aller Schwierigkeiten waren sie glücklich, in einer Weise, die die meisten Leute nicht verstanden.«[431] Zu ihrem Glück können die Lawrences noch viel weniger ohne einander als miteinander leben. Frieda macht sich da nichts vor. Das Eingeständnis der Ambivalenz ihrer Gefühle für

D. H. gleich als Auftakt ihrer Memoiren ›Not I, But the Wind‹ ist nur ein Zeugnis unter vielen gleichartigen: »Manchmal überwältigte er mich, löschte mein Bewußtsein aus, als habe eine Flamme mich verzehrt. . . . Manchmal haßte ich ihn und wehrte ihn ab, als sei er der Teufel in Person. Dann wieder nahm ich ihn, wie man das Wetter nimmt: heute ist herrliches Frühlingswetter . . . ein andermal ist alles frostig und grau.«[432]

Der Maler Jan Juta hält den fünfunddreißigjährigen D. H. Lawrence auch bildnerisch fest, sein Porträt zeigt ein vorzeitig gealtertes, mageres Gesicht mit tief eingekerbten senkrechten Falten. Sein Leiden an der Krankheit, für die er immer noch nur die Bezeichnungen Erkältung oder Bronchitis gelten lassen will, macht Lawrence ungerecht und reizbar. Nicht nur seine Frau bekommt das zu spüren. Anfang 1920 schrieb Katherine Mansfield an John Middleton Murry: »Lawrence hat mir heute einen Brief geschickt; er spuckte mir ins Gesicht und bewarf mich mit Schmutz und sagte: ›Ich verabscheue Dich. Du widerst mich an, wie du in Deiner Schwindsucht dampfst . . .‹.« Die Lawrencesche Haßtirade nahm Murry nicht aus: ein dreckiger kleiner Wurm sei er.[433]

Im Mai 1920 hat Mary Cannan, Friedas Begleiterin von Capri nach Taormina, den dringenden Wunsch, für eine Woche oder zwei nach Malta zu fahren, da gemunkelt wird, ihr nervenkranker Ehemann Gilbert sei im Anmarsch. Sie lädt die Lawrences ein.

D. H. begrüßt das Angebot geradezu überschwenglich: Kostenlos reisen, zudem nach Malta, das ihm noch fremd ist – zwei echte Anreize. Oder gar drei? *Great Britain Hotel*, Valetta, lautet Maurice Magnus' aktuelle Adresse.

Doch das soll Frieda vorerst nicht erfahren, denn Frieda explodiert, wenn Lawrence den Namen seines und beileibe nicht ihres Freundes nur ausspricht. Magnus hatte sich sogar erdreistet, ihnen in der *Fontana Vecchia* aufzulauern. Freilich war er da, abgesehen von ihm heimlich zugesteckten zweihundert Lire, schlecht angekommen, denn Mrs. Lawrences Schimpfkanonade hielt bis zum fluchtartigen Verschwinden des Eindringlings an. Und auch D. H. hatte ihr darin zugestimmt, daß es unpassend sei, wie sich sein Freund die Wartezeit auf den weiterhin erhofften Geldsegen durch einen Aufenthalt im teuersten Logis Taorminas versüßte.

Wenn alles für und nichts gegen einen raschen Ortswechsel zu sprechen scheint, dann sollte man den nicht unnötig hinauszögern, meint Lawrence. Also Malta, unverzüglich. Doch zu ihrer Überraschung muß Frieda dort meist mit Mary Cannans Gesellschaft vorliebnehmen. Unmittelbar nach ihrer Ankunft hat D. H. sich einen neuen Seidenanzug genehmigt. Den muß er nun, Seite an Seite mit dem »Juwel« Magnus, in Valetta spazierenführen. Ausgesprochen ärgerlich, in Friedas Augen, sind auch die von dem gleichfalls in glänzendweißer Seide auftretenden Freund ihres Mannes arrangierten und von ihrem Mann finanzierten Festessen nur für zwei. Helle Empörung ist Friedas Antwort auf nur an D. H. gerichtete Einladungen in Magnus' Hotelzimmer. Selbst ihre Schiffsrückreise ist keine reine Freude: Zähneknirschend wendet Frieda sich ab, wenn vom Erste-Klasse-Deck aus der Lebenskünstler Maurice Magnus seinem Mäzen, dem Zweite-Klasse-Passagier D. H. Lawrence, jovial zuwinkt.

Obwohl in der Folgezeit in Taormina mit der Fertigstellung seines Romanes ›The Lost Girl‹ (Magnus ist das Vorbild für die Gestalt eines reizenden Theaterdirektors, der auch in Frauenkleidern auftritt), seiner Arbeit an ›Aaron's Rod‹ (Engländer verläßt seine Frau und wendet sich einer in Italien lebenden Freundin zu, die ihn sexuell enttäuscht) und seinen autobiographischen Skizzen ›Mr. Noon‹ (eine sowohl kokett offenherzige als auch entwaffnend ehrliche Rekonstruktion der Flittermonate mit Frieda) mehr als ausgelastet, scheut D. H. keine Mühe, das Magnus-Machwerk ›Memoirs of the Foreign Legion‹ lesbar und durch das Schreiben eines Vorworts verlegbar zu machen. Erst im November 1921 wird Maurice Magnus vierundvierzigjährig endgültig aus dem Leben nicht nur der Lawrences verschwinden. Auch für sein First-Class-Begräbnis, das war sein letzter Wunsch vor seinem Freitod,[434] findet sich ein Sponsor.

Frieda schlägt für den Sommer 1920 einen Urlaub im Schwarzwald in rein weiblicher Gesellschaft vor. Ihr Ansinnen stößt auf strikte Ablehnung. Das Wiedersehen mit Mutter, Schwestern und den Blas-Tanten in Littenweiler könne sie sich aus dem Kopf schlagen, richtig vorwurfsvoll wird ihr von Lawrence der geleerte Geldbeutel unter die Nase gehalten: Reisen sei eben teuer, und Malta sei sogar verflucht teuer gewesen.[435] Anstelle von Littenweiler empfiehlt er ihr einen Aufenthalt im Seniorinnenstift der Mutter in Baden-Baden. Doch ohne ihn, fügt er ergänzend hinzu, da dann die Kosten für ihn entfielen und auch, da er eine so lange hochsommerliche Eisenbahnfahrt gesundheitlich nicht verkrafte.

Dann aber begleitet er Frieda freiwillig von Sizilien bis nach Mailand und hilft ihr dort persönlich beim Umsteigen – im August 1920 will er sie ganz sicher auf dem Weg außer Landes wissen. Daraufhin macht D. H. auf dem Absatz kehrt. Ihn zieht es zu Rosalind Baynes, die in Fiesole bei Florenz eine neue ansehnliche Bleibe gefunden hat. Erst hatte er die liebe »alte« Freundin – in deren Cottage die Lawrences 1917/18 in England überwintern durften – schriftlich in Scheidungsfragen beraten, dann mit Selbsteinladungen überhäuft.

Daß Rosalinds Vita Ähnlichkeit mit Friedas aufweist, machte sich Lawrence wohl nicht bewußt. Auch Mrs. Baynes hat drei kleine Kinder, auch sie hatte wenigstens eine außereheliche Beziehung, der bekanntermaßen ihre jüngste Tochter das Leben verdankt. Den entfachten Sturm der Entrüstung wettert sie in Italien ab, pocht auf innere Unabhängigkeit und verblüfft durch gelebten Nonkonformismus. Darin sind die Damen jedoch sehr verschieden: Während die nunmehr einundvierzigjährige Frieda allzeit kampfbereit daherkommt, vertritt Rosalind mehr den Samtpfotentyp, zählt erst neunundzwanzig Lenze, kopiert klaglos Manuskripte und hält sich mit Kritik an Lawrence zurück.

Rosalinds erst 1991 veröffentlichte Tagebuchaufzeichnungen könnten D. H., oberflächlich betrachtet, als Friedas und auch Otto Gross' gelehrigen Schüler ausweisen. Zum Beispiel: 11. September 1920, Lawrences Geburtstag, Rosalind und er feiern ihn abends auf der Terrasse. Ein Glas Marsala, ein paar Schritte Seite an Seite durch den Garten im Schein von Mond und Sternen, lachen, plaudern. Lawrence kommt auf die Wohltaten freier Liebe zu sprechen, nennt sie »göttlichen Ursprungs«.[436] Bis dahin hätte Frieda zustimmen können, niemals aber dem von Lawrence nun scheinheilig vertretenen Ideal von unverbindlichem Sex nach der Devise, Hauptsache wir haben unseren Spaß, investieren keine Gefühle und leiten keine größeren Ansprüche ab. Rosalind dagegen meint, das ginge schon in Ordnung.

Sonst richtig versessen aufs Briefebekommen, macht D. H. aus seiner Adresse plötzlich ein Geheimnis. Florenz muß als Hinweis auf Postkarten reichen: Florenz »macht riesig Spaß, selbst wenn man mutterseelenallein ist . . .«.[437] Lawrences Vorsichtsmaßnahmen und Rosalinds Diskretion konnten Zeitgenossen und darüber hinaus lange die Nachwelt täuschen. Frieda nicht. Ihr kann D. H. nichts vormachen. Ihm die Affäre vorzuwerfen ist aus ihrer Sicht zwar absurd – doch mit Genugtuung stellt sie fest, daß schon bald nach ihrer und Lawrences Rückkehr nach Sizilien die Briefe ihres Mannes an Rosalind Baynes stark erlahmendes Interesse erkennen lassen.

Frieda ist nicht nur die beste Liebhaberin für Lawrence, sie ist ihm auch geschäftlich von Nutzen. Dank ihrer geschickten Verhandlungen mit Anton Kippenberg vom Leipziger Insel Verlag konnten die Modalitäten des Drucks von ›The Rainbow/Der Regenbogen‹ abschließend und zufriedenstellend vereinbart werden. Anna von Richthofen soll zum nächsten Weihnachtsfest das gesamte von Frieda ausgehandelte Insel-Honorar geschenkt bekommen – stolze 18000 (Inflations)-Mark. Lawrence hat eben eine Schwäche für Mütter und für seine Schwiegermutter eine ganz besondere. Außer Sonderzahlungen wie dieser erhält sie jährlich 1200 Mark Pensionsaufbesserung und schickt als jeweiliges Dankeschön Krawatten. ›The Rainbow‹ wird im Herbst von Else ins Deutsche übersetzt. Die Ablenkung durch die anspruchsvolle Tätigkeit ist Friedas Schwester hochwillkommen. Edgar Jaffé hat nach Professorenamt und Finanzministerwürden auch seine körperliche und geistige Gesundheit eingebüßt. Max Weber starb im Juni 1920 in München, bis zuletzt einträchtig umsorgt von Marianne, seiner Ehefrau, und Else, seiner Geliebten. (Nach dem Tod ihres Mannes 1921 kann Else nach Heidelberg, das sie elf Jahre zuvor hatte verlassen müssen, zurückkehren, um fortan mit Alfred Weber zusammenzuleben.)

Frieda in Taormina muß einmal mehr um eine Wahlheimat fürchten. Die Reiselust ihres Mannes konnte sie freudig teilen, auf seine sich steigernde Reisemanie trifft das weniger zu. Ständig wechselnde Eindrücke, hält er ihrem Widerstand entgegen, seien die Voraussetzung für seine Kreativität. Wieder einmal bringt D. H. Amerika ins

Spiel. Aber noch vor der Fahrt über den großen Teich muß er nach Sardinien.

»*Andiamo!* . . . Es überkommt einen – man muß reisen . . . und zwar gleich.«[438] So beginnt ›Sea and Sardinia‹, die schriftstellerische Ausbeute ihres Abstechers auf die zweitgrößte italienische Insel. *Wir* gehen. Es überkommt *einen*. Frieda verkneift sich am vierten Tag des Jahres 1921 jegliches Murren, stopft den Rucksack voll, der schon die Alpenüberquerung mitgemacht hat – während ihr Mann den Steinfußboden aufwischt, um nur ja alles ordentlich zu hinterlassen! – und verstaut in der »Kitschenino« genannten Tasche Aluminiumtöpfchen, Methylalkohol, Spirituskocher, Messer, Gabeln, Löffel, bruchfeste Teller, Butterbüchse, Salz, Zucker, Tee, Thermosflasche, Brotscheiben und vier Äpfel.

›Sea and Sardinia‹ wird als ein Lawrencesches Meisterwerk bezeichnet: eine in einer vor Vitalität leuchtenden, verzaubernden und beglückenden Sprache geschriebene Reportage voller beeindruckender Naturimpressionen und amüsanter Reiseschilderungen.[439] Lediglich die Frieda nachgezeichnete weibliche Protagonistin muß dem Augenblicksempfinden ihres Schöpfers D. H. Lawrence nach zur tragischen Figur herabgewürdigt werden: Im Roman bekommt die Reisebegleiterin den Titel *queen bee*, Bienenkönigin, verliehen, was auf Hochachtung hindeuten könnte. Lawrences Bienenkönigin aber ist (nachzulesen in ›Women in Love‹) »die grauenhaft anmaßende Königin des Lebens . . . von der der ganze Schwarm abhing«[440]. Doch die muß Mann klein halten. Im weiteren Verlauf der Inselreisebeschreibung reduziert Lawrence sie auf Initialen: qb/BK. Anfangs ist die BK entschlossen, Sardinien die besten Seiten abzugewinnen. Doch spätestens in Cagliari, als sie am liebsten zu jedem Schaufenster laufen möchte, in dem es Modisches zu bestaunen gibt, macht der Kassenwart dem Vergnügen ein Ende: Jeder schofle Fetzen werde hier zur *fantasia* hochstilisiert! Dann wenigstens Stoff, bitte. Also gut, aber gerade genug für einen Rock und unbedingt fest und strapazierfähig, am besten Baumwolle, herkömmlich gemustert, preiswert, maximal zwölf Franken der Meter! Die BK schielt nach apfelsinenfarbenem, scharlachrotem, himmelblauem, königsblauem weichem, anschmiegsamem Kaschmirgewebe, doppelt breit, mit fünfzig Franken ausgezeichnet. Einfach lachhaft! Kein freier Platz im Koffer! Die BK möchte Satteltaschen kaufen. Wozu? Um den Kaschmir unterzubringen. Abgelehnt! Die BK wickelt sich in einem elenden Wirtshaus ein Handtuch um den Kopf, um wenigsten den vor Kontakt mit schmutzstarrender Bettwäsche zu bewahren.[441] Von Frieda selbst ist über den Ausflug nach Sardinien wenig zu erfahren, zumal auch das Wenige hauptsächlich auf Naturbeschreibungen hinausläuft, da ihr die Konzentration auf Äußerlichkeiten allemal angebrachter erscheint, als tiefe Einblicke in ihr Innenleben zu gewähren. Dennoch entschlüpft ihr auf ›Sea and Sardinia‹ bezogen ein verräterischer Satz: »Mir scheint, als habe [Lawrence] jede Minute dieser kleinen Winterreise mit erstaunlicher Genauigkeit beschrieben«.[442] Gottlob dauerte der Spuk nicht lange. Nach nur zehntägiger Abwesenheit nehmen die Lawrences ihr ganz normales Eheleben in der *Villa Fontana Vecchia* wieder auf. Vorläufig.

Im April 1921 wird Frieda durch ein Telegramm von Else aufs höchste alarmiert: Sofort kommen, Mutter schwer erkrankt, Herzattacke. Sie bittet D. H. um Begleitung nach Baden-Baden. Seit 1914 hat Lawrence seine Schwiegermutter nicht gesehen. Dennoch muß Frieda allein fahren – ihr Mann will gerade jetzt die Amerikareise endlich wahr machen.

Da die Genesung der alten Baronin rasch voranschreitet, können alle drei herbeigeeilten Töchter beinahe uneingeschränkt ihr Zusammensein mit der Mutter genießen.

Als D. H., vier Wochen nach seiner Frau, vollkommen unerwartet im Damenstift aufkreuzt, sieht er sich einem extrem gutgelaunten weiblichen Richthofen-Quartett gegenüber. In seinen Briefen aus Deutschland überliefert er von sich das Bild eines rundum zufrieden auf dem roten Samtsofa im Altersheim-Stübchen der Baronin thronenden Mannes, von Else in hochintellektuelle Grundsatzdiskussionen verwickelt, von Nusch geneckt und umgarnt und von Anna von Richthofen mit Leckenbissen gefüttert, die in Inflationszeiten nur von Devisenbesitzern bezahlt werden können. Aber trotz großer Zuneigung zu diesem Schwiegersohn nimmt die Baronin immer dann kein Blatt vor den Mund, wenn sie dessen rüder Ton im Umgang mit ihrer Tochter Frieda aufregt. Was aus ihm wohl geworden wäre, fragt sie ihn dann süffisant, und was wohl aus seiner Schriftstellerei, wenn er Frieda nicht gehabt hätte? Ihrer Frieda aber hält Anna von Richthofen allzu freizügige Liebeszenen vor, die sie davon abhalten, Lawrences Romane an die Stiftsfreundinnen auszuleihen, denn: »Alle Frauen in seinen Büchern bist du, immer nur du!«.[443]

Tatsächlich ist Lawrences Konzeption viel komplizierter. Vorzugsweise stattet er eine Romanfigur mit Charakterzügen und Eigenschaften mehrerer ihm gut bekannter, weiblicher wie männlicher Personen aus, und auch eine erdachte Vita entsteht zumeist durch Verquickung von Lebensläufen noch lebender Menschen. 1921 tritt Frieda am deutlichsten hinter Anna Lensky und Ursula Brangwen[444] hervor, den Hauptakteurinnen von ›The Rainbow‹ und ›Women in Love‹. In diesen beiden Romanen läßt Lawrence neben sich selbst Friedas Eltern, Else, John Middleton Murry, Katherine Mansfield, Ottoline Morrell, Bertrand Russell . . . auftreten.

10. Juli 1921: Tagesausflug nach Littenweiler. Frieda wollte unbedingt hin. Else und Nusch brauchte sie nicht zu überreden, D. H. schon. Frieda hält im Gästebuch fest:

»Unverwüstlich schön der Eichberg nach langen ereignis-
reichen Jahren wieder da gewesen bei der guten Tante Camilla.« (Julie starb am 16. März 1920.) Beim Zurückblät-
tern kann sie nachlesen, daß sie vor genau dreiundzwanzig
Jahren hier im Landhaus der Blas-Schwestern mit Ernest
Weekley bekannt gemacht worden war.

Tags darauf brechen die Lawrences und Friedas Schwestern ihre Zelte in Baden-Baden ab, um das Familientreffen auf Nuschs Sommerfrischewohnsitz *Lohningshof* im
salzburgischen Pinzgau fortzusetzen. Thumersbach liegt
am Zeller See in einer Hochgebirgswelt, die bei guter
Witterung jedes Touristenherz höher schlagen läßt. D. H.s
Briefe an englische Bekannte könnten nicht begeisterter
Badevergnügen, Bootspartien, Ponykutschenfahrten ins
Saalach- und Salzachtal, Ausflüge nach Kaprun und auf
den Kitzsteinhorngletscher beschreiben. Man ist glänzend
gelaunt – bis Lawrence kategorisch erklärt: ». . . Nichts ist
grauenvoller als die Alpen . . . Ich habe die Nase gestrichen voll. Ich fühle Sehnsucht nach Italien! . . . Ich sage,
ich muß gehen – und ich tu es.«[445] Frieda kennt einen
seiner wahren Beweggründe: Ihr Mann hat das Zusammenleben »en ménage« gründlich satt.[446] Als Einzel-
kämpfer gegen eine festgefügte Drei-Frauen-Front anzu-
stürmen, macht auf Dauer keinen Spaß. Am 25. August
1921 reisen die Lawrences ab. Zunächst nach Capri! Nur
keine Aufregung, wird Frieda unterwegs von D. H. beruhigt: Er habe, die ersten vier Wochen ihrer Abwesenheit
nutzend und ihr zuliebe vorerst auf Amerika verzichtend,
zwar einen Abstecher nach Capri unternommen, dort
aber ungemein reizende Menschen kennengelernt, die
nun auch sie unbedingt treffen müsse. Frieda tut recht
daran, D. H. zu glauben.

Earl Henry und Achsah Barlow Brewster, beide dreiundvierzig, beide US-Amerikaner, teilen ihre Aufmerksamkeit zwischen ihrer kleinen Tochter, der Malerei und dem Studium alter Kulturen. Neuerdings steht Buddhistisches hoch im Kurs, die Familie ist auf dem Sprung nach Ceylon[447]. Wie wäre es, werden die Lawrences gefragt, wenn sie dorthin nachkämen?

Ceylon? Nur so zum Spaß? D. H. ist Feuer und Flamme, seine Frau hält sich zurück.

Kaum hat in Süditalien der Frühling Einzug gehalten, kann Frieda Taormina und die geliebte Wohnung in der *Villa Fontana Vecchia* abschreiben. Noch immer genügt ein kurzer Blick, um den im Hafen von Neapel gestapelten materiellen Teil ihrer Existenz zu erfassen: vier größere Koffer, der Handkoffer, eine zur Hälfte von ihr, zur Hälfte von ihrem Mann gefüllte Bücherkiste, zwei Valisen, Hutschachteln, einige kleinere Pakete, Körbe voll von geschenktem Obst. Unbeschreiblich, wie Lawrences Einspruch gegen das Mitschleppen eines Erinnerungsstückes von Frieda abgeschmettert wurde. Verbissen zerrt sie ihre Trophäe über die Landungsbrücke aufs Schiff. Um keinen Preis hätte sie auf das sperrige Seitenbrett eines sizilianischen Pferdekarrens, grell bemalt mit Szenen eines mittelalterlichen Turniers sowie aus dem Leben der heiligen Genoveva (einer streitbaren Frau, die der Legende nach weder Tod noch Teufel füchtete und sogar Attila samt Hunnen in die Flucht schlug), verzichtet.[448]

Und so verläuft die Reise der Lawrences, die sich unvorhergesehen zur Weltreise ausdehnt:

26. Februar 1922: Die *R. M. S. Osterley* verläßt Neapel.

Im Nu sind Bordbekanntschaften, Flirts inbegriffen, geschlossen, zwischendurch Faulenzen im Deckchair und Teppichstickerei.

2. März: Landausflug Port Said.

13. März: Ankunft in Colombo.

13. März bis 23. April: Ardnaree, *Lake View Estate*, Kandy, Ceylon, zu Gast bei den Brewsters, Lawrence leidet entsetzlich unter dem Klima, er bekommt Malaria, Frieda läßt die Tropenhitze kalt, sie durchstreift neugierig Kandys Gassen, folgt begeistert fremdartigen Gerüchen, entdeckt in einem Buchladen ein Werk von Alfred Weber, aber auch ein Exemplar von ›The Rainbow‹, erhascht einen Blick auf den Prince of Wales, der zum Staatsbesuch auf Ceylon weilt (wenig erhebend, kein Mann für sie); auch ein kleiner Juwelierladen wird ihr jahrzehntelang im Gedächtnis bleiben, Casa Lebbes Nr. 1, Trincomalee Street, »Lawrence kaufte mir sechs runde blaue Saphire und einen gelben, die als Blume in eine Brosche gefaßt wurden, dazu schenkte er mir noch eine kleine Schachtel mit Mondsteinen und einen Rubin«[449], Pretiosen, die sie dann, im Gegensatz zu den Erinnerungen daran, irgendwann irgendwo verschlampt.

24. April bis 4. Mai: Fahrt mit der *R. M. S. Orsova* nach Westaustralien.

4. bis 6. Mai: *Savoy Hotel*, Perth.

6. bis 18. Mai: *Leithdale*, Darlington, Zusammenkunft mit Lawrence-Enthusiasten.

18. Mai: Abreise nach Sydney.

Unterwegs legt die *S. S. Malwa* in Adelaide und Melbourne an.

27. Mai bis 29. Mai: Aufenthalt in Sydney.

29. Mai: Eisenbahnfahrt nach Thirroul, Neusüdwales. Zwischenstop am Pazifischen Ozean. Australischer Winter. Thirroul bezieht sein spezielles Aussehen aus seiner Doppelfunktion als Bergarbeiternest und Badeort. *Wyewurk*[450], ihr Ferienhäuschen, ist so vollkommen außerhalb der Saison zu einem Spottpreis zu mieten, »um vier Uhr waren wir ausgestiegen, um sechs Uhr hatten wir einen wunderschönen Bungalow dicht am Meer bezogen. Die Zimmer waren mit Hartholz getäfelt, es gab große Zister-

nen für Regenwasser, ein Grasplatz senkte sich bis an den Ozean . . . Aber in was für einem Zustand befand sich das Haus!«[451] Gemeinsam wird geschrubbt, geschönt, gehausfraut. Trotzdem bedarf es einer gehörigen Portion Einbildungskraft, mittels der Frieda auch dieses Provisorium als ein richtiges Zuhause ansehen kann. Seit sie vor zehn Jahren aus Nottingham fortging, reiht sich ein Übergangsheim ans andere.

In Anbetracht ihrer Isolation (von wenigen Ausnahmen abgesehen), geschehen in Australien zwei kleine Wunder: Zum einen duldet der Hausherr erstmals den regelmäßen Bezug einer Tageszeitung, zum anderen gibt es mangels Zeugen keine der Nachwelt überlieferten Nachrichten von gräßlichen Streitereien. Und Frieda will sich an stets gutes Einvernehmen in Australien erinnern: »Nur Lawrence und ich in dieser Welt. Immer hat er mir eine große, weite Welt geschaffen, sie mir geschenkt, wenn er nur irgend konnte. Wo es noch das Wunder gab, haben wir es ergriffen und uns davon berauschen lassen.«[452] Schnell ist es ihr gelungen, sich auf das zu besinnen, was ihr bei den vielen Ortswechseln mit dem chaotischen D. H. Lawrence als Konstante bleibt: auf ihr »innerstes Ich«. Darin gewinnt sie zunehmend Übung.

Dem vorübergehenden Ehefrieden wäre zu trauen, hätte D. H. Lawrence ›Kangaroo‹ nicht geschrieben. Der innerhalb weniger Wochen in Thirroul entstandene Roman ist ein Konglomerat von Belanglosem und Genialem, australischem Lokalkolorit und politischen Intrigen (Lawrence geht auf Machtkämpfe zwischen paramilitärischen faschistoiden Gruppierungen und Sozialisten beziehungsweise Kommunisten ein; Informationsmaterial liefern ihm aktuelle Zeitungsmeldungen über heftige Auseinandersetzungen zwischen Rechten und Linken auf dem Gastkontinent), homosexuellen Anfechtungen und Unverdautem aus dem Cornwall der Kriegsjahre, Beziehungskrisen eines

Paares und aus dem Leben gegriffenen Dialogen: »Wir werden ein perfektes Gespann sein: Du weißt wie ich dich liebe‹, sagte Harriet. . . . ›Niemals‹, sagte Lovat. . . . ›Ich werde Herr und Meister sein . . .‹ ›Du!‹ rief sie aus. ›Du Herr und Meister! . . . Pah! So siehst du aus. Laß dir gesagt sein, daß ich dich viel, viel mehr liebe, als du je geliebt zu werden verdienst, und das solltest du anerkennen. . . . Ohne *mich* wärest du nirgendwo, wärst du gar nichts, wärst du nicht *so* viel‹, und dabei schnippte sie mit den Fingern unter seiner Nase, eine Geste, die er besonders verabscheute.«[453]

Im Roman endet der Zweikampf mit einem Punktesieg für Harriet. Harriet aber ist die Kurzform der drei Vornamen, die Lawrence für seine Romanheldin ausgesucht hat: Emma Marianna Johanna. Seine Frau wurde auf Emma Maria Frieda Johanna getauft. Auffallend ist auch die Überstimmung körperlicher Merkmale Harriets mit Friedas Äußerem – und darüber hinaus fallen an ›Kangaroo‹ die Passagen mystischer Verherrlichung höherer männlicher Sphären auf. Potenzderivate?

D. H. setzt nun unwiderruflich Amerika auf den Reiseplan.[454]

11. August: Friedas Geburtstag auf der *R. M. S. Tahiti*.
15. August: Wellington, Neuseeland.
20. August: Rarotonga, Cook Inseln.
22. bis 23. August: Papeete, Tahiti.
4. bis 8. September: *Palace Hotel*, San Francisco.
10. September: Neu Mexiko.

Am Bahnhof von Lamy erwartet Mabel Dodge Sterne ungeduldig ihre Gäste.

Mabel Dodge Sterne?! In Friedas Geburtsjahr, 1879, kam

sie im Staat New York als von Haus aus vermögendes Kind der Gansons zur Welt. Mabels früh eingefädelte erste Ehe wurde durch vorzeitigen Tod ihres Mannes beendet. Die einzig positive Erinnerung daran: Schwangersein und Mutterschaft. Um 1902 machte die junge Mabel die italienische Toskana zur Landschaft ihrer Wahl, außerdem heiratete sie aus eigenem Antrieb den leutseligen, zu nervtötenden Späßchen neigenden Architekten Edwin Dodge. Wirklich hinreißend fand sie damals nur Frauen. Sie entdeckte auch die moderne Malerei, arbeitete ernsthaft an einer Kunst- und Literaturexpertinnenkarriere (so verglich sie in einem Essay kenntnisreich den avantgardistischen literarischen Stil ihrer Freundin Gertrude Stein mit Picassos Farbkompositionen). Nachdem der Österreicher A. A. Brill, ein Schüler Sigmund Freuds, sie analysiert hatte, trug sie die Ergebnisse ihrer Selbsterfahrung in einer Serie von Zeitungskolumnen erfolgreich zu Markte.

Nach 1911, zurückgekehrt in die Vereinigten Staaten, griff sie die europäische Salonidee auf und berücksichtigte bei Einladungen zu ihren Jour fixes vorzugsweise Persönlichkeiten des öffentlichen Lebens, die wie sie an Traditionalismus, Ästhetizismus und vor allem an die Berufung der Gastgeberin zur Magna Mater glaubte. Im technischen Fortschritt sieht Mabel nichts als Teufelswerk. Mabel ist weder außergewöhnlich intelligent noch optisch aufregend, aber ausgesprochen willensstark und ihrer jeweiligen Sache immer sehr sicher. Ihre besonderen Qualitäten liegen im geschickten Aushorchen und geduldigen Zuhören; beinahe jedem, dem sie sich zuwendet, vermittelt sie das Gefühl besonderer Bedeutung. John Reed, der legendäre amerikanische Bolschewist, zählt zu ihren Exliebhabern. 1917 war Mabel mit dem malenden dritten Gatten Maurice Sterne nach Neu Mexiko in Amerikas milden Westen gegangen – seither investiert sie ihr Geld in Taos. Das ist ein Ostküsten-Boheme-Reservat etwa einhundert Kilometer von Santa Fé, für das die ansässige Bevölkerung (von den Zugezogenen gerne als »edle Wilde« bezeichnet, worunter vorzeigbare Ureinwohner verstanden werden) und deren wabenartige Pueblos den schmückenden Rahmen abgeben. Mabel erklärt ihr ungewöhnliches Engagement mit Liebe zu Indianern. Einer der standesbewußtesten Einheimischen wird Ehemann Nummer vier werden.

Frieda berichtet über den Tag ihrer Ankunft: »Voller Erwartung fuhren wir von San Francisco nach Taos. Es war im September und die Reise durch die inneramerikanische Wüste sehr heiß. In Lamy sollte uns Mabel Dodge [Sterne] abholen, auf deren Veranlassung wir kamen. Als wir aus dem Zug sahen, stand da Mabel in türkisblauem Kleid mit viel silbernem, türkisbesetztem Indianerschmuck, neben ihr ein stattlicher, in eine Decke gehüllter Indianer, den breiten Silbergürtel quer über die Brust. Ich betrachtete Mabel. ›Sie hat Augen, denen man vertrauen kann‹, sagte ich mir.«[455]

Ein Trugschluß. Kaum bekommt Mabel Frieda zu Gesicht, nimmt sie deren enorm feminine Ausstrahlung, gepaart mit einer Spur Herablassung, wahr, sieht einen halb offenstehenden Mund, dessen einer herabgezogener Winkel Geringschätzigkeit andeuten könnte (dabei hängt in ihm gewöhnlich Friedas Zigarette), hört eine Stimme, der ungern Zurückhaltung auferlegt wird und registriert wegen des Sonnenlichts leicht zusammengekniffene, die Situation rasch überblickende Augen, die ihres Erachtens einen Wimpernschlag zu lange wohlgefällig ihren Geliebten, den Indianer Tony Luhan, fixieren . . .[456] Luhan imponiert die geradezu bockige Ausdauer mit der der weibliche Neuankömmling vor der Weiterfahrt nach Taos ein voluminöses buntbemaltes sizilianisches Pferdewagen-Seitenteil ins Innere seines Cadillac zu bugsieren sucht, wobei jenes Ungetüm durch sein ungeschicktes Rangiermanöver zu Bruch geht und woraufhin D. H. Lawrence ihn erstmals eines Wortes, Idiot, würdigt, um anschließend mit wüsten Beschimpfungen über Frieda herzufallen, deren ostentatives Schweigen das Donnerwetter erheblich abzukürzen scheint und ihr in Tony Luhan einen Freund und Verbündeten beschert[457] – wie Harold (Hal) Witter Bynner, der den peinlichen Zwischenfall mit gleicher Faszination und gleich großer Sympathie für Frieda beobachtet. Im kleinen Haus des liberalen Harvardabsolventen, Hochschullehrers, Prosaisten und Asienreisenden – was nur zum Teil sein Faible für Seidenaccessoires und Kimonos erklärt – durften die Lawrences in Santa Fé zwischenübernachten. Der Begegnung mit dem berühmten Engländer und dessen berüchtigter deutscher Frau hatte er gespannt entgegengesehen. Auch Frieda mag Hal Bynner vom ersten Augenblick an. Freundlich frotzelnd tituliert sie ihn eine alte und seinen Liebhaber Willard (Spud) Johnson eine junge Lady.[458] Selbstverständlich hat sie kein grundsätzliches Problem mit Homosexualität. Sie hat nur eine Antenne für nonverbale erotische Signale, und anders als bei William Henry Hocking, John Middleton Murry und Maurice Magnus wittert sie dieses Mal von männlicher Seite keinerlei Gefahr für ihren Lorenzo.

Mabel Dodge Sternes Vorbehalte gegenüber Frieda gehen, sieht man vom Konkurrenzneid einmal ab, auf eine alte Geschichte zurück: Schon im Frühjahr 1921 hatte Mabel (der Kontakt geht auf die Amerikanerin Esther Andrews zurück, eine der Lawrenceschen Cornwall-Bekanntschaften von 1917) den von ihr hochverehrten Schriftsteller D. H. Lawrence schriftlich in den unamerikanischsten aller amerikanischen Bundesstaaten eingeladen. Reise und Aufenthalt, versprach sie ihm, kosteten ihn keinen Penny. Als Gegenleistung erwarte sie von ihm einen Roman, der »Mabeltown« Taos zum Inhalt hat. Zuerst kam ihm das Angebot sehr zupaß, traf es doch just zu einem

Zeitpunkt ein, da er argwöhnte, Frieda könne Ernest Weekley über die Weihnachtstage zu einer Versöhnungsfeier in die *Fontana Vecchia* bitten – eine Horrorvorstellung, die ausschließlich Lawrencescher Phantasie entsprang. »Gut, wir kommen«, hatte er allzu eilfertig Mabel Dodge Sterne ihr Eintreffen zum Jahresende angekündigt und gleichzeitig ausnahmsweise Wohlstand herausgekehrt: »Geld beunruhigt mich nicht, ich habe genug, an die 2000 Dollar.«[459] (Der Erfolg seiner Werke auf dem amerikanischen Buchmarkt verspricht für die Zukunft viel Geld; überhaupt verdient er unterdessen deutlich mehr als sie für ihren Lebensunterhalt benötigen.[460] Aber auch mit seiner Formulierung »*ich* habe« liegt D. H. goldrichtig, da seiner Ehefrau rein rechtlich nichts davon gehört.) Als es Frieda endlich gelungen war, ihren Mann von dem Hirngespinst Weekley-Besuch zu befreien, und als Lawrence daraufhin urplötzlich keine Lust mehr auf Amerika verspürte, war die Höflichkeitsfrist für einen Aufschub bereits deutlich überschritten. Auf Drängen ihres Mannes mußte Frieda das Ganze unter Zuhilfenahme windiger Ausreden Mabel beibringen, was diese, die den vermeintlich geglückten Prominentenfischzug bereits hinausposaunt hatte, folgerichtig nur ihr sehr übel genommen hat.[461]

Von Neu Mexiko ist Frieda begeistert: »Am nächsten Morgen fuhren wir durch das weite, wunderbare wüste Land mit seiner klaren, reinen Luft. Wir kamen tief unten am Fluß durch den Rio Grande Canyon und dann hinauf auf die Hochfläche von Taos. Der Anblick der Mesa beim Aufstieg aus dem Canyon ist ein unvergeßliches Erlebnis; die unendlichen Berge umschließen sie wie ein geheimnisvoller Ring, darüber der grenzenlose Himmel.«[462] Taos prägen Zeugnisse dreier Kulturen: ineinander verschachtelte Lehmziegelwürfel stehen für Jahrhunderte Pueblo-Indianer-Tradition; spanische Kolonialherren meinten von

Rothäuten etwas Abstand halten zu müssen, sie bauten Pompöseres separat; nachrückende Siedler fügten gesichtslose Häuser und Läden hinzu. Das Städtchen liegt in über 2000 Metern Höhe auf einem Plateau, an das an einer Seite die himmelhohen Sangre de Christo Mountains heranreichen. Juniper und Mesquite übersäen deren Hänge, und gelbe Chamisabüschel begleiten tiefeingeschnittene Täler, bei niedrigem Sonnenstand leuchten Gräser golden vor dunkelgrünem Bergwald. Zur anderen Seite hin dehnt sich die sanft gewellte karge Wüstenfläche aus, hinter der, weit weit entfernt, blauschimmernde Höhenzüge den Horizont begrenzen. In Friedas Augen ist Taos einer jener Orte, für die sie das Adjektiv »authentisch« bereithält, will meinen echt, glaubwürdig, ursprünglich. Es drückt ihr höchstes Lob aus.

»Ein neues Leben – wir nahmen es sofort auf . . . Mabel hatte uns . . . ein Haus für uns allein eingerichtet. Es stand auf indianischem Boden und gehörte Tony . . . ein reizendes reinliches und sonnendurchflutetes Adobe[Lehmziegel]-Haus mit mexikanischen Decken und indianische Tänze und Tiere darstellenden Malereien.«[463]

Das für die Lawrences hergerichtete Haus hat nur einen Nachteil: Es steht unmittelbar neben dem von Mabel, deren Verhalten Friedas ersten guten Eindruck nicht bestätigt. Spät, doch nicht zu spät, geht Frieda auf, in welche Falle sie da getappt ist. Mabel wirbt ungeniert um Lorenzo – viel zu selbstverständlich verwendet die Konkurrentin den Kosenamen. Frieda verdrießen auch konspirative Treffen und mehr noch intimes Getuschel. Ihr ist sonnenklar, worauf das hinausläuft: Mabel und Lawrence wollen das Taos-Buch miteinander schreiben. Eine kurze Liebesgeschichte zwischen den beiden hätte sie akzeptiert, nicht aber diesen Eingriff in ihre Kompetenzen: »Das gefiel mir nicht. Meinem Empfinden nach war das Genie von Lawrence in meine Obhut gegeben. Ich fühlte mich tief verantwortlich für das, was er schrieb. Zwischen Mabel und mir kam es zum Kampf – zu einem fairen Kampf, wie ich glaube. Sie kam eines Tages herüber und sagte mir, sie fände nicht, daß ich die richtige Frau für Lawrence sei, und ähnliche verblüffende Dinge.« Das geht Frieda entschieden zu weit. Sie könne es sich an den Hut stecken, das Genie, falls sie es zu packen bekäme, und dann sehen, ob sie es bei ihm aushalte, gibt Frieda es Mabel zurück[464] – auch das überschreitet alles bisher Dagewesene und zwingt ihren Mann, Farbe zu bekennen:

Taos, 7. November 1922
»Liebe Mabel. Ich will es Dir ebenfalls schwarz auf weiß geben.
1. Ich glaube nicht an die ›wissende‹ Frau wie Du eine bist.
2. Ich glaube nicht an die ›vortreffliche‹ Frau: eine ›vortreffliche‹ Frau wie Du ist tyrannisch und sadistisch.
. . .
4. Ich glaube daran, daß die zentrale Beziehung zwischen mir und Frieda das Beste in meinem Leben ist und, soweit ich das überblicke, das Beste im Leben überhaupt . . .

D. H. Lawrence«[465]

Selbst Anna von Richthofen im fernen Baden-Baden bekommt das Bremsmanöver mit. Ihr Schwiegersohn läßt an Deutlichkeit nichts zu wünschen übrig: »Du hast über Mabel D[odge] gefragt: Amerikanerin – reich . . . kurz, dick . . . hat drei Ehemänner gehabt – ein E. (tot), ein D. (geschieden), ein M. St. (Jude, Russisch, Maler . . . auch geschieden). Hat jetzt ein Indianer, Tony, ein fetter Kerl, . . . spielt gern die ›patroness‹ . . . hat ein furchtbare Wille zur Macht – Frauenmacht, weißt du . . . eine dicke weiße Krähe . . . ihr Geld ist ein Scheiß . . .«[466]

Gewonnen! Frieda sonnt sich in ihrem Sieg, kann sogar großzügig sein und der Widersacherin mit freundlicher Herablassung begegnen – bekam sie doch von D. H. das Versprechen, nie im Leben werde er ein Buch über Taos schreiben. Und dann sagte er ihr noch: »Du hast dafür zu sorgen, daß andere Frauen mir nicht zu nah kommen.«[467]
Nichts tut sie lieber als das.

Für ausreichend Distanz zu der anderen Frau sorgt Anfang Dezember ihr Umzug in zwei Lehmhütten, die zur *Del Monte Ranch* gehören. Für hundert Dollar monatliche Miete handeln sie sich Versorgung mit Lebensmitteln und die unverbrüchliche Freundschaft des Farmerehepaares Rachel und William Hawk ein. Mit aufs Land ziehen zwei dänische Maler, die sie in Taos kennen- und schätzengelernt hatten: Knud Merrild, achtundzwanzig, und der sechsunddreißigjährige Kai Götzsche bringen in die Gemeinschaft einen unentbehrlichen klapprigen viersitzigen Ford, körperliche Kräfte und die erstaunliche Fähigkeit ein, es sich auf Dauer weder mit Frieda noch mit Lawrence zu verderben.

Zu Weihnachten sind wichtige Geschäftspartner aus New York bei den Lawrences zu Gast. Thomas Seltzer und Adele Szold-Seltzer sind seit 1919 verlegerisch tätig. Mit Mut zum Risiko und außergewöhnlichem Engagement haben sie D. H. Lawrences Romane und Kurzgeschichten in den USA publik gemacht.[468] Frieda hatte die Seltzers sehr herzlich eingeladen, zugleich vor ihrer einfachen Behausung gewarnt und empfohlen, warme und unempfindliche Kleidung mitzubringen sowie Reitutensilien, sofern die Besucher Ausritte ebenso liebten wie sie und Lawrence. Die Frauen mögen einander sofort. Adele Seltzer sieht in Frieda eine Art »nordische Göttin« und geht ihrer neuen Freundin bei Küchenarbeiten schon deshalb gern zur Hand, weil sie annimmt, dergleichen gehöre nicht zum

Fächerkanon einer aus der »German nobility«[469] stammenden Dame. Das hört sich so an, als hätten die Gastgeber in alter Gewohnheit die Höhere Tochter herbeizitiert. Einer solchen scheinen Handarbeiten eher angemessen, denn für Adele wird ein selbstgestrickter Schal begonnen – der noch nach Monaten der Fertigstellung harrt.

D. H. sieht es gern, wenn seine Frau die gute Beziehung weiter ausbaut. Fortan korrespondiert Frieda regelmäßig mit dem Verlegerehepaar und kann so eine vorübergehend verlorengegangene Qualität ihrer Partnerschaft wieder aufleben zu lassen. Vergleichbar aktiv hatte sie sich nur zu Beginn der Schriftstellerkarriere ihres Mannes in den Schriftwechsel mit dem Literaturagenten Edward Garnett einmischen dürfen. Daß ihr Verhältnis zu D. H. aktuell ein ausgesprochen ausgeglichenes ist, zeigt auch eine kleine Begebenheit am Rande: Frieda darf Adele Seltzer bitten, ihr auf Lawrences Rechnung in New York hübsche Unterwäsche zu besorgen.

Ihr Häuschen wird drinnen und draußen gestrichen, Äpfel werden eingekellert, Bäume gefällt und ofengerecht zerkleinert; der Kalender zeigt noch Winter an, schon stehen knospende Narzissen in Vasen. Dicker Milchrahm und üppige Fleischrationen kommen auf den Tisch. Das Wetter stimmt, und selbst die Höhenlage wäre genau richtig für jemanden, der in aller Ruhe schwer angegriffene Atmungsorgane auskurieren muß. Was gibt es da zu mekkern? Und doch sind Merrilds und Götzsches Berichte gespickt mit Hinweisen auf typisch Lawrencesche Übellaunigkeit. »Ein Glück, daß man so viel aushält«,[470] meint Frieda. Das läßt sich leicht sagen, wenn man wie sie vor physischer Gesundheit nur so strotzt – und auch psychische Belastungen vortrefflich abzuschütteln versteht.

Lawrence bringt momentan keinen Satz, der das Etikett Literatur verdient hätte, zu Papier. Das bringt ihn nicht nur gegen sich selbst auf. Die Schreibblockade steht in unmittelbarem Zusammenhang mit der Krankheit, deren Namen er noch immer nicht über die Lippen bringt und die sich unbarmherzig zurückgemeldet hat. Die Strapazen der Reise fast um die ganze Welt, verbunden mit extrem wechselndem, teils subtropischem Klima, hatten D. H.s Tuberkulose rasch fortschreiten lassen. Jeder Arzt würde ihm eine strenge Liegekur verordnen. Ärzte aber meidet Lawrence wie der Teufel das Weihwasser.

Vom Jahresbeginn 1923 an dringt Frieda auf Rückreise nach Europa. Von Tag zu Tag mehr. Von Tag zu Tag erfolgloser. Ihre Mutter sah sie zuletzt im Juli 1921, ihre Kinder beim letzten Englandaufenthalt im Herbst 1919. Vom Sohn hört sie gelegentlich, von der älteren Tochter über Dritte, nur von ihrer Jüngsten kommen regelmäßig Briefe. Monty ist nun zweiundzwanzig, Elsa einundzwanzig, Barby neunzehn Jahre alt. Frieda will nach England und Baden-Baden.

Lawrence will kein Wort davon hören.

Auf nach Mexiko! Das verkündet ihr Mann, Frieda fügt sich ins Unvermeidbare. Vom 18. März bis zum 9. Juli 1923 klappern sie mittelamerikanische touristische Highlights ab. Ihre Taos-Freunde Hal Bynner und Spud Johnson kommen nach. Das homosexuelle Pärchen kümmert sich rührend um Frieda, wenn Lawrences Aufmerksamkeit aufs Manuskript von ›The Plumed Serpent‹ – kaum auf Achse, war seine Schreibblockade behoben – gerichtet oder ihrem Mann nach Abstechern ohne sie, zum Chapalasee, nach Ocotlan, Tirzapan, zumute ist. Anschließend geht es wieder nach Norden, doch weit über Neu Mexiko hinaus. Am 19. Juli 1923 treffen die Lawrences in New York ein. Thomas und Adele Seltzer haben sie in ihr Cottage *Birkindele*, Union Hill, Morris Plains, New Jersey, eingeladen.

Nun aber besteht Frieda auf ihren Reiseplänen. Bis Ende des Monats nährt Lawrences Hinhaltetaktik ihre Hoffnung, noch im Sommer europäischen Boden betreten zu können. Erst Anfang August bequemt sich D. H. zur endgültigen Absage. Seine Begründung ist fadenscheinig: ».. . meine Seele geht so ungern nach Europa . . .«[471] Mehr als seine Seele hält ihn der unvollendete Mexiko-Roman auf dem amerikanischen Kontinent zurück. John Middleton Murry verrät er einen weiteren Grund für seine Sturheit: »Frieda möchte ihre Kinder sehen. Und Du weißt, ob nun richtig oder nicht, ich kann diese Jagd nach den Weekley-Kindern nicht ausstehen.«[472]

Frieda »möchte« ihre Kinder sehen? Das ist eine starke Untertreibung.

Frieda ist wild entschlossen: ».. . ich fahre nach England. Ich nehme mir eine kleine Wohnung in London . . .«[473]

Jetzt ist es heraus:

Frieda hat keinen Spaß mehr an dieser Art von Kämpfen!

Frieda hat dieses Eheleben satt! Und das Nomadenleben!

Frieda beansprucht Unabhängigkeit! Und vermißt Respekt!

All das und noch mehr schreit sie, am Kai des New Yorker Hafens stehend, ihrem Mann hinterher, der sie bis zur Gangway begleitete und nun davoneilt.

»Kraft zum Widerstand . . . Ganzbleiben . . . *Auf-Sich-Bestehen* . . . Du bist zur Freiheit geboren . . . bleib stark Frieda, Du *darfst* nicht unterliegen . . .«! Otto Gross' Beschwörungsformeln zeigen 1923 größere Wirkung als 1907. Damals optierte sie für Mann und Kinder. Und hätte Lawrence nicht 1912 Ernest ihren Ehebruch mitgeteilt . . . wer weiß, ob Frieda je den Absprung aus ihrer Weekley-

Ehe gewagt hätte. Jetzt aber ist sie fest entschlossen, D. H. zu verlassen![474]

Am 18. August betritt Frieda allein die Schiffsplanken der *R. M. S. Orbita:* ziemlich aufmüpfig, ziemlich keck, ziemlich hocherhobenen Hauptes, wie Lawrence Hal Bynner noch immer ziemlich perplex schriftlich mitteilt. Was er selber bezogen auf Friedas fluchtartiges Verschwinden nicht zuzugeben vermag, legt Lawrence immerhin dem Romanhelden Cipriano in ›The Plumed Serpent‹, dem Werk, das er nun in New York, in Buffalo, in Chicago, in Omaha, in Los Angeles, in Santa Monica, in Santa Barbara, in Palm Springs, in Mexiko . . . unter Mühen zu Ende bringen wird, in den Mund: »Sie wußte, daß sie bald nach Europa zurück mußte. Diese Notwendigkeit war unausweichlich. . . . Sie brauchte Entspannung, sonst war sie verloren.«

Lawrence erhält in den nächsten Wochen von Frieda kein einziges Lebenszeichen. Adele Seltzer teilt sie mit, sie sei froh, allein zu sein, und werde *nicht* zu D. H. zurückkehren, schon der Gedanke daran sei abscheulich: ». . . wenn ich ihn nur von Loyalität reden höre – Pah, er denkt doch nur an sich selbst . . . Ich werde seine Launen nicht länger ertragen . . . Soll er zum Teufel gehen, mir reicht's – immer wieder die gleiche Leier.«[475]

In England stellt Frieda mit Erstaunen fest, wie leicht und unbeschwert das Leben sein kann. Sie bewohnt ein Pensionszimmer in Hampstead. Sie trifft sich mit Monty, der sein Oxford-Studium abschloß und nun als Assistent des Direktors des Londoner *Victoria and Albert Museums* tätig ist, und sie trifft sich mit Barby, die noch die Kunstakademie besucht. Nur Elsa reagiert auf Annäherungsversuche spröde. Frieda reist nach Baden-Baden. Dort erreicht sie am 10. November ein Brief ihres Mannes. Er teilt ihr mit, er werde ihre finanzielle Unabhängigkeit sicherstellen und stets für ausreichend Geldmittel auf einem von ihr einzurichtenden Konto sorgen, außerdem wünscht er ihr eine gute Zeit.[476] Die hat sie. Frieda läßt sich als Informantin in D.-H.-Lawrence-Angelegenheiten in literarischen Zirkeln herumreichen. Sie frischt Freundschaften auf – mit den Garnetts, mit Koteliansky, mit Mark Gertler, mit John Middleton Murry . . .

Die Geschichte vom Witwer Murry (Katherine Mansfield starb zu Beginn des Jahres) und der Strohwitwe Lawrence ist jedoch ein Kapitel für sich.

Frieda wird auf ihrer Fahrt zur Mutter nach Südwestdeutschland von John Middleton begleitet, der über Freiburg in die Schweiz unterwegs ist. Im Verlauf der gemeinsamen Reise kommen sie sich näher. Wie nahe? Von wem ausgehend? Darüber schweigen sich beide aus. Selbst in den fünfziger Jahren möchte sich Frieda, von Murry darauf angesprochen, diesem Thema schriftlich nur mit großer Vorsicht nähern: ». . . in früheren Jahren warst Du ein Freund, und ich bin ganz gewiß, weder L[awrence] noch ich hatten je Freunde wie Dich und K[atherine]. Als unser Verhältnis intimer wurde . . . war es wundervoll. Auf jener Reise nach Deutschland war auch ich traurig, aber ohne Bitterkeit, denn ich spürte, daß auch Du mich lieb hattest. Zwischen uns bestand große Zuneigung und Verständnis. Es war alles sehr frei, keine *arrière pensée,* kein Mißtrauen, keine Eitelkeit. Vielleicht war es richtig auf diese Weise, ›Schuld‹ ist jedenfalls ein albernes Wort . . .«[477]

Und wurde Murry nicht sozusagen ein Freibrief ausgestellt, indem Lawrence ihm unmittelbar vor Friedas Alleingang schrieb: »Ich wünschte, Du würdest Dich ihrer annehmen: oder hältst Du es für eine Zumutung?«[478]

Das Gerücht von Friedas Untreue kommt auch D. H. zu

Ohren. Zuvor hatte ihn bereits Kotelianskys Mitteilung, Murry gehe in Friedas Pensionszimmer ein und aus, in höchste Alarmbereitschaft versetzt. Jetzt sieht er akuten Handlungsbedarf.

Als eine der ersten informiert er Friedas Mutter über sein Eintreffen in England. Er schreibt ihr, wie gewöhnlich, in deutscher Sprache:

110 Heath St. Hampstead. London. N.W. 3.

14. Dezember 1923

»Meine Liebe Schwiegermutter!

Da bin ich wieder. Frieda ist nett, aber England ist hässlich. Ich bin wie ein wildes Tier in der Falle . . . ich geh herum wie einer eingesperrte Coyote, und kann nicht ruhen. – Ich meine, wir gehen am Ende das Monat's nach Paris: und nachher nach Baden.

Hörst Du mich heulen.«[479]

Das wohl kaum, aber bestimmt steht Anna von Richthofen das Frohlocken ihrer Tochter deutlich vor Augen.

Denn mit einer Pariser Prêt-à-porter-Kollektion inklusive zweier neuer Hüte in den Koffern und einem Mann, der klein beigegeben hat, ist Frieda fürs erste hochzufrieden.

Zusätzlich wurde sie um Erkenntnisse reicher: a) Monty, Elsa und Barby führen ihr eigenes Leben, und obwohl ihr b) die Eheabstinenz sowie c) Soloauftritte auf gesellschaftlichem Parkett Auftrieb gegeben haben, liegt jetzt d) das Ziel ihrer Sehnsucht erneut auf der anderen Ozeanseite, wohin es auch Lawrence unbedingt zurückzieht, bei dem sie e) wird bleiben müssen. Nie zuvor hatte Frieda das zerstörerische Ausmaß seiner Tuberkulose so deutlich vor Augen, nie zuvor war ihr seine existenzielle Abhängigkeit von ihr so bewußt, wie nach der nur viermonatigen Trennung.

Die R. M. S. *Aquitania* läuft am 11. März 1924 bei Schnee-
sturm in den Hafen von New York ein. Dort geht ein Trio
von Bord. Im Windschatten der Lawrences betritt ein zier-
liches, pagenköpfiges, kinnloses, schmalbrüstiges Wesen
Neuland. The Honourable, die Ehrenwerte, Dorothy Eu-
genie Brett ist seit später Kindheit stark schwerhörig. Wie
die Malerin Dora Carrington zieht sie es vor, nur mit dem
Nachnamen angesprochen zu werden. Brett studierte an
der *Slade School of Fine Art*, von ihr Gemaltes bezeugt Ta-
lent. Sie ist die Tochter des zweiten Viscount Esher. Vor
wenigen Monaten war die vierzigjährige Brett von John
Middleton Murry defloriert und gleich darauf angewidert
wieder fallengelassen worden. Vor wenigen Wochen hatte
sie Lawrence getroffen. Das war, als D. H. in feuchtfröhli-
cher Runde für seinen alten Rananim-Spleen Werbung
machte. Die meisten seiner Freunde winkten sofort ab. Die
Brett aber war begeistert. Seither läuft sie ihrem Idol D. H.
nach wie ein herrenloses Hündchen und bewundert an
ihm einfach alles. Frieda aber hatte die Idee von der utopi-
schen Kolonie schon immer für ausgemachten Blödsinn
gehalten.

Der Brett wird, auf der *Del Monte Ranch* angekommen,
die zuletzt von den beiden jungen Dänen bewohnte Hütte
zugewiesen. Frieda hatte es geahnt: Dreieckskonstellatio-
nen haben ihre Tücken. Die Brett entpuppt sich in Taos als
Zankapfel: Sie »besuchte uns täglich, ich fand, daß sie all-
zusehr ein fester Bestandteil unseres Lebens wurde und
wehrte mich dagegen. Lawrence wütete und nannte mich
eine eifersüchtige Närrin. . . . Ihre Heldenverehrung war
rührend . . . er war vollkommen und ich hatte in ihren Augen immer Unrecht. . . . Sie betete Lawrence an und
schuftete für ihn.«[480] Frieda nimmt sich vor, die Neben-
frau wegzugraulen.

Im Mai 1924 kann Frieda eine großartige Neuigkeit verbreiten. Als erster schreibt sie Adele Seltzer: »Also gut, wir sitzen auf meinem Grund und Boden . . . Es ist ein wundervoller Platz − ich werde Mabel [aus Mabel Dodge Sterne wurde unterdessen Mabel Luhan, Anm. d. Verf.] dafür Lawrences Sons and Lovers-Manuskript geben.«[481] Der anfängliche Ärger scheint weitgehend verraucht. Obwohl als Geschenk deklariert, hätte Mabel die 170-Morgen-Ranch lieber gegen den noch immer ausstehenden Taos-Roman eingetauscht. Ihre generöse Gabe, glaubt sie, mache es Lawrence leichter, ihr den größten Wunsch doch noch zu erfüllen. Nachdem Lawrence Mabels Angebot im Wissen um ihren Hintergedanken vehement ausgeschlagen hatte, griff seine Frau bedenkenlos mit beiden Händen nach der von ihr herbeigesehnten Heimat.

Nur läßt sich auch Frieda von Mabel nicht gern etwas schenken, sie findet als Gegenwert für die Farm den ›Sons and Lovers‹-Urtext, den sie vorm Krieg in Irschenhausen zurückgelassen hatten und den Else dort wiederentdeckt und nun geschickt hat, für angemessen − den möglicherweise einmal sehr hohen Sammlermarktwert der Handschrift läßt sie dabei außer acht. Auch als Frieda − viel später − erfährt, daß auch Mabel das Manuskript weitergegeben hat (sie hat damit ihren Psychoanalytiker bezahlt), macht ihr das keinerlei Kopfzerbrechen, denn einen Platz in der Welt sein Eigen nennen zu können, ist ihrer Einschätzung nach nicht mit Gold aufzuwiegen.

D. H. Lawrence beginnt jetzt tatsächlich einen neuen Roman, ›St. Mawr‹. Mabel muß das Sujet maßlos enttäuschen. Nicht ihr Lebenswerk Taos steht im Zentrum des Geschehens, sondern zwei Damen und der Hengst St. Mawr, respektive sie selbst, Frieda und Lawrence (von seiner Frau mitunter »Lawr« genannt). Sie werde ihn sich kaufen, sagt die Romanheldin Lou Witt alias Mabel Luhan von St. Mawr, den sie unbedingt von England nach Amerika holen will . . . und dann versieht der Autor diesen voreilig siegessicheren Ausspruch mit einem Zusatz: wenn sie ihn bekomme!

In ›St. Mawr‹ bringt D. H. aber auch das Ausmaß von Friedas Seligkeit über ihr Eigenheim zum Ausdruck: »Ihr Herz ergriff augenblicklich Besitz davon. Der Wagen hielt, und sie sah die zwei Hütten innerhalb der armseligen Umzäunung, den verwahrlosten Hof dahinter und noch weiter hinten die hohen Balsamkiefern, den runden Hügel und die feste, hochstrebende Flanke des Berges [Lobo]. Und nach unten blickte sie über Purpur und Gold der Lichtung zu dem Ring der Kiefern hinab, die so ruhig und kraftvoll und ungebändigt dastanden, und auf die reglose Wüste, die sich hinter den borstigen Kiefernwipfeln über eine Fläche von tausend Fuß hinunterzog. Und hinter der Wüste sah man blaue Berge und weit, weit in der Ferne die blauen Gipfel von Arizona. ›Das ist der Ort!‹, sagte sie zu sich selber.«[482]

Die Autobiographin Frieda schwelgt noch nach einem Dezennium in Erinnerungen an die ersten Monate auf *Kiowa* (diesen neuen, an einen Indianerstamm erinnernden Namen gibt Frieda der Ranch an ihrem fünfundvierzigsten Geburtstag; der alte, *Flying Heart*, erschien ihr wohl zu programmatisch): »Im Frühling 1924 zogen wir, von Dorothy Brett begleitet, von Taos aus hinauf. Lawrence hatte etwas Angst, sich mit dem abgelegenen unberührten kleinen Besitz einzulassen. Wir stellten zehn bis zwölf Indianer ein, die uns die verfallenen Häuschen und die Corrals . . . wieder aufbauten. . . . Bewässerungsgräben mußten wir auch ausbessern; es machte uns großen Eindruck, wie unser Nachbar die riesigen Leitungsrohre einfach ohne jede Straße durch den Wald zum Eingang des Gallina Canyon schleppte, dessen Wasserrecht wir besaßen. Ich kochte ungeheure Mahlzeiten für die ganze Gesellschaft. Wir alle arbeiteten hart . . . Eines Tages räumten wir die Quelle aus und schleppten Steine bis zum Umsinken . . . wir kauften eine Kuh, Susan, und hatten vier Pferde, Azul, Aaron und zwei andere. Später gab es auch Hühner, lauter weiße Leghorn. Der schöne Gockel hieß Moses. . . . Ich butterte selbst in einer kleinen Glasmaschine, die Kücken bekamen die Buttermilch und gediehen und wir gediehen ebenfalls bei dem gesunden Leben. Wir bucken selbst unser Brot in dem indianischen kleinen Lehmbackhaus, Schwarzbrot und Weißbrot und Kuchen; Lawrence nahm es sehr genau . . . Er machte Wandbretter und Stühle und strich Fenster und Türen an. Er hielt die Bewässerung in Ordnung [und zimmerte einen verandaartigen Vorbau, um dem Häuschen wenigstens ein paar zusätzliche Quadratmeter abzuringen, Anm. d. Verf.] . . . Wir ritten und bekamen Besuch [Auch Friedas Neffe Friedel Jaffé, dem das Schiffsticket bezahlt worden war, bleibt mehrere Monate, Anm. d. Verf.]. Ein wunderbarer Sommer . . .«[483]

Grandiose Landschaft, ein bescheidenes Holzhaus, zwei winzige Hütten, das Gärtchen (ganz so wie ein deutsches oder englisches auszusehen hat), Freiluftbackofen, Staketenzäune, der Wigwam indianischer Helfer, reitende und hantierende Personen, ein Hahn und um ihn gescharte eifrig pickende weiße Hennen werden in Öl auf Leinwand gebannt – das Idyll ist perfekt. In unseren Tagen dient das an naive Kunst erinnernde Werk als Aufmacher einer ›D. H. Lawrence and New Mexico‹ überschriebenen Taos-Broschüre, versehen mit dem Hinweis »Front cover painting: *Kiowa Ranch* by Dorothy Brett (landscape), Lawrence (figures) and Frieda (chickens)«[484]. Wie gesagt, ein wunderbarer Sommer . . .

. . . dem ein Winter folgt, an den Frieda nur mit Grauen zurückzudenken vermag.

Mit dem Einzug der Kälte in Taos ziehen Lawrence, Frieda und die Brett, männlichem Wunsch entsprechend, südwärts über die mexikanische Grenze. »Diese Reise war der reinste Kreuzweg . . . Fieber, Typhus, Malaria, Bedrohung durch Banditengefahr . . . Dann der Blutsturz [in Oaxaca, Anm. d. Verf.]. Lawrence glaubte, er würde sterben . . . Während er so krank war, kam auch noch obendrein ein Erdbeben . . . Aber wir erreichten Mexico City. Dort bat ich Dr. Uhlfelder[485], ihn zu behandeln. Als ich eines Tages von einem Spaziergang zurückkam, war der Spezialist da und sagte [im Beisein des Kranken, Anm. d. Verf.] ziemlich brutal: ›Mr. Lawrence hat Tuberkulose‹«. Unter vier Augen erfährt Frieda, ihr Mann habe noch »ein oder höchstens zwei Jahre«.[486] Lawrence bleibt dabei: nur eine starke Erkältung. Seine Frau ignoriert das Problem auf ihre Weise. Sie weigert sich einfach, vorgeschriebene hygienische Vorsichtsmaßnahmen zu ergreifen, Taschentücher zu verbrennen, eine Extratasse für den Kranken bereitzustellen, und fährt fort, ihn liebevoll zu küssen. Das ist genau die Behandlung, die Lawrence braucht, die ihm wirklich hilft.

Um im März 1925 von Mexiko aus in die Vereinigten Staaten zurückkehren zu dürfen, muß Lawrence eine jener ihm verhaßten, hochnotpeinlichen Leibesvisitationen über sich ergehen lassen. Auf sechs Monate befristete Aufenthaltserlaubnis, Verlängerung äußerst fraglich, lautet der nach bangem Warten und erst nach Intervention des um Hilfe gebetenen amerikanischen Konsuls erteilte Bescheid.[487] Da ist nach Ablauf der sechsmonatigen Galgenfrist die Rückkehr nach England einer nochmaligen Körperbeschau vorzuziehen.

Im September 1925 ist Friedas Traum vom Seßhaftsein auf Jahre hinaus ausgeträumt. Die *S. S. Resolute* mit den Lawrences an Bord legt am 30. des Monats im englischen Southampton an. Dorothy Brett soll als Hüterin der *Kiowa Ranch* in Neu Mexiko zurückbleiben. Dort sei sie, hatte Frieda entschieden, bestens aufgehoben. Die Brett aber

beschließt, hinter den Lawrences her nach Europa zurück-
zureisen und auf Capri in Wartestellung zu gehen.

1925 – 1931
»Und wirklich zu lieben, das schließt alles ein, Intelligenz,
Glaube, Opfer – und Leidenschaft!«

Nebelgraue Spätherbsttage sind Gift für angegriffene Lungen. Also ist der Wechsel in mediterranes Klima geboten.
Lawrences englischer Verleger Martin Secker empfiehlt ein
Domizil in Spotorno, dem Heimatort seiner Frau Gina,
nördlich Genua: rosarot verputzte Casetta, reichlich auf
drei Etagen verteilte kleine Zimmer, Loggia mit Meer-
blick. Ein guter Rat und gar nicht teuer und . . .

»Es gibt hier einen netten kleinen Bersaglieri-Offizier,
dem die Villa gehört, ich bin begeistert von den Hahnen-
federn, doch der Mann ist ebenso entzückend wie sein
Kopfschmuck, und ich wünschte, ich wüßte irgend etwas,
das Dein Herz ebenso höher schlagen ließe, wie diese
Fähnchen das meine«,[488] teilt Frieda im Dezember 1925
gönnerhaft Dorothy Brett mit, die noch immer auf Capri
auf einen Gunstbeweis von Lawrence lauert.

Wehender Federbusch, der vom Hutband über die
Krempe bis auf die Schultern herabreicht, fesche Ausgeh-
uniform, Schärpe, Epauletten, Lampassen, Säbel – eine am
Erscheinungsbild des Offizierscorps der Garnisonsstadt
Metz Geschulte nimmt das Bemerkenswerte am vierund-
dreißigjährigen Angelo Nunzio Gaspero Ravagli, Bersagliere im Rang eines Oberleutnants, sehr wohl wahr.
Streng genommen, gehört die *Villa Bernarda* nicht Angelo,
sondern seiner Frau Ina Serafina, Lehrerin, viel klüger als
er und etwas älter. Die Ravaglis haben zwei kleine Kinder,
leben im nahen Savona, Vater Angelo mehr in seiner Kaserne als zu Hause.

Angelockt von den prominenten Mietern macht sich der praktisch veranlagte Infanterist mit großem Eifer an allerlei im Haus und rund um die *Villa Bernarda* notwendige Reparaturen. Wann hat man es schon in Spotorno mit weltbekannten Schriftstellern oder Frauen vom Kaliber einer Mrs. Lawrence zu tun? Ansehnlich, kraftstrotzend, unkompliziert, heiter und gelassen – so sieht Frieda »Angelino«, der sie bald nach allen Regeln der Kunst hofiert. Kein Vergleich zu Lorenzo.

»Mr. Lawrence sah aus wie ein gipserner Gartenzwerg, der in einem Vorgarten auf einem Fliegenpilz sitzt. Gleichzeitig hatte er eine gewisse Ähnlichkeit mit einem Selbstporträt van Goghs. Er wirkte verfilzt und feucht und sah aus, als sei er gerade erst von einer unbequem verbrachten Nacht in einer sehr finsteren Höhle zurückgekehrt. . . . Die Farbe seines Haars, einst leuchtend rot, war jetzt von Krankheit abgestumpft, als habe Staub oder Asche diese Flamme erstickt. Manchmal hing es ihm über die blitzenden und forschenden Augen hinab . . . Sein Blick war traurig von Krankheit; bisweilen legte er eine eifrige Raschheit an den Tag, als fürchte er, etwas könne unvollendet bleiben . . .«[489] Diese Skizze, entworfen 1926, stammt aus der Feder der unbarmherzigen Edith Sitwell.

Angelo sucht Friedas Gesellschaft, und Frieda belohnt seine freundliche Zuneigung mit körperlicher Liebe. Ihr Mann weiß davon, denn sie hält es für unter ihrer Würde, ein Geheimnis daraus zu machen. Freilich ist Angelo von einfacher Provenienz, auch nicht funkelnd, doch kann er Frieda über die bis zu Gehässigkeiten steigerungsfähigen Sticheleien ihres Mannes hinwegtrösten, die bald nach der Jahreswende 1925/26 im Verlauf der Besuche von Friedas Töchtern in der *Villa Bernarda* aberwitzige Formen annehmen.

Barby hatte den erstmöglichen Besuch bei ihrer Mutter

gleich nach ihrem einundzwanzigsten Geburtstag im Oktober 1925 angekündigt. Elsa, seit zwei Jahren volljährig und vom Veto des Vaters unabhängig, doch gefühlsmäßig immer mehr auf der Weekley-Seite, suchte endlich von sich aus die Nähe ihrer Mutter. Die jungen Frauen wohnen vorerst im *Albergo Ligure* im nahegelegenen Alassio. Frieda ist selig. Doch D. H. ist der Meinung, daß ihre Hochstimmung einen Dämpfer verdient hat. Er hält ihr nicht nur vor versammelter Mannschaft vor, daß sie viel zu fett geworden sei. »Glaube nur nicht, daß deine Mutter dich liebt, sie liebt niemanden, sieh nur ihr falsches Gesicht«, sagt er während eines Abendessens mit erhobener Stimme zu Barby und schleudert dabei den Inhalt seines Rotweinglases in Friedas Richtung.[490] Plötzlich häufen sich nichtige Anlässe, Frieda in Gegenwart ihrer Töchter herunterzuputzen. Und dazu die Häme, mit der er die heftigen Diskussionen der drei Frauen – resultierend aus Friedas Bemühen, Barby und Elsa auf deren Vorwürfe hin die Zwangsläufigkeit ihres Weggehens zu erklären – im Freundeskreis kolportiert. So geschehen auch im Brief an Koteliansky, den D. H. ausgerechnet Elsa Weekley in die Schreibmaschine diktiert: »F's Töchter sind wirklich witzig: Sie passen grausam gut zu ihrer Mutter, wollen einfach deren Unverfrorenheit nicht akzeptieren und wenden sich in gleicher Weise gegen sie. [Frieda] ist verblüfft, was ihr gut bekommt, wie Du Dir vorstellen kannst.«[491] Der Brett schreibt er: »Friedas Kinder sind Blindgänger . . . Unter uns gesagt, ich kann Friedas Kinder nicht ausstehen.«[492] Ins Gesicht tut Lawrence Barby und Elsa schulmeisterlich freundlich.

Zur Verschärfung des Kleinkriegs läßt er seine Bündnispartner aus England anrücken. So sieht das auch Frieda: »Offenbar als Gegengewicht gegen mein Aufgebot hatte [er] seine Schwester Ada und eine Freundin [Lizzie Booth, Anm. d. Verf.] eingeladen . . . Ada kam an und ich konnte hören, wie Lawrence in seinem Balkonzimmer, das über dem meinen lag, sich bei ihr über mich beklagte.«[493] Systematisch hetzt er Ada gegen Frieda auf, keine Ruhe habe man, klagt er, vor dieser Frau, nicht einmal des Nachts. Und die ohnehin ein bißchen auf ihre Schwägerin eifersüchtige Ada spielt die ihr zugedachte Rolle als Beschützerin ihres armen, kranken und, angeblich, sexuell überforderten Bruders perfekt. Doch allzu bald verliert der Provokateur die klammheimliche Freude an lautstarken Wortgefechten; besonders unerträglich sind ihm jene, die Friedas Verbannung aus seinem Schlafzimmer thematisieren. Dabei wollte Ada nur sein Gutes, als sie ihn abends in sein Zimmer einschloß und erst morgens den Schlüssel wieder herausrückte. Seine Schwester und Mrs. Booth mitschleppend, flüchtet sich D. H. Ende Februar 1926 zuerst nach Monte Carlo und dann nach Nizza. Wenige Tage später sitzt er allein da. An Heimkehr in die *Villa Bernarda* mag er nicht denken, harrt seiner dort doch schon wieder ein Frauentrio. Denn Frieda ließ ihn unterdessen wissen, sie habe kurz nach seinem Verschwinden kurzerhand ihre Töchter umquartiert.

Wartet nicht in einem anderen Teil Italiens eine bequeme, zur Unterwerfung nur zu bereite Freundin? Lawrence beschließt, nach Capri zu fahren. Und Dorothy Brett wähnt sich schon am Ziel ihrer Träume, als ihr von heute auf morgen eine Liebesnacht angeboten wird. Wirklich schlimm für die Ärmste: Der Möchte-gern-Casanova Lawrence versagt kläglich. Natürlich muß die Brett alle Schuld auf sich nehmen. Es hilft nichts. Auch der zweite Versuch ist ein Fehlversuch. Zur Strafe wird die vollkommen beschämte Brett von einem Tag auf den anderen auf die *Kiowa Ranch* zurückgeschickt.[494] Ihr folgt über den Atlantik Lawrences frohe Botschaft, er sei schon wieder in Spotorno, da Frieda mit der Friedensfahne gewunken hätte.[495] Den Brief mit der Bitte, er möge heimkommen, hatte seine Frau auf Drängen Elsas und Barbys geschrieben, die nicht lockergelassen hatten: »Mrs. L., [Frieda wird von ihren Töchtern meist beim Vornamen und gelegentlich Mrs. Lawrence genannt. Anm. der Verf.] . . . sei doch vernünftig, du hast ihn geheiratet, jetzt mußt du auch an ihm festhalten«.[496]

Auch D. H. zeigt Reue, von nun an findet sich in seinen Briefen kaum mehr ein böses Wort über seine Frau. Und Frieda revanchiert sich, indem sie nur handverlesenen und erwiesenermaßen verläßlichen Vertrauten vom großen – möglicherweise auf die Tuberkulose zurückzuführenden – Problem ihres Mannes erzählt: 1926 ist er, definitiv, impotent.[497]

D. H. hat die Nase gestrichen voll von Spotorno. Auch Frieda kann sich derzeit nichts Besseres als einen Wechsel in die Toskana vorstellen: »Es war April, die jungen Bohnen grünten, Erbsen und Weizen standen schon hoch, die alte toskanische Landschaft in ihrer vollkommenen Harmonie von Menschenwerk und Natur tat sich vor uns auf . . . Jenseits Scandicci [in San Paolo, ein Ortsteil von Mosciano] fuhren wir zwischen zwei Cypressen einen wenig benutzten Weg hinauf. Einen jener kleinen Hügel, die für die Toskana so charakteristisch sind, krönte eine Villa aus der Mediceer Zeit. Mein Herz schlug ihr entgegen, diese Villa wollte ich haben. Sie war recht groß, aber so vollkommen in die Landschaft hineingestellt, mit dem Blick auf das Arnotal, Florenz zur Linken, Pinienwälder im Hintergrund. Mein Wunsch ging in Erfüllung, wir konnten die *Mirenda* beziehen.«[498] So sehen wir sie in San Paolo vor uns: rundum Buschwerk, Pinien, Zypressen, Pfirsichbäume, Oliven, das Kirchlein, zwei, drei kleinbäuerliche Anwesen nahebei, sie selbst zur Bergseite hin abgestützt von einem Sockel, zweietagig, Dachreiter, erbaut auf steinigem gelben Lehmboden, nicht in fünf Minuten zu umschreiten, dekoratives Gittertor, aufgehängt an hohen, wohlproportionierten Säulen, schattiger Garten, dem toskanische Sommer Üppigkeit verwehren, sechs Stufen zum Eingang, Rundportal mit löwenköpfigem Türklopfer unter geschmiedeter Balkonbrüstung – ein Dienstboteneingang befindet sich an der entgegengesetzten Seite des Hauses –, kühle dunkle Halle, hinter einer ihrer Türen ein Salon mit der Stadt zugewandten Fenstern, im Obergeschoß der *Villa Mirenda* Friedas und D. H.s geräumige Wohnung.

Eine reizende Vorstellung: Ein Ehepaar mittleren Alters am Abend im Salotto in friedlicher Eintracht, beide mit einer Stickarbeit beschäftigt, respektive er legt Patiencen, und sie liest Goethe oder eine der Neuerscheinungen, mit denen englische Freunde sie regelmäßig versorgen, respektive sie fabriziert aus einem von Nusch abgelegten lilafarbenen Samtmantel ein Wams im Renaissancestil, und er schreibt Gedichte.

Gibt das, was Friedas Memoiren suggerieren, tatsächlich die ganze Lebenswirklichkeit eines mit todbringender Krankheit, Impotenz, Ehekrisen belasteten Paares wieder? Auch andere schriftliche Quellen dokumentieren für diese Zeit in San Paolo gutes Einvernehmen. Das hängt im wesentlichen mit Friedas Maxime zusammen: Der Mensch ist vor allem zum Glücklichsein verpflichtet.[499]

Ein von vornherein auf zwei Jahre gemieteter fester Wohnsitz macht es Frieda möglich, gute alte hochherrschaftliche Gepflogenheiten aufleben zu lassen. »Die Bauern, die zu dem Besitz gehören«, findet sie »entzückend«. Viele Seiten ihrer Memoiren berichten von diesen italienischen Nachbarn, den Familien Orsini, Pini, Bandelli: Friedas erklärter Liebling ist der kleine Dino, »der engelhafte mit den sanften grauen Augen« – dem D. H. auf ihr Drängen hin eine Leistenbruchoperation im Hospital von Florenz finanziert, aus dem der Zehnjährige sofort wieder ausreißt und in das zurückzukehren er nur mit dem Versprechen überredet werden kann, er bekäme nach dem Eingriff ein Fahrrad geschenkt – woraufhin großes Gejammer unter bruchlosen Geschwistern, Cousins und Cousinen ausbricht.[500]

D. H.s Briefe an Anna von Richthofen sind einer wie der andere in seinem ganz speziellen Deutsch verfaßt und oftmals vergnüglich zu lesen – auch der über Friedas Wohltätigkeitsanwandlungen: »Meine liebe Schwiegermutter, hier ist wieder Weihnacht. Ich sage, der arme Kerl ist schon beinah zweitausendmal geboren, es ist genug. Er könnte wirklich in Ruhe bleiben und uns in Ruhe lassen ohne Weihnacht und Magenweh. Wir aber sitzen still, machen nur den Baum für die Bauernkinder: und sie denken, es ist ein Wunder, es wächst hier im Salon, und hat silberne Äpfeln und goldene Vögeln: für die ist es nur ein Märchen, gar nichts Christliches. Du hast gehört, die Frieda will Santa-sanctissima spielen – sie ist schon die heilige Frieda, Butter könnte in ihrem Mund nicht schmilzen: weil sie ein Bandelli-Kind in den Hospital gebracht hat. Aber Gott sei dank, das Kind macht Schwierigkeiten, und die heilige Frieda fängt wieder an . . . allzumenschlich zu werden . . . Also leb' wohl! nicht zu viel saufen, tanzen und kosen, sonnst bekommst du einen richtigen moralischen Kather . . . Ade! du Germania unterm Baum. DHL«[501] Woran er bei dieser Mahnung denkt? Weihnachten 1926 sangen und tanzten siebenundzwanzig Contadini zu Friedas Pianospiel je länger und weinseliger desto wüster unter der aus den Pfründen des Pfarrers gestohlenen, von der Hausherrin mit Gold- und Silberpapieranhängseln auf Hochglanz gebrachten Pinie. Im Jahr darauf wollen noch mehr italienische Bauersleute richtig romantische deutsche Weihnachten bei den Lawrences feiern . . .[502]

Auch Angelo Ravagli kommt in die *Villa Mirenda*, im

Herbst 1926 angemeldet, im Frühjahr 1927 überraschend. Zur Zeit seines letzten Besuchs ist er bereits im Friaul, im Bezirk Udine, stationiert und im Rang eines Capitano. Mit Genugtuung beobachtet Lawrence am ansonsten lebenslustigen Ravagli »Niedergeschlagenheit«.[503] Frieda denkt derzeit nicht an eine Fortsetzung ihrer Liebesbeziehung zu dem Bersagliere und hat ihm das auch zu verstehen gegeben. Für die nun folgenden drei Jahre fehlt es an exakten Hinweisen auf nochmalige Treffen zwischen ihr und ihm.

Die Toskana bietet den Lawrences reichlich Abwechslung. In der benachbarten *Villa Poggi* lebt die vierköpfige Familie des englischen Landschaftsmalers, Puppenspielers und Gesundheitsapostels Arthur Wilkinson – man trifft sich regelmäßig und ist sich gegenseitig behilflich. In Florenz stoßen die Lawrences auf einen Neuzugang im Norman-Douglas-Lager: Reginald Turner, Schriftsteller, ein Freund Oscar Wildes und des quirligen Antiquariatsbuchhändlers und Publizisten Giuseppe (Pino) Orioli. Oriolis kleiner Laden am Lungarno Corsini ist Kontaktadresse und Klatschbörse in einem, und er selbst wird sowohl durch persönliche Hilfestellung als auch durch seinen verlegerischen Mut für Frieda und D. H. noch große Bedeutung gewinnen.

Lady Colefax taucht eines Tages in der *Villa Mirenda* auf und fügt ihrer Sammlung erwähnenswerter Menschen durch eine Teestunde bei den Lawrences zwei Exemplare hinzu. Michael Arlen kommt sie besuchen (und in bezug auf ihn kann D. H. ein ansonsten unaussprechliches Wort in den Mund nehmen: ». . . er schrieb ›The Green Hat‹, machte einen Haufen Geld, hat aber Trouble mit der Tuberkulose und ist ein armer Hund«[504]). Auch D. H.s späterer Biograph Richard Aldington besucht die Lawrences; Frieda konfrontiert er bei dieser Gelegenheit mit der Frage, wie sie es habe übers Herz bringen können, ihre drei kleinen Kinder zu verlassen. Er wird mit der kargen

Auskunft abgespeist, Lawrence habe es damals so gewollt.[505] Gewollt von Anfang an, indem er vor dreizehn Jahren gegen Friedas Willen Ernest Weekley ihren Ehebruch annonciert und erst damit die von Frieda nie zuvor in Frage gestellte Rückkehr zu Mann und Kindern unmöglich gemacht hatte.

Für Italiendurchreisende wie Else Jaffé und Alfred Weber ist die *Villa Mirenda* in San Paolo praktische Zwischenstation.

Ihren größten persönlichen Gewinn erzielen die Lawrences durch die 1926 in der Toskana geschlossene enge Freundschaft mit dem Ehepaar Aldous und Maria Huxley. Maria ist achtundzwanzig und eine Ziehtochter Ottoline Morrells, sie verehrt sowohl D. H. als auch Frieda. Der zweiunddreißigjährige Bestsellerautor Huxley hat ein naturwissenschaftliches Genie zum Ahnen und selbst das Zeug zum empirisch exakten Denker. Er zollt seinem Schriftstellerkollegen Lawrence Respekt und bewundert Friedas Stärke und ist – eine große Erleichterung – sooft es geht bereit, D. H., der selbst kurze Spaziergänge nur noch unter größten Mühen bewältigen kann, in seinem eleganten Bugatti nach Florenz oder spazierenzufahren. Beide Huxleys werden für die Lawrences zu unverzichtbaren Nothelfern.

Englische Aristokraten, Sir George und Lady Ida Sitwell mit Familiensitz in Derbyshire, unweit Eastwood, und Zweitschloß in Montagnana, empfangen Frieda und D. H. im *Castello di Montegufoni*. Frieda geht die demonstrative Hochnäsigkeit der Sitwells auf die Nerven, sie beschließt nun ihrerseits, die Gastgeber ein bißchen zu ärgern. Als der Hausherr mit Adelsstolz in der Stimme seine antike Himmelbetten-Sammlung präsentiert, stellt sie ihre Mißachtung zur Schau, indem sie betont desinteressiert an Bettpfosten lümmelt. (Woraus die Sitwellkinder Osbert und Edith in ihren Memoiren ein tolldreistes Hüpfen auf

241

Matratzen machen werden.) Bevor sie das Schloß verläßt, kann sie es sich nicht verkneifen, hinter ihr »Frieda Lawrence« im Gästebuch der Sitwells noch die »geborene Freiin von Richthofen« zu plazieren.[506]

Auch die *Villa Mirenda* hat Kunstvolles zu bieten, beim Gegenbesuch der Sitwells wird es stolz vorgezeigt. Das Haus, schreibt Edith Sitwell, »war voller Gemälde, die Lawrence gemalt hatte: Sie zeigten eine ziemlich stämmige nackte Doppelgängerin von Mrs. Lawrence, bei deren Anblick man den Eindruck hatte, daß sie recht kräftig mit etwas zusammengestoßen sei«[507]. Das mit Rücksicht auf moralische Empfindsamkeiten des englischen Lesepublikums von Miss Edith in ihren Lebenserinnerungen so genannte »Etwas« ist eine nackte D.-H.-Kopie, die sich im *Kampf mit einer Amazone* an einer ebenso nackten Frieda-Kopie vergreift. (1929, anläßlich einer Ausstellung der Lawrenceschen Bildwerke in der Londoner Warren Galery, werden dreizehn seiner Ölgemälde und Aquarelle vom Fleck weg von Hütern britischer Ordnung konfisziert.)

Auch von Frieda Gemaltes kommt auf den Prüfstand: Ihr Bildchen ›Geflügel im Hühnerhof‹ nimmt Barby nach einem Besuch in der *Villa Mirenda* mit heim nach England und zeigt es ihrem Vater. Ernest Weekley gefällt die Darstellung, doch bekommt er auf die Frage nach der Urheberschaft eine ausweichende Antwort.[508]

Mehr als das Malen hilft Lawrence beim Bewältigen nicht mehr erfüllbarer Sehnsüchte das Schreiben. »Dann [in der Toskana] schrieb er ›Lady Chatterley's Lover‹«, erinnert sich Frieda und weist damit auf das Ende einer als schöpferisch deklarierten Schreibpause hin. »Nach dem Frühstück – es war gewöhnlich um sieben Uhr bereitet –, nahm er sein Heft, seine Füllfeder und ein Kissen und ging, von John, dem Hund begleitet, in die Wälder hinter der *Mi-*

renda. Mittags brachte er mir, was er geschrieben, ich las es Tag für Tag mit Staunen über die Art, wie er seine Kapitel aufbaute, wie ihm alles zuströmte. Ich bewunderte seinen Mut, die Kühnheit, mit der er sich diesen verborgenen Dingen, die sonst keiner auszusprechen oder zu schreiben wagt, stellte . . . Zwei Jahre lag ›Lady Chatterley‹ in einer alten Truhe, die Lawrence mit Rosen auf hellgrünem Grund bemalt hatte. Oft, wenn ich dran vorbeikam, fragte ich mich, ob das Buch je erscheinen werde.«[509]

Als Schriftsteller betrete ihr Mann ganz neues Terrain, erfährt Montague Weekley im Okober 1926 von seiner Mutter, allerdings gerät Frieda der Versuch, ausgerechnet ihrem Sohn die Freizügigkeit des Romans zu erklären, zum umständlichen Gedrucke, es gebe, nun ja, einen »*animalischen Teil*«[510]. Sie will Montys Vorurteile gegen Lawrence nicht bestätigen, hatte er doch konsequent den Kontakt mit D. H., dem Eindringling in die Weekley-Familie, vermieden. Erst im vorausgegangenen Sommer, als die Lawrences von Amerika kommend zunächst in England Station gemacht hatten, war es zu einem versöhnlichen Treffen gekommen. Monty wäre somit der denkbar ungeeignetste Partner für eine Diskussion um Inhalt und Intention des als hocherotisch eingestuften Werks[511], in dem noch dazu eine Doppelgängerin seiner Mutter eine Hauptrolle spielt.

›Lady Chatterley's Lover‹ hätte Otto Gross – in Dankbarkeit – gewidmet werden müssen, war Gross doch Wegbereiter und Lawrence lange Zeit lediglich Nutznießer: »Es war nicht Wollust. Es war Sinnlichkeit, scharf und sengend wie Feuer, die Seele zu Asche verbrennend. . . . Alle Stadien und Verfeinerungen der Leidenschaft . . . Alle Scham ausbrennend, die tiefste älteste Scham, an den geheimsten Stellen. In dieser kurzen Sommernacht lernte sie [Constance Chatterley] viel. Sie hatte immer gedacht, eine Frau müsse sterben dabei vor Scham. Statt dessen starb die Scham. . . . Leidenschaftlich zu sein wie eine Bacchantin . . . Iacchos anzurufen, den strahlenden Phallus, der keiner unabhängigen Persönlichkeit gehörte, sondern ein reiner Gottesdiener für die Frau war!«[512]

Clifford Chatterleys untere Hälfte ist für immer gelähmt, ein versehrtes Wesen, und deshalb hält seine Frau leidenschaftlich zu ihm, er ist vollkommen abhängig von ihr, er braucht Connies Anwesenheit, damit sie ihm das Gefühl gibt, daß er überhaupt noch existiert. Er hat angefangen, Geschichten zu schreiben. Sein Beobachtungsvermögen ist ungewöhnlich und skurril. Constance Chatterley findet sich in dieser Welt viel besser zurecht, ist von kräftigem Wuchs, hat ziemlich starke weibliche Hüften, kurz, sie ist zu weiblich, um als modern gelten zu können. Ihre gemächlichen Bewegungen verraten Energie, sie genoß eine annehmbare Erziehung, ist kosmopolitisch und gleichzeitig atavistisch, besitzt großes Vertrauen in die eigenen Kräfte, wozu sich enorme Lebensfreude gesellt. Zuweilen weint sie bitterlich, aber selbst während sie weint, sagt sie sich: Dumme Gans, Taschentücher naßheulen! Als ob dich das irgendwie weiterbringen würde! Ihr Vater war ein Mann mit Erfahrungen, die Mutter wünscht, die Töchter mögen frei sein, frei und sich selbst erfüllen. Connie hilft Clifford beim Schreiben. Er bespricht alles mit ihr, wieder und wieder, eindringlich, gründlich. Niemand hatte zuvor das Genie entdeckt, das in Clifford schlummerte, sie vollbringt das Wunder, nun ist er Tagesgespräch. Waldhüter Mellors, ›Lady Chatterley's Lover‹, Sohn eines Bergarbeiters, ist mäßig groß und schmal, mit sonderbaren, raschen, doch federnden Bewegungen. Er könnte fast ein Herr sein, er kann tadellos sprechen für seine Verhältnisse, und: »Sein Penis steigt auf wie ein lebendiger Vogel . . .« Auch Else Jaffé findet sich als Constance Chatterleys Schwester Hilda – Hilda heiratete plötzlich einen zehn

Jahre älteren Mann mit stattlichem Vermögen, sie spricht in ihrer sanften, ganz milde wirkenden Art, doch Clifford hat das Gefühl, daß sie ihm mit dem Knüppel eins über den Kopf zieht – im Frieda/D.-H./Richthofenfamilie-Gemenge wieder.[513]

›Lady Chatterley's Lover‹ sei »shocking«, wird Else vom Autor vorgewarnt, und die Schwiegermutter bekomme den Roman besser nie zu Gesicht. Auch ein Hinweis für seinen Verleger Martin Secker bekundet weise Voraussicht: »Er ist das, was die Leute *sehr* schmutzig nennen werden – ein Unding, ihn zu drucken.« Gleichzeitig beteuert Lawrence, er habe dieses Werk »wirklich und wahrhaftig sehr ›reinen Herzens‹«[514] geschrieben. Reinen Herzens – das klingt nach Adaption der via Frieda auf Lawrence gekommenen Otto-Gross-Devise, wonach alles, was wirklicher und wahrhaftiger Liebe entspringt, erlaubt ist.

Das Buch erscheint 1928 in Florenz als Privatdruck unter der Ägide des mit den Lawrences befreundeten Buchhändlers Pino Orioli. Anfang 1927 hatte Lawrence seinen ersten Entwurf, Friedas Lieblingsversion, da daraus noch so viel Zärtlichkeit sprach, umgeschrieben. Im Januar 1928 lag die dritte Fassung vor – innerhalb von sechs Wochen war Lawrence das 728seitige Manuskript erneut durchgegangen, eine gewaltige Leistung. Dabei ist es geblieben. Pornographie der allerübelsten Sorte! Wie erwartet fallen philiströse Kritiker sofort über den Autor her. In England kommt ›Lady Chatterley's Lover‹ auf den Index und erst 1960 nach einem aufsehenerregenden Gerichtsbeschluß offiziell auf den Markt.

›Lady Chatterley‹ propagiert den Wert der Liebe an sich. »Vergiß nicht«, schreibt Frieda an Mabel Luhan, der sofort ein Exemplar des Romans zugeschickt worden war, »daß diese, wenn man so sagen kann, religiöse Einstellung zur körperlichen Liebe mein Beitrag zu diesem Buch ist«.[515] Und auch in einem Brief an Koteliansky kommt sie auf ihren Einfluß auf den Schriftsteller D. H. Lawrence zu sprechen und erklärt ihrem Kritiker zudem, wie sie »religiös« und »lieben« definiert: »Wie wenig Du von Lawrences Büchern verstehen mußt, Kot, da Du zu sagen vermagst, ich sei der ›Hausdiener‹ in dieser Firma! Denn wahrhaftig, mein Glaube war das Herz der Sache ... Und wenn ich mit mir selbst ›prahle‹, so weiß ich doch, daß meine Religion von dem Wunsch ausgeht, daß die Menschen *lieben*: echt und ganz und paradiesisch – und *nicht* wie Christus, sondern so, daß alles darin enthalten ist. Und ich weiß, ich kann lieben. Wenn Du sagst, Lawrence habe mich geliebt, so habe ich ihn tausendmal mehr geliebt. Und wirklich zu lieben, das schließt alles ein, Intelligenz, Glaube, Opfer – und Leidenschaft!«[516]

Die Sommermonate des Jahres 1927 sind selbst für italienische Verhältnisse ungewöhnlich heiß. »Dein Schwiegersohn ist ein armer Tropf«, klagt D. H. am 11. Juli im Brief an Friedas Mutter, »und wieder im Bett liegt – wieder mit Bronchien und Hemorrhage [Blutung]. Wir haben den besten Arzt von Florenz – gibt Coagulin – aber ich bin noch in der Ecke – Es ist nichts gefährliches – gar nicht – aber – aber ... Wenn es ging mir nur einmal wieder ganz wohl!« Ob sie sich an diesen achtzigjährigen fetten und lustigen deutschen Bürgermeister erinnere, wird Else wenig später von D. H. schriftlich gefragt, der ihr danach gesteht, wie gern er fett und lustig sein möchte, auch ein bißchen versoffen, wenn das der Weg wäre, Brustqualen und Tod zu entkommen.[517] Am 19. Juli erleidet er erneut einen Blutsturz. Erstmals bricht Frieda in Gegenwart ihres Mannes zusammen, obwohl sie ihm Rückschlüsse aus ihrer Tränenflut gern erspart hätte. Ihr in ihre Memoiren übernommenes Gedächtnisprotokoll bekundet neben D. H.s Verzweiflung ihren Kampf gegen sein Sterben: »An einem schwülen Nachmittag hatte Lawrence im Garten Pfirsiche gepflückt, er kam herein und zeigte mir den Korb voll wundervoller Früchte. Kurze Zeit darauf rief er mich mit fremder, erstickter Stimme aus seinem Zimmer. Ich fand ihn auf dem Bett liegend. Mit entsetzten Augen sah er mich an, ein Strom von Blut floß ihm langsam aus dem Mund. ›Sei ruhig, sei ganz still‹, sagte ich. Ich hielt ihm den Kopf, aber langsam, entsetzlich floß das Blut. Ich konnte nichts tun, als ihn halten und versuchen ihn zu beruhigen und nach Dr. Giglioli schicken. Er kam – es folgten entsetzliche Tage und Nächte. In der Juliglut war die Pflege schwierig . . . Giulia brachte jeden Morgen in einem großen Taschentuch in Sägemehl verpacktes Eis und frische Milch, aber selbst wenn wir sie sofort abkochten, war sie bis Mittag sauer. Huxleys besuchten ihn . . . und Orioli half. Aber ich pflegte ihn allein, Tag und Nacht sechs Wochen lang, bis er kräftig genug war, im Schlafwagen . . . zu fahren. – Wieder hatte die Krankheit einen Vorstoß gemacht.«[518]

Im August 1927 mag niemand außer Frieda daran glauben, daß D. H. bereits kräftig genug ist, selbst liegend eine Eisenbahnfahrt durchzustehen. Sie aber will ihn unbedingt aus der Gluthitze Italiens weg und vor allem auf andere Gedanken bringen. Wie immer wenn es hart auf hart kommt, konnte Frieda auch diesmal von größtmöglicher Unterstützung durch Mutter und Schwestern ausgehen. Zuerst muß D. H. wieder aufgemuntert werden. Also muß zuerst Nusch in Aktion treten. Man verabredete sich in Kärnten. Während der notorisch sparsame Rekonvaleszent in Villach das preiswerte *Hotel Fischer* bevorzugt, ist Nusch, frisch vom Habenichts und Schuldenmacher Max von Schreibershofen geschieden und noch frischer mit dem vermögenden Berliner Bankdirektor Emil Krug wiederverheiratet, das *Grand Hotel* in Annenheim, unmittelbar am Ossiacher Seeufer gelegen, gerade gut genug. Wenn D. H. und seine Schwägerin, wie er es nennt, »Quatsch« ma-

chen, kann Frieda aufatmen: Nuschs Neckereien lassen ihren Mann beispielsweise die Anstrengungen einer Bootsfahrt vergessen, Nuschs lustiges Lachen übertönt D. H.s
ziehendes Keuchen während kurzer Spaziergänge, Nuschs
gutes Zureden forciert seinen guten Appetit.

Nach Nusch sollen ab September, entsprechend Friedas
Vorausplanung, Schwester Else und das mit ihr geschmiedete Komplott helfen, den Genesungsprozeß weiter voranzubringen.

Von Else in die *Villa Jaffé* gebeten, kommt der Dichter,
Prosaschriftsteller und Lungenspezialist Hans Carossa[519]
nach Irschenhausen, begleitet von Franz Schoenberner,
ihrem Freund und Chefredakteur der richtungweisenden
Münchner Wochenzeitschrift *Jugend* (Namensgeberin für
den Kunststil). Als Gegenleistung für hohes Lob des
Künstlerkollegen Carossa wird dem Arzt Carossa von
Lawrence eine eingehende Untersuchung gestattet. Sie
führt zu zwei Diagnosen. Keine Sorge, nur noch ein bißchen Husten, Lunge längst geheilt, lautet die für den Patienten gültige, beruhigende Version.[520] Seine ehrliche
Meinung hält Carossa im Tagebuch fest. »So[nntag] ? X.
[1927] . . . fuhr mit Schoenberner . . . zu Lawrence. Hatte
den Eindruck eines sehr leidenden Mannes, was leider die
Untersuchung bestätigt. Satyrhaftes, Kindliches mit Vornehmheit seltsam gemischt. Höchste Natürlichkeit. Verordnung: Janucosan u. Paracondintabletten . . .« Frieda
erfährt, was auch Schoenberner auf dem Heimweg aus
dem Arzt herausfragt und überliefert: Ein Durchschittsmensch mit solchen Lungen wäre längst gestorben. Und
Carossa glaubt auch zu wissen, warum Lawrence noch
lebt: ». . . Da sind noch andere Kräfte im Spiel. Kann sein,
daß Lawrence noch zwei oder auch drei Jahre lebt. Aber es
gibt keine medizinische Behandlungsmethode, die ihn
wirklich retten könnte.«[521]

Zwei oder drei Lebensjahre! Herausgeschundene! Denn

gemäß der im Winter 1924/25 in Mexico City ausgesprochenen ärztlichen Prognose (auch damals hieß es: »ein oder höchstens noch zwei Lebensjahre«) müßte Lawrence längst tot sein. Die von Carossa erwähnten anderen Kräfte mobilisierte und mobilisiert größtenteils Frieda. Nach Else muß nun Anna von Richthofen ihr in Baden-Baden dabei helfen. Aber auch die Verwöhnaktionen von Friedas Mutter können positiv nur auf die Psyche des unheilbar kranken D. H. einwirken.

Am 19. Oktober 1927 sind Frieda und D. H. zurück in ihrer *Villa Mirenda* – um schon bald darauf wieder aufzubrechen. Von nun an folgen sie jeder – trügerischen – Mundpropagana für heilklimatische Kurorte. 1928 und 1929 durchstreifen sie auf ihrer Suche nach Lawrence bekömmlichem Klima halb Südeuropa. In Frankreich geht es von der Gegend um Toulon nach Bandol, von Bandol auf die Ile de Port-Cros und von da nach St. Nizier-de-Pariset, nahe Grenobel. Dort macht ein Geschäftsführer der besser französisch sprechenden Frieda unmittelbar nach ihrer Ankunft unmißverständlich klar, daß der so augenfällig lungenkranke Herr sein Hotel binnen Tagesfrist verlassen müsse.[522] Also weiter in die Schweiz, wo auch Tuberkulöse im Endstadium ihrer Krankheit wie gern gesehene Gäste behandelt werden. Eidgenössische Hochgebirgsregionen sind auf ihrer Odyssee mit den vielversprechenden Kurorten Les Diablerets, Chexbres-sur-Vevey und Kesselmatte bei Gsteig vertreten. Doch leider verschlechtert sich auch im spanischen Barcelona und im als nächstes Ziel angesteuerten Palma de Mallorca Lawrences Befnden. Frieda weicht nur stundenweise von seiner Seite. Ein Spaziergang durch felsiges Gelände am Strand der Baleareninsel beschert ihr zu allem Unglück noch einen angebrochenen, dann unfachmännisch zusammengeflickten und nur sehr zögernd heilenden Knöchel.

Lawrence kann nicht mehr allein sein. Drum muß je-

weils Wachablösung her, will sie bei der Mutter in Ba-
den-Baden ein paar Tage verschnaufen oder muß sie sich
kurzzeitig in London um die Austellung der Bilder ihres
Mannes kümmern. Mal übernehmen die Huxleys, mal
Barby, aber auch Lawrences Schwestern Ada Clarke und
Emily King Krankenpflegedienste. Trotzdem muß Frieda
eingestehen: »Manchmal war ich am Ende meiner
Kräfte . . .«[523]

Hinzu kommt, daß Lawrence seine Todesangst an seiner
Frau abreagiert. Stillschweigend übergeht Frieda in ihren
Memoiren den folgenden Vorfall, den Rhys Davies, ein
junger Schriftsteller, in jener Zeit miterlebt und schriftlich
überliefert: Während eines Dinners in einem vollbesetzten
Lokal springt D. H. wütend auf und verpaßt seiner Frau
über den Tisch hinweg eine Ohrfeige, nachdem Frieda es
gewagt hat, ihm in einer Bagatelle zu widersprechen.[524]
Im Sommer 1929 ist Frieda einem Nervenzusammenbruch nahe, sie ist kaum wiederzuerkennen: hochgradig
erregt und deutlich dünner geworden.

Da könnte die gemeinsame Reise nach Baden-Baden
ein Lichtblick sein, und da wäre Friedas in Gesellschaft von
Mutter und Schwestern gefeierter fünfzigster Geburtstag
am 11. August 1929 eine gute Gelegenheit für ihren
Mann, sie mit passenden Worten zu überraschen. Das ihr
von ihm Zugedachte kann Frieda dann nachlesen – in
Lawrences Entwurf zu ›Women are so cocksure‹ (*Frauen
sind so selbstsicher)*: »So gewiß eine Frau Gewalt über ihr
Schicksal und das ihrer Umgebung hat, so gewiß wird sie
ihr eigenes Schicksal verpfuschen. Und ebenso unver-
meidlich, wie sie eines Tages Fünfzig wird, ebenso unver-
meidlich wird die Erkenntnis kommen, daß sie sich
verrannt hat. *Sie hätte nicht so selbstsicher sein sollen!* Laßt
euch warnen, ihr modernen Frauen, daß ihr eines Tages
fünfzig sein werdet! Dann nämlich ist das Spiel aus . . . Es
waren einmal drei Schwestern. Die eine begann zu studie-

ren und sich den sozialen Reformen zuzuwenden . . . Die zweite beschloß starrköpfig, ihr eigenes Leben zu leben und sie selbst zu sein. ›Das ist mein Lebensziel: ich selbst zu sein.‹ Sie wußte ganz selbstsicher, wie ihr Selbst war und wie es werden solle. Das Ziel der dritten bestand darin, Rosen zu pflücken, solange es Tag war . . . Jetzt nähern sie sich den Fünfzigerjahren. Alle drei befinden sich im gleichen Zustand: es ist der Lebensbankrott der modernen Frauen dieses Alters . . . Denn nichts ist verhängnisvoller für eine Frau, als ein Ziel zu haben und selbstsicher daran zu glauben.«[525] Weder Frieda noch ihre Schwestern, die anderen Frauen um die Fünfzig, kann dieser schwache Ausbruch D. H. Lawrences beeindrucken. Sie empfinden Mitleid für ihn.

Von Südwestdeutschland aus geht es am 26. August, auf Friedas Drängen hin, zum Tegernsee. Sie bewohnen bis zum 18. September 1929 ein Pensionszimmer im *Café Angermeier* in Rottach. Nahebei lebt Max Mohr, der seit zwei Jahren mit D. H. über dessen Werke korrespondiert. Mohr ist, wie Carossa, exzellenter Kenner Lawrencescher Literatur, Schriftsteller und Arzt. Doch auch er kann D. H. nicht wirklich helfen.

Am 11. September sucht Frieda frühmorgens die Wiesen nach tiefblauen Blüten ab, trägt sie ins Schlafzimmer ihres Mannes. An diesem Tag, seinem vierundvierzigsten Geburtstag, schreibt D. H. Lawrence das Gedicht ›Bavarian Gentians‹ –

Bayerische Enziane:
»Nicht jeder hat Enziane in seinem Haus,
im milden September, zur traurig verrinnenden Michaeliszeit
Bayerische Enziane, dunkel und voll, unnennbar dunkel,
den Tag wie Fackeln verfinsternd mit qualmender Bläue,

251

Plutos dunkelnder Trübsinn;
geädert und Fackeln gleich, dunkle Glut verschüttend,
daß Bläue den Boden fleckt,
niedergeweht vom Anhauch des weißen Tages; Fackel-
blume aus blau rauchender Finsternis,
Plutos dunkel blauendes Blendwerk,
schwarze Lampen aus den Hallen der Götter,
dunkel und blau brennend Dunkelheit spenden,
blaue Dunkelheit wie Demeters fahle Lampen Helle ver-
schwenden;
führt mich denn, weist mir den Weg . . .«[526]

Lawrences Erdmutter heißt nicht Demeter; Frieda wird
ihn bis an sein Lebensende begleiten: »Tief im Innern
wußte ich: wir steuern dem Ende zu . . . er entglitt dem
Leben und mir.«[527] Und was Lawrence noch vor kurzem
so bitter beklagte, Friedas Erfahrungen in der Suche nach
der Essenz ihres Wesens, wird ihm Hilfe sein, wenn er
daran gehen muß, eine um die andere weltliche Stütze seines Ichs aufzugeben und einzig auf den Kern seiner Persönlichkeit reduziert zu sein.

Am 23. September 1929 treffen die Lawrences im südfran-
zösischen Bandol ein, wo sie auf der verzweifelten Suche
nach Heilung vor Monaten schon einmal gewesen waren.
Nach kurzem Hotelaufenthalt beziehen sie die *Villa Beau
Soleil.* Zu Beginn des Jahres 1930 bittet Frieda Else, Barby,
Lawrences Schwestern – Ada und Emily entschließen sich
zu spät zur Reise –, die Brewsters und Aldous und Maria
Huxley zum Abschiednehmen nach Bandol. Ende Februar
ruft sie den Bildhauer Jo Davidson, der eine Büste von D.
H. Lawrence anfertigt. Gegen die Verzweiflung des Ster-
benden setzt Frieda Zuwendung im Gespräch und körperliche Nähe. Als Lawrence sie fragt »Warum, ach warum
haben wir nur so viel gestritten«, antwortet sie, ihn beruhi-

gend: »Konnten wir anders, wir waren doch beide solche unbändigen Geschöpfe.«[528] Nachts liegt sie wach im Liegestuhl neben dem Bett ihres Mannes, der sich die Seele aus dem Leib hustet.

Am 6. Februar geht es ihm so schlecht, daß er sogar einer vom Arzt empfohlenen Einlieferung in ein Lungensanatorium in Vence zustimmt.

Doch nicht dort muß D. H. Lawrence am Abend des 2. März 1930 sterben, seine letzten Stunden verbringt er in der von Frieda gemieteten *Villa Ro(e)bermond*. Seine Frau und Maria Huxley sind bei ihm – Aldous und Barby sind gerade auf der Suche nach einem Arzt –, als sein Leben zu Ende geht. Tags zuvor hat Frieda ihren Mann aus dem Haus mit dem richtungweisenden Namen *Ad Astra*[529] geschleppt – wie er diese Einbahnstraße für röchelnde Todkranke haßte.

Ihre erste Reaktion auf Lawrences Tod beschreibt Friedas in ›Not I, but the Wind‹: »Ich ging auf dem Balkon neben seinem Zimmer auf und ab, alles sah verändert aus, da war ein Neues, Tod, wo Leben, flammendes Leben gewesen war. Die Olivenbäume draußen sahen so schwarz und bedrängend aus, der Himmel hing schwer herab. Ich schaute in sein Zimmer, da standen seine Morgenschuhe, die Form seiner Füße wahrend, ordentlich unter dem Bett. Unter dem Laken lag er, kalt und entrückt, er dessen warmen Fuß ich eben noch in der Hand gehalten. Ich betrachtete sein Gesicht. So stolz, männlich und groß sah er aus, ein neues Gesicht war das. Alles Leiden war hinweggewischt – es war, als habe ich ihn nie in der ganzen Vollendung seines Wesens bisher gesehen oder gekannt. Ich wollte ihn berühren, wagte es aber nicht, er war nicht mehr im Leben mit mir, die Umwandlung hatte sich vollzogen, er gehörte nun wo anders hin, zu den Elementen, er war Erde und Himmel, aber nicht mehr der lebende Mann. Lawrence, mein Lorenzo, der mich geliebt hatte und ich ihn . . ., der war nun tot.«[530]

Zehn Menschen begleiten den Sarg zum Friedhof von Vence, Frieda, rotgolden aufgeputzt, sagt »Lebwohl Lorenzo«, mehr nicht, keine Gebete; als Grabplattenschmuck gibt sie einen aus roten und weißen und schwarzen Kieseln zusammengesetzten Phönix in Auftrag. (Das Phönix-Mosaik – der Mann der Köchin Madame Lily fertigte es an – befindet sich heute in Lawrences Geburtsort in der Eastwood Library, an die Grabstelle erinnert in Vence eine Platte an der Friedhofsmauer mit der Inschrift ICI REPOSA DAVID HERBERT LAWRENCE DE MARS 1930 A MARS 1935.)

»Und jetzt sind seine Knochen in der Erde, und er wird wieder eins mit den Elementen . . . Und ich bin stolz darauf, daß ich ihm bis zum Ende durchgeholfen habe, und Du weißt, daß es manchmal teuflisch hart war . . .!«[531] Mit den an Hal Bynner gerichteten Zeilen bekundet Frieda fortgesetzten Pragmatismus.

Angelo Ravagli erfährt von D. H. Lawrences Tod durch einen Artikel im *Corriere della Serra*. Auf der Stelle sendet er ein Beileidstelegramm an die Witwe, verbunden mit einer Einladung in seine Familie. Sechs Monate zuvor hatte Ina Serafina Ravagli ihr drittes Kind, den nach seiner Taufpatin Frieda Lawrence benannten Federico, geboren. Frieda kommt sehr gern nach Savona. Sieben Tage Bedenkzeit benötigten der Capitano und seine Frau, bevor sie Friedas Vorschlag zustimmen, Angelo im nächsten Frühjahr für ein halbes Jahr nach Taos mitzunehmen. Denn ohne Mann im Haus möchte Frieda dort nicht leben, da folgt die geborene von Richthofen, geschiedene Weekley, verwitwete Lawrence durchaus der Konvention. Daß Signora Ravagli ihren Mann umstandslos an Mrs. Lawrence ausleiht, hat drei Ursachen: zum einen lebte er auch bisher zumeist in einer Hunderte Kilometer vom seinem Heimatort Savona entfernt liegenden Kaserne, zum anderen wurde ihr von Frieda ein Ersatzsalär zugesagt. Nicht zuletzt halten die Ravaglis die Schriftstellerwitwe für ziemlich vermögend . . .[532]

Anna von Richthofen stirbt am 21. November 1930 in Baden-Baden. Der Tod der Mutter erleichtert Frieda den Abschied von Europa.

Das letzte Kapitel:
Frieda, die Arrivierte

1931 – 1956
»Ich bin eine glückliche alte Frau . . . Ich habe alles, was ich
brauche und wünschte.«

Ein wunderbares Land, wo man mit einem neuen Mann
aufkreuzen kann, ohne daß es gleich lästige Kommentare
dazu gibt. Der junge Journalist, der am Montag, dem 18.
Mai 1931, in New York am Pier 95 die Lawrence-Witwe
erwartet, zuckt tatsächlich nicht mit der Wimper, als er
sich auch Mr. Angelo Ravagli gegenübersieht. Die welt-
städtischen Literaten-Agenten-Verleger-Zirkel, in denen
das Paar in den nächsten Tagen herumgereicht wird – man
ist einfach neugierig auf Frieda –, lassen sich durch »Angie«
oder »Angelino«, wie er auch genannt wird, ebensowenig
irritieren.

Mabel und die Brett in Taos legen dagegen nach kurzer
Reaktionszeit los, um denen, die ihn nicht selbst in Augen-
schein nehmen können, ihre Eindrücke von Friedas Lover
mitzuteilen. Bevorzugte sind am 1. Juli zur großen Party
geladen: »Una Notte a Venezia« mit Angelo Ravagli, der
die Damen durch einfühlsame Tanzschritte zu italienischer
Grammophonmusik entzückt, von der am langen Tisch
unter Bäumen präsidierenden Frieda – großartig im weißen Wildlederkleid und mit safrangespültem Blondschopf
– aufmerksam beobachtet.

Der Start in den Alltag verlief weniger glänzend. Angelo
war beim Anblick der Ranch sichtbar und hörbar zurück-
geschreckt: zu schäbig, zu primitiv, zu einsam. Friedas Begeisterung für Bäder in einer Zinkwanne, oder, bei

schönem Wetter, in einem Bewässerungsgraben teilt er nicht. Und wenn Kerzenlicht und Kaminfeuer zur puren Notwendigkeit werden, kann bei ihm keine romantische Stimmung aufkommen. Vor allem: D. H. Lawrence ist hier allgegenwärtig, daran ändern auch Angelos beherzte Aufräum- und Entrümpelungsaktionen nichts. Frieda findet ihren neuen Gefährten in dieser Umgebung plötzlich zu schlicht, zu unbeweglich im Geist. Kann sie nachbessern? O, nicht, daß sie sich keine Mühe machte, aber nach etlichen enttäuschend verlaufenen Versuchen beschließt sie, statt klug lieber weise zu sein und sich abzufinden. »Es kam sie hart an, daß sie keinen Gedankenaustausch mit ihm haben konnte ... Doch ... dieser Mann wollte nicht hören, was sie zu sagen hatte.«[533]

Der Standard ihrer Behausung läßt sich dagegen entscheidend heben und gleichzeitig Lawrences Geist spürbar bannen. Frieda findet – nach der Irritation der ersten Tage auf der *Kiowa Ranch* mit Angelo – zurück zu dem Gefühl der, ja, Erleichterung. Nach Lawrences Tod, der ein langes Leiden beendete, an dem niemand stärkeren Anteil genommen hatte als sie, ist Frieda entschlossen, die Chance des Neubeginns zu nutzen.

Es ist also Frieda, die eines Tages Schnüre zusammensucht, sie verknotet und auf ihrem Grundstück auslegt, nur einen Steinwurf von der alten Ranch entfernt. Hier soll das *Neue Haus* stehen. Sie will den Anfang machen auf dem einzigen Stück Land, das derzeit ihr Eigentum ist – mit Angelo, der ihr helfen soll, in dieser Wildnis zurechtzukommen. »Heute, am 30. Mai 1933, begannen wir mit dem Bau des Neuen Hauses auf der Kiowa Ranch – San Christobal, New Mexico.«[534] Angelo sieht sich bereits in einem Badezimmer seine akkurat geschnittenen Haare bürsten, das möglichst viele der netten, ach so komfortablen technischen Spielereien enthält, die amerikanische

Installateure im Programm haben. Frieda träumt von einer großen Küche. Es ist, als entdecke sie plötzlich ihren Nachholbedarf an »bürgerlicher Lebensart«. Als die beiden unter dem Grundstein eine Flasche mit persönlichem Kleinkram vergraben, fühlen sie sich wie Pioniere – allerdings an der Nabelschnur des Montgomery-Ward-Versandhauskatalogs hängend. Ein geräumiges zweistöckiges Blockhaus (auch ein Klavier findet darin Platz) entsteht unter der Leitung von Angie, der die Erwartungen Friedas an seine praktische Verwendbarkeit voll erfüllt. Frieda legt einen großen Garten an, in dem sie Lilien kultiviert – eine Erinnerung an die sechzehn Arten, auf die ihr Vater einst so stolz war. Pferde, Hunde, Katzen, Lämmer, Kühe, das Murmeln des Bachs nahe beim Haus, der Blick auf die rosigen Berggipfel jenseits der Ebene am frühen Morgen, die scharfen Schatten überm Alfalfafeld in den Abendstunden – all das erfüllt Frieda mit einem tiefen Glücksgefühl, von dem sie in ihren Memoiren beredt Zeugnis ablegt. Endlich hat sie die Möglichkeit, ihre Lebensform ganz allein zu bestimmen. Und sie tut es. Die Wahl des italienischen Bauernsohnes Angelo Ravagli zum Mann an ihrer Seite hat sie in den Stand versetzt, in den Bergen Neu Mexikos, fernab von den kulturellen Zentren der Welt zu leben. Frieda, die Arrivierte! Das ist es, was sie sich darunter vorstellt – nicht die Geltung in der »Welt« draußen, nicht das Einpassen in deren Hierarchien, nicht das Ansammeln von Statussymbolen, das Sicheinschreiben in die Annalen der wissenschaftlich oder künstlerisch Erfolgreichen hat sie zu ihrer Sache gemacht: ». . . *jene* Welt bedeutet mir nichts, es gibt eine tiefere, wo das Leben selbst fließt, dort bin ich zu Hause.«[535] Mit Angelo Ravagli unter ein wenig komfortableren Bedingungen als mit D. H. Lawrence.

Die Winter oben in den Bergen sind eisig, immerhin liegt Taos auf etwa zweitausend Metern Höhe, *Kiowa* noch etwa vierhundert Meter darüber. Bis zum Frühjahr den Haushalt in wärmere Gegenden zu verlegen empfiehlt sich angesichts der einsamen Lage der Ranch, die leicht durch Schnee und Matsch auf dem Zufahrtsweg unerreichbar werden kann, und eines »Heizungssystems«, das Spitzenkältegraden nicht gewachsen ist. Die Reisevorbereitungen beginnen im Herbst mit dem Schlachten der Schweine und Räuchern der Schinken. Mais wird gebündelt an der Küchendecke aufgehängt, den Pferden werden die Hufeisen abgenommen und Sättel mäusesicher verstaut. Die Wasserleitungen sind zu leeren und schließlich die Topfpflanzen zu den Nachbarn zu bringen . . . Frieda und Angelo arbeiten Hand in Hand. Und ist es nicht ein netter Ersatz für tiefsinnige Gespräche, wenn beide laut singend im Tony Luhan abgekauften blauen La Salle durch die Gegend gondeln? Frieda genießt es sehr, sich von Zeit zu Zeit aus der Einsamkeit ins pralle Menschenleben zu stürzen. Freilich, zuerst sind Meilen um Meilen unberührtes Amerika zu durchqueren. Gelegentlich fliegt ein Vogelschwarm auf, sie passieren einen stillen See, dann ist es wieder nur die blaue Bergkette in der Ferne, die den Blick anzieht für lange, lange Zeit. Wie gastliche Oasen in der Wildnis tauchen die Tankstellen mit ihren roten Zapfsäulen auf. »Leute, wo kommt Ihr her?« Die Konversation ist eröffnet, Frieda bestellt – Buttermilch, das ist ihr eine Erwähnung in ihren Memoiren wert –, schwingt sich auf den Barhocker neben einem »scheuen« Cowboy und mustert ihn mit Interesse vom »riesigen« Hut über die »unglaublich schlanken« Hüften bis zu den »faszinierenden« Stiefeln mit den gebogenen Absätzen. Auch Angelo kommt auf seine Kosten: es gibt ein »lebhaftes, schlankes Mädchen« hinter dem Tresen, von grünen und roten Papierblumen dekorativ umrahmt.[536]

Sie fahren regelmäßig mit dem Ziel Westküste – Los Angeles, ein Apartment, 1601, Stanley Avenue, Hollywood, beispielsweise – in den Trubel amerikanischer Künstler-, Agenten- und Sammlerkreise. Mit Aldous Huxley[537], dem mittlerweile erfolgreichen MGM-Drehbuchautor als Gatekeeper ist der Zugang zu Zirkeln, in denen Henry Miller[538] oder Charly Chaplin verkehren, kein Problem. Auf Greta Garbo hat Mabel sozusagen Exklusivrechte angemeldet. Nicht wenige Gastgeberinnen knüpfen hier an die Tradition der Salons der alten Welt an. Frieda, die in ihrer Angelo-Partnerschaft die übliche Rollenverteilung umdreht – sie wählte ihn aus, zahlt für ihn, bestimmt die Bedingungen, erwartet angenehme Gesellschaft und Dienstleistungen, die ihren Lebensstandard sichern, und keinen Mann, der ihr die Dominanz streitig macht – sieht es gerne, wenn er die Gäste bewirtet, während sie im Mittelpunkt stehen darf; man bewundert sie, hört ihr zu, endlich!

Zwei größere Reisen werden getrennt und nicht zum Spaß unternommen. Sie sind zur Regelung von Frieda-Angelegenheiten notwendig. Ende 1931 fährt sie nach Europa, um die leidige Testamentsgeschichte durchzufechten und ihr künftiges Leben auf eine solide finanzielle Basis zu stellen. Das heißt, ein Testament gibt es eben nicht, beziehungsweise Frieda kann es nicht finden. Es war vor vielen, vielen Jahren, als die Lawrences in *The Triangle* und die Murrys in *The Rose Cottage* in Buckinghamshire Nachbarn und beste Freunde waren. Es war Krieg, und beide Männer mußten damit rechnen, einberufen zu werden. So machten sie gleichlautende Testamente, in denen kurz und bündig Lawrence Frieda und Murry Katherine zur Alleinerbin bestimmten. Das fällt Frieda 1931 ein, auch, daß sie das Dokument noch einmal in der Hand hatte, als sie für eine Reise von Amerika nach Europa packte. Was sie vergessen hat, ist, wo das Lawrence-Testament danach hinkam. Leider. Denn im Gegensatz zum 9. November 1914, dem

Tag, an dem es geschrieben wurde, ist der Schriftsteller-nachlaß nun bedeutend. Glücklicherweise hält Murry seine Papiere besser in Ordnung, er kann sein Testament bei Gericht vorlegen und ist bereit zu beschwören, daß das von Lawrence analog formuliert wurde. Die Entscheidung fällt am 3. November 1932 für Frieda und gegen George, Emily und Ada. Die drei Lawrence-Geschwister müssen sich darüber aufklären lassen, daß Friedas Angebot, jedem von ihnen 500 Pfund zu zahlen, großzügig ist.[539] Sie müssen sich auch anhören, wie Pino Orioli und Norman Douglas – so undifferenziert überzogen – öffentlich über des berühmten Bruders Haß auf seine Familie sprechen. Sie müssen erkennen, was für den Richter plausibel ist: daß Lawrence seiner Frau, der er so viel verdankt, sein gesamtes Vermögen zugedacht hat und nicht wünschte, daß sie sich mit Zahlungen aus dessen Erträgen abspeisen lassen muß, wie es der Vorstellung der Geschwister entspricht. Koteliansky, E. M. Forster und Aldous Huxley, die sich von Frieda ob ihres Auftretens schon im Vorfeld des Prozesses – sie beschimpfte die Familie und strich nicht gerade dezent ihr Verdienst am Werk D. H. L.s heraus, außerdem zeigte sie sich in einem den Herren grotesk erscheinenden Aufzug in London und hatte ganz undamenhaft meist ihre geliebte Zigarette im Mundwinkel hängen – in der vollen Überzeugung distanzierten, sie würde den Prozeß verlieren, müssen sie nun als Siegerin auf der ganzen Linie sehen.[540] Obwohl sie die Sache fast verpatzt hätte, denn als ihr Anwalt gerade ein wunderbares Bild von der Innigkeit und Harmonie der Lawrence-Ehe entwarf, erlaubte Frieda sich einen für sie typischen Zwischenruf: »Oh, aber nein, das ist nicht wahr! Wir stritten wie die Kesselflicker!«[541]

Immer wieder haben Biographen seit diesen Tagen Friedas Aussage angezweifelt, daß Lawrence, der doch seine geschäftlichen Angelegenheiten so aufmerksam zu verfolgen pflegte, als er die Nähe des Todes längst erkennen mußte, kein neues »ordentliches« Testament machte. Doch genau wie Akkuratesse in Geschäftsdingen zu seinen Wesenzügen gehörte, so war es auch seine Eigenart, die Möglichkeit, an Tuberkulose zu sterben, fast bis zum Schluß zu ignorieren. Sich vor der Regelung seines Nachlasses zu drücken, paßt in dieses Bild. Auch wird unterstellt, er habe seine Familie sicher nicht gänzlich leer ausgehen und statt deren Friedas Kinder erben lassen wollen. Warum nicht? Schließlich war durch ihn die Kindheit von Elsa, Monty und Barby stark belastet worden.

Ein gern übergangenes Detail in Friedas Leben ist die Tatsache, daß sie sich trotz eigener bitterer Erfahrungen 1931 anschickte, den drei Ravagli-Kindern den Vater zu entziehen. Ihr kann das nicht entgangen sein (klare Äußerungen von ihr zu diesem Thema sind jedoch nicht überliefert), was später sicher auch die Regelung ihrer eigenen Angelegenheiten über den Tod hinaus beeinflußt.

1932 hat Frieda die finanziellen Mittel dazu, sich Angelo langfristig zu »kaufen«: Sie löst ihn bei seiner Arbeitgeberin, der italienischen Armee, aus[542] und entschädigt Ina Serafina Ravagli, wie es übrigens auch Mabel Luhan gegenüber Tonys Frau Candelaria tut. Angelo selbst zahlt sie ein Gehalt von hundert Dollar pro Monat und erhöht es, weil sie mit ihm als Lebensgefährten so zufrieden ist, später um zwanzig Prozent. Das *Neue Haus* in Taos soll sich ebenfalls als starker Attraktor erweisen. Und Angelo Ravagli zeigt sich als der Mann, der all diesen Aufwand wert ist. Sprachunterricht erhöht seine Kommunikationsfähigkeit, meist liebenswürdiges Auftreten gepaart mit Bauernschläue machen aus ihm einen sehr brauchbaren Verhandlungspartner in Literaturgeschäften: »Lawrence war ein großer Mann und wo man Bücher liest, kennt man ihn weltweit. Ebenso bekannt bin ich als seine Frau und, wie ich glaube, respektiert – Als Lawrence starb, gab es viel Arbeit, es gab viel unveröffentlichtes Material – Ich brauchte jemanden mit der Fähigkeit, mir zu raten und zu helfen – Angelino schätzte Lawrence hoch und er war mir bei dieser wichtigen Aufgabe eine treue Hilfe, nicht nur in meinem Privatleben.«[543] Vielfach sind die Bestätigungen seiner Leistung, und selbst kritische Frieda-Freunde, wie Huxley, oder Frieda-Verwandte, wie Barby, müssen eingestehen, daß Angelino seiner Frieda wirklich ergeben ist.

Im März 1935 startet er in besonderer Mission nach Italien. Der Ärmste kann sich dieses Mal nicht, wie schon oft zuvor und oft hernach, auf angenehmste Weise durch einen Heimataufenthalt im Schoß der Familie der Notwendigkeit entledigen, seinen Status als in die USA einreisender Tourist zu erneuern. Er soll nicht »allein« zurückkehren, vielmehr soll er die Asche von Friedas zweitem Ehemann im Gepäck dabei haben. Es hatte unangenehmen Pressetratsch im Vorfeld des 5. Todestages von D. H. Lawrence gegeben: die Grabstelle auf dem Friedhof in Vence sei nie bezahlt worden, was purer Unsinn ist, da Aldous Huxley nachweislich 1930 für die Kosten aufkam. Doch Frieda ist aufgeschreckt und mittlerweile als aktive Autorenwitwe – ihre Erinnerungen an die Zeit mit Lorenzo, 1934 unter dem Titel ›Not I, But the Wind . . .‹ erschienen, haben weltweit Aufsehen erregt und eine Flut von Fanpost ausgelöst und Besucherströme nach Taos geführt – erfahren genug, es als vorteilhaft zu erkennen, die Überreste ihres berühmten verstorbenen Mannes sozusagen bei der Hand zu haben und Kiowa damit aufzuwerten.

So muß Angelino sich durch den französischen Behördendschungel schlagen, so gut er eben kann. Zuerst muß der Leichnam exhumiert werden. Dazu, Mangel an Stil läßt Signore Ravagli sich nicht nachsagen, ergeht eine Einladung an eine alte Frieda-Freundin in Vence, Martha

Gordon Crotch. Daß er den in frühesten Morgenstunden angesetzten Termin verschläft, ist nicht ihm, sondern dem unzuverlässigen Hotelpersonal anzulasten, das vergessen hat, ihn zu wecken. Als er atemlos zwischen den monumentalen Sarkophagen, die den Friedhofshügel hinuntergestaffelt stehen, auftaucht, ist die Ausgrabungszeremonie fast schon vorüber. Dann sind die Gebeine des weltberühmten Schriftstellers termingerecht zum 13. März 1935 zur Einäscherung nach Marseille ins Crématoire du Cimetière Saint-Pierre zu schaffen. Auch diese Aufgabe bewältigt Angelo noch mit Anstand. Die Urne kann, von ihm eskortiert, ihren Weg nach Taos antreten. Doch irgendwie mangelt es auf der langen Reise zunehmend an der Ehrerbietung, die man eigentlich im Umgang mit den sterblichen Überresten eines Menschen erwartet. Mal wird die Urne im Gefühlsüberschwang der Angelo-Frieda-Zusammenführung glatt in Lamy auf dem Bahnsteig vergessen, mal bleibt sie nach einer durchzechten Nacht anläßlich des Eintreffens in Taos im Atelier des gastgebenden Malers zurück. Mit um so grimmigerem Ernst sehen Mabel und die Brett der Ankunft der Lawrence-Asche entgegen. Eifersüchtig haben sie im vergangenen Sommer und Herbst Angelos Bautätigkeiten nahe bei der *Kiowa Ranch* beobachtet. Ein kleines Häuschen ist entstanden, das Frieda schwärmerisch nach dem Vorbild von Totenschreinen erdachte, die sie 1932 in der ägyptischen Abteilung des British Museum in London gesehen hatte, und das die Brett gnadenlos mit einer Bahnhofstoilette vergleicht. Da sollen nach deren und Mabels Meinung Lorenzos Überreste keinesfalls hinein. Wäre es dem Naturverbundenen nicht lieber gewesen, würde sie dem Wüstenwind überlassen? Den beiden scheinheiligen Frieda-Rivalinnen entgeht natürlich nicht, daß es so auch keine Wallfahrtsstätte mit Witwenkontakt geben würde. Wer immer die undichte Stelle bei der Verschwörung zum Diebstahl der Urne ist, Frieda bekommt den Plan zugetragen und zeigt, daß sie nicht nur klug und weise, sondern bei Bedarf auch schlau sein kann. Angelo setzt den Betonmischer in Gang, und neben Wasser, Sand und Zement findet auch der Inhalt der Urne den Weg in das Gemenge. Ein hübscher schwerer Quader wird gegossen, keine zwölf Männer könnten ihn wegtragen, bemerkt Frieda hochzufrieden. Wie ein Altar[544] steht er von nun an im Gedenkhäuschen. Zu dessen Einweihung am 15. September 1935 – am 11. September wäre ihr Lorenzo fünfzig geworden – lädt Frieda die Bevölkerung von Taos durch eine Anzeige im Lokalblättchen ein. Indianertänze um einen brennenden Holzstoß, mexikanische Musik, das Deklamieren von D.-H.-Lawrence-Versen in der Dämmerung und als Zugabe ein heraufziehendes Gewitter: die im Gedenken oder aus Sensationslust Versammelten können sich der Stimmung dieses Abends nicht entziehen.[545]

Die Wirklichkeit scheint den Wünschen der beiden – selbstverständlich den Feierlichkeiten ferngebliebenen – Erinnyen näher zu sein, als sie es sich träumen lassen. Ein Sonnenuntergang am Mittelmeer, ein einsamer Mann nähert sich dem Strand, er trägt ein schön geformtes Gefäß, das er plötzlich über den kleinen Wellen, die fast seine gepflegten Schuhe überspülen, auskippt: Lawrences Asche hat Europa sehr wahrscheinlich nie verlassen, was auch Angelos und Friedas laxen Umgang mit der Urne (die wohl nur Rückstände aus dem ersten besten amerikanischen Hotelkamin enthielt) hinreichend erklärt. Wer das für eine zu unwahrscheinliche Story hält, der muß wissen, daß sie übertroffen werden kann: Witter Bynner soll die Lorenzo-Asche, in dieser Erzählversion hat sie den Atlantik überquert, in einem Topf Chili respektive in Tee verrührt verschluckt haben, bevor die Urne neu gefüllt wurde.[546]

Und auch das Gerücht, Mabel und die Brett hätten die

Asche – welche auch immer – doch ergattert und verstreut, hält sich ebenfalls hartnäckig in Taos . . .

Italienischer Rotwein und amerikanische Hot Dogs brechen am Lawrence-Gedächtnisabend schließlich den feierlichen Bann, und bald können sich die Damen von Taos wieder vom ganz speziellen Latino-Charme Angelos überzeugen. Er liebt nun mal ihre Gesellschaft und zeigt es ihnen.

»My love to you and Gina [Zeitlin] and thanks very much for the lovle party of last night –
The girls was very beautiful, but insignificant for me because I found them very could –«
»I am sorry you did not enjoy the cool young ladies. I shall provide warmer ones next time.«[547]
Das sind Zeilen aus einem amerikanischen Geschäftsbrief des Italieners Ravagli mit Konter von Jake Zeitlin, dem Buchhändler, der ab 1936 D.-H.-Lawrence-Manuskripte für Frieda verkauft. Zeitlin kann sich zu Beginn ihrer Bekanntschaft kaum beruhigen, so ist er von Mrs. Lawrence angetan: Freimütig, großartig, vital, energisch – und naiv, wie ein Kind begeistert von bunten Dingen, etwa einem Schal oder einem Kleid in leuchtenden Farben, so geht seine Botschaft über sie in alle Himmelsrichtungen. Und gar ihre Großzügigkeit im Umgang mit dem zwölf Jahre jüngeren Lebensgefährten!
»Angelino und Frieda hatten eine sehr ›offene‹ Partnerschaft . . . Im Sommer ging er immer zu allen Tanzveranstaltungen. Frieda war froh, daß sie nicht mit ihm gehen mußte. Sie pflegte zu sagen: ›Angie, ich hoffe du wirst in diesem Sommer noch eine nette Frau finden, die du mitnehmen kannst, denn ich werde sicher nicht gehen.‹ Sie schienen dazu in der Lage, sich an der Gesellschaft des anderen zu erfreuen, ohne besitzergreifend zu sein.«[548]

Wie zupackend Angelino bei seiner Suche werden kann, Zeuge Zeitlin beschreibt es: »Frieda fuhr in einem Auto und Angelino in einem anderen mit mir und einer jungen Frau, die er belästigte – er hatte die Hände einfach überall: er versuchte, sie zu verführen.«[549] Kein Wunder, daß die Reaktionen häufig kühl ausfallen.

Und daß Frieda sich gelegentlich fragen lassen muß, warum sie diesem Gigolo den Platz an ihrer Seite einräumt. Oder sollte sie ihn längst auf das Niveau einer Annehmlichkeit herabgewürdigt haben?[550] Ihre und ihrer Freunde Erinnerungen und Briefe betonen jedoch die liebevolle Lässigkeit, die den Umgang der beiden miteinander zunehmend kennzeichnet. Nach dem anstrengenden D. H. Lawrence ist Angelo für Frieda eine Wohltat.

Die beiden pflegen Beziehungen zu Agenten und Interessenten auch durch Einladungen nach *Kiowa*, wobei die alte Ranch nun den vom allgegenwärtigen Geist Lorenzos regelmäßig beeindruckten Gästen zur Verfügung steht. Ursprünglich hatte Frieda den Wunsch, alle seine Manuskripte in einem Paket zu verkaufen, möglichst an eine Universität, die sie dann Forschern aus der ganzen Welt zugänglich machen sollte. Eine Ausstellung der Schriftstücke wurde arrangiert, am 11. Dezember 1936 hielt Frieda einen verkaufsfördernden Vortrag in Harvard. Doch ihre Kontaktperson zur Universität, Harry K. Wells, Student und Lawrence-Enthusiast, erweist sich als überfordert: Die Addition von Offerten privater Sammler, die einzelne Manuskripte nachfragen, ergibt mehr als das 10000-Dollar-Harvard-Gebot, das er ausgehandelt hat.

Wichtigster Kunde wird Edward Hanley, seine Bestände bilden später den Grundstock für die D.-H.-Lawrence-Sammlung der University of Texas in Austin. Ed Hanley ist Gasquellen- und Backsteinfabrikbesitzer, künftiger Ehemann einer ägyptischen Bauchtänzerin, ein sich vorzugs-

weise von Hamburgern und Milch ernährender Langwei-
ler. Als Sammlerin erwähnenswert ist unbedingt auch
Amalia de Schulthess, eine wunderschöne Frau, die ihren
Mann Hans dazu bringt, ihr die Manuskripte der ›Lady-
Chatterley‹-Versionen, von Pino Orioli nur unter Druck
herausgerückt, zu schenken. Später in Geldnot, verkauft
sie an Lew Feldmann, den Erben eines Rindermästers aus
Denver. Amerikanische Träume.

Friedas Geschäftsbriefe – stilistisch landet sie fast immer
bei kurzen Sätzen und zusammenhanglos aneinanderge-
reihten knappen Antworten auf Fragen des Adressaten –
bezeugen Verhandlungsgeschick (und gelegentlich das Ta-
lent, ihr zu rüde erscheinende Angelo-Drohungen abzu-
schwächen). So zum Beispiel, wenn sie ›Sons-and-
Lovers‹-Interessenten wie nebenbei auf die wertsteigern-
den handschriftlichen Anmerkungen Jessie Chambers, der
Jugendfreundin Lawrences, auf einigen Seiten der angebo-
tenen zweiten Fassung hinweist und kurz Dr. Brill, Mabel
Luhans Psychoanalytiker, als Besitzer der einzig anderen
existierenden vierten und letzten Fassung erwähnt.[551] Er
hatte das Manuskript als Entgelt für Analysestunden erhalten . . . Doch nicht alles will Frieda zu Geld machen – ei-
nige Stücke verschenkt sie, andere behält sie für sich.
Gespielt sind ihre Emotionen im Zusammenhang mit
Lawrences Manuskripten und Briefen ganz sicher nicht.
Zu gut kennt sie die Umstände des Entstehens und der
Veröffentlichung nahezu aller Werke: ». . . sein Schreiben
war Resultat ihres gemeinsamen Lebens, sie hatte ihren
Anteil an Ehre und Schande . . .«[552] All das hatte sie in den
ersten Jahren in Taos noch einmal durchlebt, als sie das
Buch ihres Lebens mit Lorenzo schrieb. ›Not I, but the
Wind . . .‹ erwies sich sofort als geglückter Wurf. Friedas
stellenweise atmosphärisch starke, geschickt stilistische Frische und »Mangel an Form« ausspielende, mit einem ausgeprägten Hang zur Verklärung und zur Verschleierung

erzählte Geschichte, die von wunderschönen Lawrence-Briefen und -Gedichten begleitet wird, verkaufte sich gleich so gut, daß es schon im Erscheinungsmonat eine zweite Auflage gab. Damit hat Frieda nach der Lawine von spekulierenden, verzerrenden Veröffentlichungen über Lawrence, die nach dessen Tod losgebrochen war, klargestellt: »Wir waren auf der Suche nach mehr als dem Alltäglichen . . .«[553] Und nach mehr als einer Schriftstellerkarriere des Ehemannes, auch das ist die Botschaft dieses Buches. Schon im darin zitierten Brief vom 2. Mai 1912 wird klar, welchen Stellenwert Lawrence ihrem gemeinsamen Leben gab: »Herrgott, ich muß schon sagen, ›Geschichte machen‹ . . . gehört nicht zu den bequemsten Dingen auf Erden.«[554] Es ging beiden von Anfang an ums Ganze. Ums ganze Leben, das nach einer Philosophie ausgerichtet war, deren Grundlagen Frieda 1907 durch Otto Gross kennenlernte und die sie als Mitgift in die Lawrencesche Ehe einbrachte. »Doch sie war so sicher, daß [sein] Genie in ihr wurzelte . . .«[555] Und nun weiß es die Welt.

Am 23. Januar 1935 setzt sich Alice Dax, Lawrences Geliebte vor Frieda, in England an den Schreibtisch, um Frieda in einem langen bewegenden Brief zu danken und ihr ein wunderbares Kompliment zu machen: »Ich war immer froh, daß er Sie traf . . . Sie hatten, ganz ohne Zweifel, alles, was er brauchte, und seine empfindsame Seele wußte das von Anfang an.«[556] 1936 erscheint in Berlin die deutschsprachige Fassung von Friedas Autobiographie. Else Jaffé »erarbeitete« eine Übersetzung, die bei einer weniger großmütigen Schwester als Frieda mit Sicherheit zu Zänkereien geführt hätte: Der Text ›Nur der Wind . . .‹ ist stilistisch aufgebessert und einige Orts- und Personennamen sind, sozusagen, etwas abgewandelt worden, ein biographisches Werk, aus dem die Ähnlichkeit mit lebenden oder toten Personen zufällig nicht erkennbar sein soll . . .

Ein weiterer Bestandteil des Lawrence-Nachlasses wartet noch auf angemessene Präsentation. Die Gemälde. Die Ravaglis sind gefordert. 1936 baut Angelo im *Neuen Haus* einen Raum aus, dann gibt Ina Serafina die Bilder aus ihrer Obhut und schickt sie nach Taos. Interessenten werden nun in ein Kabinett geführt, an dessen Wänden Darstellungen nackter Friedas in den Armen ebenso nackter Lorenzos prangen. Käufer finden sich lange nicht für die Werke.

Auch Ravagli macht den Versuch, Künstler zu werden, auch er malt (Fische besonders gut), aber noch lieber fertigt er Keramiken an. Wenn er in Italien ist, informiert er sich in Werkstätten, in Neu Mexiko arbeitet er bis zu zehn Stunden täglich an Schalen und Vasen und Tellern und wird wegen seiner Töpferkurse besonders bei den Damen beliebt. Frieda nimmt diese Facette der Berufstätigkeit ihres Mannes gelassen hin. War sie nicht gelegentlich mit einem großen Kind verglichen worden? So gönnt sie offenbar dem anderen großen Kind an ihrer Seite seinen Spaß – in weiten Grenzen. Sie schenkt Angelino einen neuen Brennofen und beschließt, daß er eine richtige Werkstatt haben soll. Sie will weiter ins Tal hinab, wo die Aprikosen- und Pfirsichbäume schon blühen, wenn oben auf der *Kiowa Ranch* noch Winter ist. *Los Pinos* heißt das Haus, das sie in El Prado, einem Nachbardorf westlich von Taos, kauft, auch hier gibt es ein Nebengebäude, das als Gästehaus nutzbar ist. Im Februar 1938 schafft sie den Umzug in eigener Regie, während Ravagli sich in Italien um seine Familie und die ›Lady-Chatterley‹-Manuskripte kümmert: »Dear one, hier bin ich, es ist erstaunlich schön . . . Aber ich wünschte, Du wärst zurück. Komm bald. . . . Ich bin hier schon eingerichtet, aber ich glaube nicht, daß ich mit dem Badezimmer zurechtkomme, ich meine, es bauen kann . . . Bitte, sag Deiner Frau und Puppa und Federico danke für ihre netten Briefe. . . . Mabel und Brett sind weg, der Ort kommt mir sauberer vor . . .«[557]

Im Sommer gehen Frieda und Angelo wieder hinauf auf die *Kiowa Ranch*, unterbrochen von Abstechern nach Hollywood, und vermieten derweil *Los Pinos*. Eine Besucherin oben ist von den Gemälden sehr angetan: Georgia O'Keeffe, Malerin und Sammlerin von Erotica. Und auch die leibhaftige Frieda gefällt ihr: »Ich erinnere mich ganz deutlich daran, wie ich sie zum ersten Mal in der Tür stehen sah: Ihr Haar war ganz kraus und sie trug ein billiges rotes Baumwollkleid, das aussah, als habe sie gerade die Bratpfanne damit ausgewischt. Sie war weder schlank noch jung, aber es ging etwas Strahlendes, Wundervolles von ihr aus.«[558] O'Keeffe sammelt nicht nur, sie jagt auch. In Taos trifft sie Tony Luhan, der einer Affäre mit ihr ebenso wenig abgeneigt ist wie mit Millicent Rogers, einer weiteren Frieda-Freundin.[559] Diese drei Frauen decken ein ziemlich breites Modespektrum ab: Frieda bevorzugt einen Mix aus folkloristischen Zitaten, bunt, gefältelt, gerüscht, bestickt; Schürzchen und Söckchen sind ihre bevorzugten Accessoires. Die O'Keeffe liebt, wie streng-schöne Photos ihres Ehemanns Alfred Stieglitz belegen, Monochromes, schlicht geschnitten. Millicent Rogers, das ehemalige Vogue-Model, gibt sich elegant bis mondän, schmuckbehangen. Eine illustre Gesellschaft, die etwas zu unbedacht ist, was ihre Wirkung aufs Publikum betrifft. Bis 1944 hat sich offenbar – vollständig läßt sich das heute nicht mehr nachvollziehen – so viel Befremdliches angesammelt, daß sich ein Inspektor des FBI in Bewegung setzt, um Frieda wegen des Verdachts zu vernehmen, sie habe unter anderem gegen das Verbot des Frauenhandels verstoßen. Bei der New Yorker *Gesellschaft zur Bekämpfung des Lasters* war nämlich ein kurioser Brief eingegangen, in dem die anonyme Schreiberin Frieda und auch Mabel dafür verantwortlich macht, daß ihre – sechsundzwanzigjährige! –

Tochter von zu Hause weglief, um in Taos in sexueller und sonstiger Libertinage zu leben. »Hoffe, Sie werfen alle ins Gefängnis und das FBI kümmert sich um die deutsche Lawrence-Witwe.«[560] Resultat des Kümmerns ist, daß Friedas guter Ruf mit Schreiben vom 10. November 1944 amtlich bestätigt wird.[561]

Doch die deutsche Lawrence-Witwe ist in Kriegszeiten ohnehin Gegenstand besonderen Interesses. Auch in Amerika gibt es Wichtigtuer vom Schlag Ford Madox Fords, der den Lawrences während des Ersten Weltkrieges nachstellte. Hier und jetzt ist es Harold Hawk, der Bruder Rachel Hawks von der *Del Monte Ranch*, FBI-Informant. Er sieht sie als NSDAP-Sympatisantin (wegen ihrer Post aus Deutschland) und sündhafte Person, die in wilder Ehe lebt. »... meine sündigen Tage sind vorüber ...«[562], lacht Frieda ihn aus, als ihr das zugetragen wird. Auch sein Versuch, sie als Nationalsozialistin zu enttarnen, muß scheitern.

Dennoch werden Friedas und Angelos Pässe eingezogen, ihm, dem Italiener, gar mit Abschiebung gedroht, und erst nachdem Mabel einflußreiche Freunde in Trab setzte zurückgegeben. In beider Akten gibt es aber noch eine ältere, aus dem Jahr 1933 stammende, unschöne Eintragung, die, wie jede wirkliche oder vermeintliche Ungerechtigkeit, Frieda zu ausführlichen Klagen veranlaßt, die den künftigen Lesern ihrer ›Memoirs‹ nicht erspart bleiben: Am Vorabend einer Reise nach Buenos Aires[563] – dort leben Angelino-Verwandte im Exil, die sich im Gegensatz zu ihm sehr deutlich gegen Mussolini ausgesprochen haben – waren die beiden festgenommen worden. Anlaß war eine geplante Schlaumeierei, die sich aber als Fiasko entpuppte, weil es statt des erwarteten Gewinns plötzlich einen Verlust zu verteilen gab. Angelino hatte Frieda überredet, einem anderen Taos-Italiener namens Nick Luciani tausend Dollar zu leihen. Dafür wollte dieser in Kalifornien Trauben kaufen, deren Erlös natürlich die Tilgung des Darlehens und mehr erbringen sollte. Doch einer der Lastwagen überschlug sich auf der Heimfahrt, die Trauben waren damit für die Transaktion unbrauchbar und Friedas Geld verloren. Da klagte sie auf Rückzahlung. Doch der Luciani-Clan stand wie eine Front, beschuldigte im Gegenzug Frieda der Unterschlagung von tausend Dollar und Angelino der Irreführung. Sie wurde schließlich freigelassen, er ebenfalls, allerdings gegen Kaution und einen neuen Haftbefehl befürchtend, worauf das Paar die Abreise nach Argentinien unverzüglich antrat. Ob all das dazu führt, daß die Einwanderungsbehörde 1945, als Frieda die amerikanische Staatsangehörigkeit beantragt, nicht bereit ist, sie ihr sofort und ohne weiteres zu gewähren? Nach zwei Jahren Wartezeit[564] teilt sie ihr mit, eine Befragung zu ihrem gegenwärtigen und vergangenen Betragen sei zunächst erforderlich. Frieda verzichtet: mit Schreiben vom 14. Januar 1947 zieht sie ihr Gesuch zurück.

Der Krieg macht alle nervös. Frieda sorgt sich um ihre Verwandten in Deutschland, die so oder so auf der Verliererseite stehen. Friedas Briefe belegen schon früh ihre Einstellung zu den Faschisten in Europa. »Ich glaube, ein großer Teil des unseligen Erfolges von Hitler und Mussolini liegt in ihrer Methode, Dinge zu vereinfachen. So kann man auch vom Teufel lernen«,[565] schrieb sie im August 1938 an Monty. Und so war sie auch im März 1938 der Überzeugung, Baron von Maltzahn einen Bärendienst erwiesen zu haben, indem sie ihm *Los Pinos* abkaufte. »Ich würde meinen Kopf nicht in die Nazischlinge stecken«,[566] kommentierte sie damals seinen Rückzug nach Österreich. Sie hat ›Mein Kampf‹ gelesen, bezeichnet Hitler als »Teufel« und nennt die Machtübernahme der Nazis einen »unheiligen Erfolg«.[567] Als Frieda vom neunmonatigen Leiden einer jungen Wienerin – sie ist ihr Gast auf der Ranch

273

– in einem Konzentrationslager erfährt, schreibt sie ihrem Sohn, mit dem sie »männliche« Themen wie Politik oder Geschäfte gern erörtert, einen empörten Brief.

1939 – Frieda feiert in diesem Jahr ihren Sechzigsten mit einem großen Fest – kommt Monty mit seiner Familie zu Besuch. Auch Elses Sohn Friedel ist in diesem Jahr mit Frau (die sich ein bißchen darüber entrüstet, daß Frieda so offensichtlich auf einen Büstenhalter verzichtet) und Kindern da; die ältere Schwester hat Frieda kurz zuvor in Albuquerque getroffen, Taos liegt zu hoch für Elses angegriffenes Herz; Nusch kommt, wie Barby, öfter, unter anderem auch 1949, da wird Frieda siebzig. In der Regel spendiert Frieda das Reisegeld, und sie packt immer wieder Scheine in Umschläge und Lebensnotwendiges in Pakete. Nur der Kontakt zur ältesten Tochter, Elsa, bleibt spärlich. Von allen Kindern hat sie ja die stärkste Bindung an den Vater.

Friedas dritte Hochzeit findet jedoch ganz ohne Familienbeteiligung statt. Sie und Angelo heiraten am 31. Oktober 1950 vor dem Friedensrichter in Taos, am 12. August war die Ravagli-Ehe nach amerikanischem Recht als geschieden erklärt worden, nachdem Ina Serafina der förmlichen Auflösung ihrer Ehe zugestimmt hatte. »Lieber Monty! Ich frage mich, ob Du davon gehört hast, daß Angelino und ich geheiratet haben. Natürlich hat sich dadurch nichts wirklich geändert, außer, daß wir nun beide die amerikanische Staatsbürgerschaft beantragen können [Was sie aber nicht mehr taten, denn Frieda fühlte sich zu alt dazu. Anm. d. Verf.] und er nach Italien fahren kann, ohne befürchten zu müssen, nicht wieder einreisen zu dürfen – und ich nach England. Nun bist Du der einzige Mensch, dessen Reaktion mich kümmert.«[568] Nicht grundlos, denn auch die Regelung ihres Nachlasses ist damit präjudiziert: die Hälfte geht an Angelino und nach dessen Tod an die Ravagli-Familie.

Nach England fährt Frieda tatsächlich, genauer: Sie fliegt im Sommer 1952, und zwar erstmals in ihrem Leben. Die Stravinskys haben das arrangiert. Als sie aus dem Flieger klettert, bietet sich Ida Wilhelmy und Monty, die zur Begrüßung gekommen sind, ein für Londoner Verhältnisse spektakulärer Anblick: Mrs. Lawrence-Ravagli trägt einen bodenlangen gefältelten Navajorock, dazu eine mexikanische Rüschenbluse, Ballerinenschuhe und eine leuchtendbunte Mütze mit Ohrenklappen. Auf ihrer Schulter ruht das Gastgeschenk für Monty: ein riesiger geräucherter Schinken. Mit seinem strengen Duft hatten sich alle Mitfliegenden abfinden müssen . . . Frieda geht zunächst unter Idas Obhut ins *Kingsley Hotel*[569], später zieht sie für zwei Wochen zu Monty nach *Netteswell House*, seinem offiziellen Wohnsitz als Kurator des Bethnal Green Museum. Ursprünglich hatte sie die Vorstellung gehabt, nur Monty, Elsa und Barby sollten von ihrer Anwesenheit erfahren, doch großzügig rückt sie davon ab und trifft gleich viele alte Bekannte, vor allem Murry, und Pollinger, der nach Zeitlin weltweit ihre Interessen vertritt. *Netteswell House* wird zum Ort der ersehnten Familientreffen. Montys Frau Vera räumt ihr eigenes Schlafzimmer mit seinem wundervollen Blick über die Bethnal Green Gardens für Frieda. Hier darf sie lange schlafen, im Bett frühstücken und rauchen und Besucher empfangen, wenn ihr danach ist. Hier tritt ihr der Enkel Ian erstmals gegenüber, ihr tiefes, kehliges »Hullo«, ihr heiseres Lachen sind ihm heute noch deutlich im Ohr. Auch unter einem alten Kirschbaum sitzend hält die alte Dame hof, glücklich strahlender Mittelpunkt ihrer Familie. Ernest Weekley ist selbstverständlich bei keinem dieser Treffen dabei. Mehr als einen Schatten hinterm Fenster sieht Frieda nicht von ihm, als Elsas Mann sie auf ihre Bitte hin langsam an dem Haus in Putney vorbeifährt, in dem er wohnt.[570] Eine weitere Chance für ein Treffen gibt es in beider Leben nicht. Als

Frieda Anfang 1954 von Ernests Gürtelrose erfährt, ist sie schockiert, als er im Mai stirbt, dauert sie sein langes Leiden. Sie rühmt ihn in Briefen als guten Vater und gesteht ein, daß ihr Vorwurf, er habe sie nie richtig gekannt, nur eine Seite der Wahrheit sein könnte: Auch er sei ihr fremd gewesen. Mehr Gefühl oder wenigstens Fairness kann sie, da ist sie ehrlich, nicht aufbringen. Sie weiß, daß etwas in ihm zerbrach, als sie ihn verließ. Aber sie ist sich ebenso sicher, daß, wäre sie geblieben, sie zerbrochen wäre.[571] Es ist der sonst oft so großmütigen Frieda nicht möglich, ihm seine Lebenstragödie ungeschmälert zu lassen. Ihr bis zum Schluß ungeklärtes Verhältnis zu Ernest Weekley ist eine Ausnahme in Friedas Leben. Ansonsten gelingt ihr im großen und ganzen das Kunststück, das viele versuchen und doch so wenige hinbekommen: ihren Frieden mit sich und den Menschen zu machen und ihr Leben bewußt ausklingen zu lassen. Sie erreicht es durch Arbeit an sich selbst.

Da ist vor allem die Metamorphose der beiden besten Feindinnen zu Freundinnen: »Ich denke an Mabels langgestrecktes Adobe-Haus ganz in der Nähe auf dem Mesa . . . Du gehst auf eins der Feste und sie begrüßt dich und die anderen Gäste in einem cremefarbenen Spitzenkleid – wie Spinnweb – zu ihren Türkisen; in dieser Nacht ist sie Circe, sie behext dich.«[572] Und die Brett? Frieda gibt ihr ein Stück Land von *Los Pinos* ab, so daß sie auf der anderen Straßenseite als nächste Nachbarin im eigenen Haus mit Atelier wohnen und arbeiten kann . . . Ein wunderbares Photo zeigt die drei, links die stämmige, bubiköpfige Mabel, in der Mitte Frieda, die unvermeidliche Zigarette hängt ihr im Mundwinkel, rechts die Brett, stolz ihr Hightech-Hörgerät vorweisend – ein Abbild purer Lebensfreude, einfach zum Neidischwerden. »Ich bin sicher, der liebe Gott sandte uns auf die Erde, daß wir sie ganz und gar genießen.«[573] Das sagt Frieda, und so lebt Frieda. Ihre

Alterslektüre: Lawrence vor allem, Goethe, Plutarch, Laotse, Montaigne. Diesem Philosophen kann sie viel abgewinnen, wenn er mahnt »das Einzige und Unverlierbare, das wir besitzen, unser innerstes Ich, nicht preiszugeben an alle die äußeren zeitlichen, staatlichen, politischen Zwänge und Pflichten«, noch mehr, wenn er den Frauen eher als den Männern das Recht zuspricht, »sich zur Abwechslung einen Geliebten zu halten«. Und erinnert es nicht an ihre eigene Lebensphilosophie, wenn er schreibt: »J'aime la vie et la cultive telle qu'il a plu à Dieu nous l'octroyer.«[574]

Dazu paßt: Port Isabel bei Bronsville, Texas. Ein zauberhaftes Küstenstädtchen. Ein Haus direkt am Meer. Frische Austern – und Renovieren: sie und Angelino schätzen beides. 1947 hat Frieda *Laguna Vista* gekauft, als Winterwohnsitz – und Renditeobjekt, wie übrigens alle Häuser mittlerweile äußerst geschickt wochen- oder monateweise vermietet werden. Beide haben in von Frieda mit D. H. Lawrence früher so oft praktizierter Weise das einfache Haus umgekrempelt. Ida Wilhelmy kommt 1955 zu Besuch, mit einem Bananendampfer! So verlockend waren Friedas Erzählungen während ihrer gemeinsamen Londoner Tage im *Kingsley Hotel*, so anhänglich ist die ehemalige Erzieherin der Weekley-Kinder. Nun liegen die beiden Frauen nach dem Schwimmen im warmen Sand von Padre Island, lassen Muscheln durch ihre Hände gleiten und reden von alten Nottinghamer Zeiten. Beide sprechen von Dankbarkeit: Ida, weil Frieda sie so umstandslos aus ihrem Unglück bei den Flersheims geholt und später so gut behandelt hatte; Frieda, weil ihr Leben mit den Kindern durch Idas Geschicklichkeit so unendlich erleichtert worden war. »Meine liebe Else, nun weiß ich, warum Ida so an mir hängt... Wir haben eine friedvolle Zeit miteinander... Es ist wunderbar. Die großen Kakteen blühen. Doch ich sehne mich nach einer einzigen blauen Hyazinthe.«[575] Heimweh, Frieda? So spät noch? Die Jahre, in denen alles zum letzten Mal geschieht, sind längst angebrochen. Was geklärt werden soll, darf nicht aufgeschoben werden. Das Schicksal derer, die mit ihrem Leben eng verbunden sind, setzt fortlaufend Schlußpunkte: 1946 starb Catherine Carswell, 1953 Millicent Rogers an einem Herzleiden mit nur dreiundfünfzig Jahren. 1955, im Januar, verliert Frieda Koteliansky als hochgeschätzten Feind, im Februar Maria Huxley als liebe Freundin, sie wird nur siebenundfünfzig, Krebs.

Immer neue Biographen machen sich über D. H. Lawrences Leben her und entdecken die Witwe. Deren Lebensleistung in den letzten Jahren basiert auf Geduld und Liebenswürdigkeit in der Beantwortung nicht selten mäßig spannender Fragen, im Mutmachen, wenn die Arbeit stockt, und Trösten, wenn die Kritiken erscheinen.

Nein, eine »richtige« Affäre hatten Lawrence und Murry nicht. (An Edward Gilbert, Kritiker und Murry-Freund.)[576] – An Murry selbst jedoch:»Ich glaube, seine Homosexualität . . . war vorübergehend und aus Leid geboren – ich habe dagegen angekämpft und gewonnen . . .«[577]

Ja, nach Ceylon fuhren sie wegen der Brewsters. Da war D. H. L. krank. Also fort, nach Australien. (An E. W. Tedlock, Professor für Englisch an der Universität Neu Mexiko und später Herausgeber von ›The Memoirs and Correspondence‹.)[578]

Ja, Lawrence verdankte seiner Jugendfreundin Jessie Chambers viel. Doch sie war ein »Blaustrumpf«, ohne Wärme. Aus Lawrence wollte sie einen kleinen zahmen englischen Schriftsteller machen. (An Harry T. Moore, Lawrence-Biograph.)[579]

Nein, weder hat sie die Vorgängerin Helen Corke noch

Louise Burrows jemals getroffen. Doch sie weiß, daß Louie sie nicht mochte. (An Harry T. Moore.)[580]

Ja, ›Sons and Lovers‹ wurde überwiegend in Gargnano geschrieben. (An Harry T. Moore.)[581]

Nein, wenn sie sich recht erinnert, hatte sie keine Einwände gegen den Rananim-Plan gemacht – weil sie nie an seine Realisierung glaubte. (An E. W. Tedlock Jnr.)[582]

Ja, Katherine wollte, daß Cornwall mißlingt. (An John Middleton Murry.)[583]

Nein, Violet Hunts Geschichte, daß Jessie fragte, ob sie die Handschuhe bei Tisch ausziehen oder anlassen solle, glaubt sie nicht. (An Harry T. Moore.)[584]

Nein, sie hat Barrie nie um Geld gebeten. (An Harry T. Moore.)[585]

Und so weiter.

Wen wunderts, daß sie schließlich am liebsten gar keine Bücher mehr über Lawrence lesen möchte. Und doch mischt sie sich immer wieder ein, spricht im Rundfunk über ihn, schreibt das Vorwort zur ersten Version der ›Lady Chatterley‹[586], verhandelt über Theater- und Filmrechte, meldet sich mit Artikeln und Essays zu Wort.

Sie wird zu einer leidenschaftlichen Anwältin D. H. Lawrences, ohne der Versuchung zu erliegen, sein Werk zu interpretieren. Immer wieder betont sie die Bedeutung seiner Lebensweise für ihn selbst: Keine Dienstboten, keinen Luxus, keinen Besitz. Überhaupt nichts Überflüssiges. Doch das Wasser, das er trank, mußte aus einer reinen Quelle kommen, das Essen, das er aß, mußte gut sein, der Platz, wo er lebte, mußte Flair haben. Mit unermüdlicher Energie ging er allem und jedem nach, nichts war ohne Sinn für ihn. Ein Spaziergang mit ihm war ein Erlebnis, alles nahm er wahr, jedes Geräusch, jeden Duft, jede neuerblühte Blume. Er hatte ein so tiefes, unzeitgemäßes Verständnis für die lebendige Kreatur. Wie sie selbst: »Nun haben wir Hühner in Käfigen, die nach wissenschaftlichen Erkenntnissen gefüttert werden und nur dasitzen und Eier legen – wie Maschinen. Keine Luft, keine Sonne, kein Scharren. Ob sie gackern, wenn sie ein Ei gelegt haben, ich weiß es nicht, bezweifle es aber.«[587] Lawrences Bewußtsein von der Kreatur gab seinem Schreiben eine besondere Qualität und machte es so lebendig. Es faszinierte die Menschen, so daß sie mit ihm zusammensein wollten. Doch oft versuchten sie, dieses Zusammensein zu begrenzen auf eine persönliche, zu persönliche Beziehung. Mißlang das, waren sie enttäuscht und Lawrence ärgerlich, und es flogen die Fetzen. Was er zu sagen hatte, sagte er um jeden Preis – und der Preis war oft hoch. Und oft wurde er mißverstanden, ja verleumdet. Er soll Kommunist, deutschfreundlich und sexbesessen gewesen sein! Tatsächlich war er nur menschenfreundlich. Doch über sein eigenes Leben hinaus fühlte er sich auf eine nahezu puritanische Weise verantwortlich für den Gang des Lebens allgemein. Das konnte anstrengend sein, manchmal war es sogar schwierig. Er kannte keine Kompromisse. Probleme benagte er konsequent – wie ein Hund seinen Knochen. Er tat das alles aus einem Wissen heraus, das ihm im Blut lag, das er nicht aus dem Intellekt bezog. Jedem Lebewesen gestand er dieses Wissen zu. Ihn deshalb als Faschisten zu bezeichnen, welch ein Unsinn . . . So Frieda über Lawrence, und: »Seit Lawrence starb . . . ist er für mich gewachsen und gewachsen und ich kann ihn als Ganzes sehen.«[588]

Gerade mit den Vorwürfen, D. H. Lawrence sei ein Nazi gewesen, muß Frieda sich häufig auseinandersetzen, und sie tut es auf sehr geschickte, differenzierte Weise – wenn sie einen guten Tag erwischt. Aber die Artikel, die sie zwischen 1935 und 1955 verfaßt[589] und die Lawrence nachträglich unzweifelhaft mit ihren Konturen versehen, sagen mindestens ebensoviel über sie selbst, über ihre Wünsche und Träume aus: Wie beredt schildert sie ihr friedliches Zusammenleben mit Lawrence, das Beerensammeln, die Ausritte, die Abende am Kaminfeuer, die Reisen, die sie unternahmen, weil es Spaß machte – nicht etwa weil er »getrieben« war. Selbst ihre Erinnerungen an Katherine Mansfield kreisen um Alltäglichkeiten von höchster Bedeutung – gemäß ihrer eigenen und Lawrences These, daß ein Cézanne ebensogut ein Geheimnis birgt wie eine Nudel und daß nur der wirklich groß ist, dem beides gleich viel bedeutet.[590] Wenn sie über einen Besuch bei den Shaws schreibt, steht Mrs. Shaw schon im Titel, und der Artikel endet mit dem Wortwechsel der beiden Frauen. Mrs. Lawrence: »Ich bin so froh, Sie kennengelernt zu haben.« Mrs. Shaw: »Mich? Immer wollen sie nur Shaw sehen.«[591] Friedas erhobener Zeigefinger in bezug auf unterschätzte Literatengattinnen ist unübersehbar.

Martin Green hat in seinem Buch über die Richthofen-Schwestern beim Betrachten von Frieda-Photos formuliert, was unbedingt auch für ihre schriftlichen Zeugnisse gilt: ». . . aus all diesen Bildern spüre ich das ›Hier bin ich – ja, ich bin es‹ heraus, diese zugleich anmaßende und dünnhäutige Offenbarung ihres Selbst, das tief verwundbar ist, wenn es nicht angenommen, nicht seiner eigenen Wertung gemäß akzeptiert wird.«[592] So liefert sie sich in vielen Passagen ihrer beiden Erinnerungsbücher den Lesern aus und fordert in ihren persönlichsten Briefen Zuneigung und Verständnis ein.

Doch es beschäftigt Frieda nicht nur, wie Lawrences Ideen der Nachwelt übermittelt werden, zunehmend macht sie sich Gedanken um das Schicksal der *Kiowa Ranch* und der Grabkapelle. Groß sind Freude und Erleichterung, als die University of Texas Interesse zeigt, in Austin ein Lawrence-Zentrum einzurichten, ». . . sie wollen die Manuskripte kaufen, die ich noch habe und die Ranch zu einer Art Ort für Studien machen. Es ist die reichste Universität der Welt. Wir denken also, daß unser Problem mit L.'s Kapelle . . . gelöst ist«[593]. Und es kommt fast noch besser »Ich habe in der Zeitung gelesen, daß die Verwaltung von Eastwood eine Gedächtnisstätte für L. plant. Soweit ich mich erinnere, soll ein Erholungszentrum mit Schwimmbad dabei sein – was mir irgendwie spaßig vorkommt. Ich bin sicher, L. würde den Witz an der Sache sehen und mögen.«[594] »Nach den Gesetzen Neu Mexikos bekommt A. als Ehemann *die Hälfte des Vermögens,* und ich möchte *die andere Hälfte Euch drei Kindern* hinterlassen. Du wirst ahnen, daß das Erbe mittlerweile beträchtlich ist.«[595] Das erfährt Monty im Oktober 1955. Auch daß Angelo das Haus in El Prado bekommt, das er selbst gebaut hat. Damit hat Frieda ihre Angelegenheiten geregelt.

Sie wird alt. Seit 1947 hat sie Diabetes und muß sich etwa seit 1955 Insulin spritzen. Im April 1956 macht sie eine fiebrige Infektionskrankheit durch, von der sie sich nie mehr so ganz erholt. Und erschütterte es Frieda vor Jahren noch keineswegs, wenn es einem Gast beliebte, nackt an ihrem Frühstückstisch zu erscheinen, und war sie auch freudig bereit, Vegetariern unter ihren Gästen zum Beispiel zwischen Schalen von Milch in den verschiedensten Stadien der Gerinnung ein Extraomelett mit Kürbisblüten zuzubereiten[596], den Musikern ein verstimmtes Klavier zu überlassen (». . . auch ein Musiker ist gekommen, ein Leonard Bernstein . . .«[597]), die Kranken schnellstmöglich in die Klinik zu befördern (Tennessee Williams, den es traf, erinnert sich, daß sie den La Salle die Berge hinauf- und hinunterfuhr wie einen Feuerwehrwagen[598]) – so fühlt sie sich seit kurzem genervt, wenn beispielsweise einer mit Hunden und einer Eule anreist.[599]

Frieda beginnt, entgegen ihrem ersten Eindruck, das Fernsehen zu mögen. Ganz besonders gern schaut sie sich Box- und Ringkämpfe an, die jungen hübschen Männer, wie sie sich rasch und tänzelnd bewegen – aber auch die etwas älteren gefallen ihr sehr. Noch lieber zieht sie sich mit ausreichend Büchern und Zigaretten in den Wintergarten von *Los Pinos* zurück. Sie könnte wohl weiter an ihren Memoiren arbeiten, die sie vor über zwanzig Jahren begonnen hat, die Ruhe wäre jetzt da, allein, wozu Kraft daran wenden, eigentlich ist doch alles gesagt. Was jetzt käme, wäre reine Fleißarbeit. Ordnen, sichten, auswählen, welche der vielen Versionen veröffentlicht werden soll, das können andere tun. Sie will noch ein bißchen das Leben auf ihre Art genießen. Joe Glascos[600] Mutter ist da, es wird ein Fest geben, zu dem auch Brett und Mabel kommen – die Ärmste ist schon ziemlich verwirrt, oft erkennt sie nicht einmal mehr ihren Tony und fragt, wer denn dieser Indianer da sei. Dann hat Witter Bynner Geburtstag. Fast auf den Tag genau ist er zwei Jahre jünger als Frieda!

»Lieber Hal«, schreibt sie an ihn und datiert den Brief, der ihr letztes schriftliches Zeugnis ist, auf den 10. August 1956 vor, »heute ist Dein fünfundsiebzigster Geburtstag. Wie lange kennen wir uns schon? Mir scheint es, immer. Deshalb will ich Dir heute sagen, wie viel mir Deine Freundschaft jederzeit bedeutet hat. Ich werde nicht die einzige sein, die so fühlt; Du, mit Deiner reichen, großzügigen Art hast so vielen vieles gegeben. Manchmal war ich für Dich eine Nervensäge, und manchmal warst Du nicht mit mir einverstanden und sagtest mir das auch, doch immer war Deine Freundschaft für mich Stütze und Freude. Das ist mein liebevoller Dank an Dich zu diesem Tag. Frieda Lawrence Ravagli«[601]

*****

»Monty, Elsa und Barby, meine Lieben,

Eure liebevollen, mitfühlenden Briefe zum Verlust Eurer Mutter, meiner geliebten Frieda, verleihen mir die Kraft, Euch umgehend einen vollständigen Bericht über die Geschehnisse zu geben. Unter der Flut von Briefen und Telegrammen, die täglich ankommt, haben Eure selbstverständlich den Vorrang . . .

Mein Eindruck ist, daß unsere liebste Frieda seit der Krankheit vom letzten Frühling, als sie zwei Wochen ins Krankenhaus von Santa Fe mußte, nie mehr die alte war. Nie wieder gewann sie ihre Energie und Vitalität voll und ganz zurück. Sie wurde wegen eines Virus' behandelt, der nie identifiziert wurde. Heute frage ich mich, ob es nicht eher ein leichter Schlaganfall war. . . . Dann, eines Morgens, spürte sie einen Schmerz in ihrem Magen. Am Abend vorher waren wir auf einer Party bei den Jungs gegenüber. Sie dachte, es sei eine Art Magenverstimmung. Der Arzt gab ihr ein Beruhigungsmittel, und einen oder zwei Tage später ging es ihr wieder gut.

Dann kam der schicksalhafte 8. August. Sie ging früher zu Bett und ich war noch auf, als sie von ihrem Schlafzimmer in den Wintergarten zog, denn die Nacht zuvor hatte sie hier gut geschlafen und die großen Sterne gesehen. Danach ging ich zu Bett und las eine Kurzgeschichte. Um 22 Uhr rief sie mir zu ›Es ist spät – geh schlafen, Mann‹, und das waren die letzten Worte, die ich von ihr hörte.

Ich muß gerade dabei gewesen sein, einzuschlafen, als ich plötzlich ein merkwürdiges Geräusch hörte. Ich dachte, ich hätte das Radio angelassen. Aber da war sie, das arme Ding, auf dem Boden neben ihrem Bett und versuchte, hineinzukommen. Ich wurde fast ohnmächtig. Sie konnte nicht mehr sprechen. Die rechte Seite war gelähmt und ihr Mund verzerrt. Es war 23 Uhr.

Mit all meiner Willenskraft brachte ich sie ins Bett zurück und eilte zum Telefon. In zehn Minuten war die Ärztin da. Später wurde weitere Hilfe herbeigerufen, und sobald die Ärztin es erlaubte, brachten wir sie mit der Unterstützung von zwei starken jungen Männern, Joe und Bill, in ihr Schlafzimmer. Die Ärztin, eine tüchtige Frau, blieb die Nacht bei ihr. Am nächsten Morgen kam die freundliche Rachel Hawk, um ihr zu helfen, und später hatten wir zwei Krankenschwestern und ein Krankenhausbett, um es ihr leichter zu machen.

Ob sie wirklich litt, ist schwer zu sagen. Am ersten Tag war sie nur die halbe Zeit bei Bewußtsein. Viele Male erkannte sie, was wir machten, denn sie sagte ›Danke‹. Trotzdem bin ich überzeugt, daß sie meist ohne Bewußtsein war und die letzten zwölf Stunden ganz und gar.

Ich weiß nicht, was wir ohne die Hilfe so vieler guter Freunde getan hätten. Nie zuvor habe ich jemanden sterben sehen, und das war eine bittere Erfahrung für mich . . .

Nun, meine lieben Kinder und Enkelkinder, unser Verlust ist unersetzlich – aber niemand hält die Zeit auf, wenn sie gekommen ist. Und wenn es soweit ist, müssen wir es würdig tragen, wie es unsere geliebte Frieda tat . . .

P. S. Am Sonntag will ich Friedas Grab besuchen und das Holzkreuz hinbringen, das sie sich gewünscht hat. Aber später will ich einen großen Granitstein legen mit ihrem Namen, Geburts- und Todestag und Wappen.

Seid ihr einverstanden?«[602]

Friedas Todestag, das ist der 11. August 1956. Angelino verarbeitet seinen Schmerz buchstäblich. Er organisiert eine wundervolle Trauerfeier für Frieda. Er wählt für sie das rosa-blaue Kleid, das sie sich aus der Seide genäht hatte, die er ihr einst aus Italien mitgebracht, und in dem sie noch wenige Tage zuvor am Kopfende des Tisches die Glasco-Party präsidierte als die »Königin des Abends«[603]. In die Hände gibt er ihr einen Strauß künstlicher Vergißmeinnicht, der sich neben ihrem Bett fand, und einen Strohhut, der mit einem gelben Band aufgemacht ist, passend zu ihren geliebten Samtschuhen. So sehen sie die Freunde in Lawrences Kapelle aufgebahrt bis zur schlichten Trauerfeier am Nachmittag. Frieda inmitten vieler Blumen, eine Hummel in der Kapelle, die Abschiedsworte gesprochen von William Goyen, so bleibt das Begräbnis den vielen Freunden, die an dem sonnigen Tag den Hügel von Taos heraufgekommen sind, in Erinnerung.

»Seid nicht zu unglücklich über Frieda. Wer sie in den letzten Wochen und Tagen erlebt hat, weiß, daß es recht so ist und daß ihr Leben voll und rund war. Es war sogar ihr Geburtstag.«[604]

★★★★★

Angelino spendiert Frieda tatsächlich einen prächtigen Grabstein. Wer auf D. H. Lawrences »Schrein« zugeht, muß zuerst an ihr vorbei.

Der Witwer soll versucht haben, sich mit Dorothy Horgan, einer von ihm schon lange verehrten Blondine zu verbinden, ohne Erfolg. Schließlich verkauft er seine amerikanischen Besitztümer – die D.-H.-Lawrence-Gemäldesammlung übergibt er komplett seinem Kumpel Saki Karavas, dem Inhaber des *Hotel Fonda* in Taos Plaza, wo sie heute noch im Büro zu besichtigen ist – und kehrt 1959 als wohlhabender Mann nach Europa zurück. Umstandslos kann er bei Ina Serafina wieder einziehen, als deren nach italienischem Recht nie geschiedener Ehepartner.[605]

★★★★★

E. W. Tedlock ist derweil fleißig damit beschäftigt, sich durch das Chaos auf Friedas Schreibtisch hindurchzuarbeiten. Und ihre Briefe von Adressaten in aller Herren Länder einzusammeln. 1961 hat er es geschafft: Friedas Memoiren

unter dem Titel ›And the Fullness Thereof . . .‹[606] erscheinen zusammen mit zehn ihrer Essays und einem umfang-
reichen Korrespondenzteil.[607]

Anmerkungen

1 Frieda Lawrence: The Memoirs and Correspondence, ed. by E. W. Tedlock, London u. a. 1961, S. 17.

Das erste Kapitel: Frieda, die Atavistische
1879 – 1898
»Sie war sicher nicht modern. Wenn Naturvölker sich eins fühlen mit der ganzen Welt, . . . dann war sie wie die.«

2 Frieda Lawrence: The Memoirs and Correspondence, S. 16.

3 a.a.O., S. 17.

4 Vgl. a.a.O., S. XV ff.

5 Vgl. a.a.O., S. 276 u. S. 422. Else Jaffé, Friedas ältere Schwester, erinnert sich: ». . . Eine ernstere Bindung war die an Leutnant K. von Marbahr; sie blieb selbstverständlich innerhalb der Grenzen der damaligen Konvention. Ich glaube nicht, daß sie einander je ohne Zeugen sahen. Als ich in Berlin studierte und er dort stationiert war, traf er mich manchmal, nur um über sie zu reden.«

6 Von Haus aus Jurist, war Friedas entfernter Onkel zunächst in der gerade geschaffenen Kolonialabteilung des Auswärtigen Amtes beschäftigt, später wurde er Nachfolger Bülows als Staatssekretär. Vgl. dazu auch Robert Lucas: Frieda von Richthofen. Ihr Leben mit D. H. Lawrence, München 1972, S. 14 u. 28.

7 Anna Louise Friederike von Elbe (1841–1921), Mutter Kurt von Elbes, der sich, wie im Brief vom 21.2.1898 an Else erwähnt, in Berlin in Frieda verliebte.

8 Frieda Lawrence: The Memoirs and Correspondence, S. 67.

9 a.a.O., S. 159 f.

10 Vgl. a.a.O., S. 420. Aus einem Brief Else Jaffés vom 6.12.1957 an den Herausgeber Tedlock zum Status ihrer Familie: ». . . Sie waren Grundbesitzer in Schlesien, niederer Adel. Doch der Vater meines Vaters hatte irgendwie seinen Besitz verloren, mein Vater hatte dort nicht Fuß gefaßt und zog schließlich in den Westen des Reiches ins neu eroberte Lothringen. Die einzigen Richthofens, mit denen er in Kontakt blieb, waren sein Bruder, ein vertrockneter Militärrichter, und sein Cousin, später Staatssekretär, in seinem Haus verbrachte Frieda einen Winter. Er neckte Frieda gerne, meinem Gefühl nach, weil Frieda die Bedeutung der Richthofens ein wenig romantisch überhöhte: sie waren weder Cecils noch Rohans . . .«

11 Ganz im Gegensatz zu den Richthofens, deren Linie der Kampfflieger des I. Weltkrieges, Manfred von Richthofen, entstammte. Frieda hat vermutlich diesen entfernten Verwandten, man muß bis ins 17. Jahrhundert zurückgehen, um einen beiden gemeinsamen

Ahnen ausfindig zu machen, nie persönlich kennengelernt. Vgl. John Worthen: Coronets and Cold Hearts: The Von Richthofens and the Weekleys. Inaugural Lecture, Nottingham o. J., S. 5.

12 Die erste Richthofensche Wohnung war in Konstanz, 1874 zogen sie nach Château-Salins, 1876 nach Saarburg und schon 1878 nach Metz. Hier wurde Frieda geboren. 1881 erfolgte der Umzug nach Sablon, in das Landhaus mit Garten, das in vielen ihrer Kindheitserinnerungen eine so große Rolle spielt. Parallel zu den Umzügen verläuft Friedrich von Richthofens eher mäßige Karriere.

13 Vgl. Neue Deutsche Biographie, herausgegeben von der historischen Kommission bei der Bayerischen Akademie der Wissenschaften, München 1974. (Dieser Quelle zufolge starben zwei weitere Söhne früh, nach Friedrich wurde noch ein Sohn geboren.)

14 Ob dieses Ausscheiden in Zusammenhang mit einem Unglück steht, in das Richthofen verwickelt war, kann nur vermutet werden: Er hatte zwei Mädchen in seinen Räumen übernachten lassen, die an einer Kohlenmonoxydvergiftung, verursacht durch einen defekten Ofen, starben. Er selbst hatte sich retten können.

15 1954 beschäftigte sich Frieda mit der Übersetzung des Kriegstagebuchs ihres Vaters in Englische. Es sei im »Maschinengewehrstil« geschrieben, meinte sie, ein Stil, den sie vor allem in Briefen nicht selten selbst verwendet. Sie plante die Herausgabe, das Projekt verlief jedoch im Sand. Vgl. Frieda Lawrence: The Memoirs and Correspondence, S. 345.

16 Geschichte der Familie Praetorius von Richthofen. Im Auftrage der Familie verfaßt von Emil Freiherr Praetorius von Richthofen, Magdeburg 1884, S. 488 f.

17 Eine Schwester von Julie und Camilla Blas war in Konstanz verheiratet, wirtschaftliche Schwierigkeiten führten dazu, daß ihre Tochter Ida Hotz-Blas von Julie adoptiert wurde. Eine weitere Tochter trat in den Orden Sainte-Chrétienne in Metz ein, dessen Schule Frieda, die Protestantin, besuchte. Über die jahrzehntelangen vielfältigen Kontakte der Familien Blas und Richthofen: Interview mit Eva Pitsch-Schweikert am 16. März 1997 in Freiburg i. Br.

18 Vgl. Frieda Lawrence geb. Freiin von Richthofen: Nur der Wind . . . Mit neunzig Briefen und fünf Gedichten von D. H. Lawrence, Berlin 1936, S. 67 f. Nach Janet Byrne: A Genius for Living. A Biography of Frieda Lawrence, London 1995, S. 34, handelte es sich um die dem Karmeliterinnenkloster Sainte-Chrétienne in Metz zugeordnete Schule.

19 Frieda Lawrence: The Memoirs and Correspondence, S. 423.

20 »Als sie den Film *Mädchen in Uniform* sah, sagte sie: ›Das bin ich.‹« Nach den Erinnerungen von Friedas Tochter Barbara Weckley-Barr in: Rosie Jackson: Nicht ich, aber der Wind, München 1995,

S. 99.

21 Eintragung ins Gästebuch der Blas-Schwestern: »White and red cur-rants/10 July 1921/D. H. Lawrence«.

22 Sequenz, zitiert nach Frieda Lawrence: Nur der Wind . . ., S. 67 f.

23 Rosa-weiße Kleider scheinen Frieda Symbol für Lebenswenden zu sein: rosa-weiß war auch ihr Kleid, in dem sie ihren künftigen Mann erwartete, Rosa-Weiß trugen ihre Töchter (für sie selbst war die Farbwahl in ihrer Professorengattinnenzeit sicher nicht mehr passend), als sie mit D. H. Lawrence spielten und Frieda sich in den jungen Mann verliebte.

24 Vgl. Frieda Lawrence: The Memoirs and Correspondence, S. 422. Nach Else Jaffés Erinnerung war Kurt von Richthofen achtzehn oder neunzehn und Frieda sechzehn. S. 393 f. schildert Frieda den Abschied, S. 56 ff. die ganze Geschichte. In ihrem Nachlaß fanden sich mehrere Variationen dieses Themas.

25 Lois Hoffmann: A Catalogue of the Frieda Lawrence Manuscripts in German at the University of Texas, in: Library Chronicle of the University of Texas n. s. G. (Dec. 1973), S. 90.

26 Vgl. Frieda Lawrence: The Memoirs and Correspondence, S. 39 ff.

27 Vgl. Frieda Lawrence: Nur der Wind . . ., S. 145 ff.

28 a.a.O., S. 37.

29 a.a.O., S. 44.

30 Vgl. a.a.O., S. 57 f.

31 a.a.O., S. 8.

32 a.a.O.

33 a.a.O., S. 390.

34 a.a.O., S. 49.

1898 – 1907
»»Mein Schneeglöckchen‹, sagte er. . . . ›Sei keine Gans‹, flüsterte ihre Mutter.«

35 Frieda war, darf man dem Blasschen Gästebuch glauben, während dieser Zeit nicht in Littenweiler.

36 Vgl. Auszüge aus den Akten zum englischen Lektorat, aus den Fa-kultätsprotokollen, den Senatsprotokollen und aus dem Vorlesungs-verzeichnis der Albert-Ludwigs-Universität Freiburg, SS 1897 und WS 1897/98 betreffend.

37 Frieda Lawrence: The Memoirs and Correspondence, S. 69.

38 Vgl. Robert Lucas: Frieda von Richthofen, S. 45. Das University College galt demnach zwar als Hochschule, vollwertigen Universi-tätscharakter erhielt es erst 1948.

39 Janet Byrne: A Genius for Living, S. 41.

40 Vgl. Frieda Lawrence: The Memoirs and Correspondence, S. 69.

41 Privatarchiv Pitsch-Schweikert.

42 Frieda Lawrence: The Memoirs and Correspondence, S. 70 f.
43 a.a.O., S. 71.
44 Vgl. a.a.O., S. 71 ff.
45 Vgl. a.a.O., S. 72.
46 a.a.O., S. 425.
47 Es war vermutlich die Kirche in der Wiehrer Straße.
48 Rosie Jackson: Nicht ich, aber der Wind, S. 303 ff. Frieda selbst brachte mehrere Versionen der Geschichte, allerdings mit immer gleichem Ausgang, in Umlauf.
49 Frieda Lawrence: The Memoirs and Correspondence, S. 160 f.
50 Mit diesen Worten kritisiert Frieda ihre Eltern. Vgl. a.a.O., S. 70.
51 Vgl. dazu John Worthens Aufzeichnungen eines Gesprächs mit Barbara Weekley-Barr, Coronets and Cold Hearts, S. 12 f.
52 Frieda Lawrence: The Memoirs and Correspondence, S. 162.
53 Aus dem Juni 1918 liegt eine Urkunde vor, wonach Friedas Sohn Montague Karl Richthofen Weekley seinen Namen in Charles Montague Weekley ändern ließ.
54 in: Janet Byrne: A Genius for Living, S. 54.
55 Frieda Lawrence: The Memoirs and Correspondence, S. 167
56 a.a.O., S. 173.
57 a.a.O., S. 175 f.
58 Sequenz Frieda Lawrence: The Memoirs and Correspondence, S. 76.
59 Zu den Nottinghamer Alltäglichkeiten vgl. a.a.O., S. 73 ff.; zur Fleischerladenepisode vgl. auch Janet Byrne: A Genius for Living, S. 54.
60 Vgl. John Worthen: D. H. Lawrence. The Early Years 1885–1912, Cambridge 1992, S. 376.
61 John Worthen: Coronets and Cold Hearts, S. 18.

Das zweite Kapitel: Frieda, die Avantgardistische
1907 – 1912
».. . und ich wünsche oft, ich wäre ein gewaltiger Fußtritt.«

62 Vgl. Lois Hoffmann: A Catalogue . . ., S. 90.
63 Thomas Mann: Gladius Dei, in: Die Erzählungen, Frankfurt a. M. 1986, S. 215.
64 Erich Mühsam: Namen und Menschen. Unpolitische Erinnerungen, Berlin 1949, S. 110 f.
65 Franziska zu Reventlow: Herrn Dames Aufzeichnungen oder Begebenheiten aus einem merkwürdigen Stadtteil, München 1913, S. 5.
66 Erich Mühsam: Namen und Menschen, S. 166.
67 Eine beutelartige Bandage für die männlichen Geschlechtsteile.
68 Vgl. Volker Ullrich: Bohemien und Bürger, in: Die Zeit Nr. 39, 23.9.1994.
69 Vgl. Frieda Lawrence: The Memoirs and Correspondence, S. 83.

70 Natalie Bruck-Auffenberg: Die Frau comme il faut (Die vollkommene Frau). Mit Beiträgen des Briefkastenmannes der »Wiener Mode«, o. J., S. 476 f.
71 Leonhard Frank: Links, wo das Herz ist, München 1952, S. 10.
72 Frieda Lawrence: The Memoirs and Correspondence, S. 82 f.
73 Vgl. Martin Green: Else und Frieda, die Richthofen-Schwestern,
   München 1974, S. 109. Green erwähnt auch Erich Mühsam als Un-
   terschreiber der Postkarte an Else Jaffé; bekannt ist, daß der Schriftsteller, Herausgeber einer eigenen Zeitschrift und Anarchist erst
   Anfang 1909 sein Domizil nach München verlegte. Erich Mühsam
   wurde 1934 im KZ Oranienburg ermordet.
74 Frieda Lawrence: The Memoirs and Correspondence, S. 83.
75 Edgar Jaffé hatte das *Archiv* gekauft, um dem Emeritus Max Weber
   eine Plattform zur Verfügung zu stellen; ein weiterer Herausgeber
   war Werner Sombart.
76 Franziska Gräfin zu Reventlow: Tagebücher 1895–1910, Herausgegeben von Else Reventlow, München u. Wien 1971, S. 424 u.
   431 ff.
77 Max Weber (1864–1920) hatte wesentlichen Einfluß auf die Be-
   griffsbildung der modernen Sozialwissenschaften und die Wissen-
   schaftstheorie.
   Marianne Weber (1870–1954), Schriftstellerin und von 1920 an
   Hüterin und Verwalterin des Nachlasses ihres Mannes, spielte seit
   1898 eine wichtige Rolle in der bürgerlichen Frauenbewegung. Sie
   war von 1919 bis 1923 erste Vorsitzende des Bundes Deutscher
   Frauenvereine.
78 Vgl. Claudia Schmölders: Deutsche Erotik – ein Mängelwesen?
   Antworten von Schopenhauer & Co in: Kursbuch Erotik, Berlin
   1996, S. 130: »Weber stellte sich Erotik als raffinierte Brutalität
   vor . . .«
79 Zitiert und vgl. M. Rainer Lepsius und Wolfgang J. Mommsen in
   Zusammenarbeit mit Birgit Rudhard und Manfred Schön: Max
   Weber Briefe 1906–1908, Tübingen 1990, S. 393 ff.
80 Vgl. a.a.O., S. 398.
81 Marianne Weber: Max Weber. Ein Lebensbild, Tübingen 1984,
   S. 373 f.
82 Vgl. a.a.O.
83 Vgl. Hubert Treiber und Karol Sauerland (Hrsg.): Heidelberg im
   Schnittpunkt intellektueller Kreise, Opladen 1995, S. 15 f.
84 Emanuel Hurwitz: Otto Gross. Paradiessucher zwischen Freud und
   Jung, Frankfurt a. M. 1988, S. 50 f.
85 Vgl. a.a.O., S. 121.
86 Vgl. Franz Werfel: Barbara oder die Frömmigkeit, Frankfurt a. M.
   1988, S. 322 ff. u. 346 ff.

87 Vgl. Peter Stephan Jungk: Franz Werfel. Eine Lebensgeschichte, Frankfurt a. M. 1987, S. 140.

88 Franz Jung: Der Torpedokäfer. Aufzeichnungen aus einer großen Zeit, Neuwied 1961, S. 91.

89 Vgl. Leonhard Frank: Links, wo das Herz ist, S. 14 f.

90 Eine andere bekannte, vielleicht spätere Adresse lautet Schleißheimer Straße/Ecke Georgenstraße.

91 In einem seiner Briefe an Frieda nennt Otto Gross sie »Türkenpferdl«, was zu wilden Spekulationen über – von ihr – bevorzugte sexuelle Praktiken führte.

92 1908 wurde Rainer Maria Rilke auf Regina Ullmanns literarische Begabung aufmerksam, danach förderte er sie nach Kräften.

93 Vgl. Martin Green: Else und Frieda die Richthofen-Schwestern, S. 75.
Ein Gerücht besagt, Gross habe der schwangeren Regina Ullmann einen Selbstmord nahegelegt. Else Jaffé glaubte diese Geschichte. Auffallend ist, daß Otto seiner Ullmann-Tochter Camilla wenig bis gar keine Beachtung schenkte. Hingegen nahm Else das Kind häufig in die eigene Familie auf. Noch in den zwanziger Jahren wird Camilla in der Richthofen-Korrespondenz erwähnt, selbst Geldgeschenke von D. H. Lawrence an Friedas Nichten und Neffen bezogen die Otto-Gross-Tochter mit ein.

94 Jennifer E. Michaels: Anarchy and Eros. Otto Gross's Impact on German Expressionist Writers, New York 1983, S. 25.

95 *Kosmiker*, das geht auf eine Forderung Nietzsches zurück: Den Egoismus als Irrtum ansehen und als Gegensatz ja nicht Altruismus verstehen. Kosmisch zu empfinden, das bedeute, über sich und andere hinauszuwachsen. *Kosmiker* schwärmen für prähistorische Mythen, schwelgen in gnostischen Kulten, *Kosmiker* verbinden spirituelle Begierden nahtlos mit der Wollust des Fleisches. Zu Höherem berufen fühlen sich auch die von dem Lyriker Stefan George beeinflußten *Kosmiker* Ludwig Klages, Alfred Schuler und Karl Wolfskehl. Um jedoch mit den *Elf Scharfrichtern* zu urteilen: »Feierlich sein, ist alles! Sei dumm wie ein Thunfisch, temperamentlos wie eine Qualle, stier besessen wie ein narkotisierter Frosch, – aber feierlich, und du wirst plötzlich Leute um dich sehen, die vor Bewunderung nicht mehr mäh sagen können.« Vgl. und zitiert nach Hermann Wilhelm: Die Münchner Bohème. Von der Jahrhundertwende bis zum Ersten Weltkrieg, München 1993, S. 149 ff.

96 John Turner with Cornelia Rumpf-Worthen and Ruth Jenkins: »The Otto Gross-Frieda Weekley Correspondence«, in: D. H. Lawrence Review, Band 22, 2/1990, S. 198.

97 Vgl. Michael Raub: Opposition und Anpassung. Die individualpsychologische Interpretation von Leben und Werk des frühen Psy-

choanalytikers Otto Gross. Europäische Hochschulschriften. Reihe
VI Psychologie, Bd. 441, Frankfurt a. M. 1994, S. 75.

98 Vgl. Emanuel Hurwitz: Otto Gross. Paradiessucher zwischen Freud
und Jung, S. 117.

99 Frieda Lawrence: Nur der Wind . . ., S. 23.

100 So bezeichnet ihn sein Biograph.

101 Rosie Jackson: Nicht ich, aber der Wind, S. 318 f.

102 John Turner: »The Otto Gross-Frieda Weekley Correspondence«,
S. 217.

103 Bei dieser Gelegenheit könnte sie ihre Töchter, die eventuell während Friedas München-Aaufenthalt bei Else blieben, abgeholt haben.

104 John Turner: »The Otto Gross-Frieda Weekley Correspondence«,
S. 216.

105 Martin Green: Mountain of Truth. The Counterculture Begins. Ascona, 1900–1920, Hanover N. E. u. London 1986, S. 29.

106 John Turner: »The Otto Gross-Frieda Weekley Correspondence«,
S. 215.

107 Sequenz zitiert und vgl. John Turner: »The Otto Gross-Frieda
Weekley Correspondence«, S. 198–217.

108 Alle 20 überlieferten Briefe sind undatiert; daß sie zwischen 1907
und 1910 geschrieben wurden, läßt sich aus ihrem Inhalt ableiten.

109 Otto Gross erscheint in Friedas Memoiren als Octavio.

110 Frieda Lawrence: The Memoirs and Correspondence, S. 90.

111 Vgl. a.a.O.

112 John Turner: »The Otto Gross-Frieda Weekley Correspondence«,
S. 213.

113 a.a.O.

114 Martin Green: Else und Frieda die Richthofen-Schwestern, S. 76.

115 Vgl. Emanuel Hurwitz: Otto Gross, S. 139 f.

116 a.a.O., S. 132.

117 Vgl. a.a.O., S. 132 ff.

118 a.a.O., S. 147.

119 Frieda Lawrence: Nur der Wind . . ., S. 23.

120 Alfred Weber (1868–1958), Volkswirtschaftler und Soziologe, war
Begründer der industriellen Standortlehre und Vertreter einer uni-
versellen Kultursoziologie.

121 Sequenz Emanuel Hurwitz: Otto Gross, S. 203 u. 214.

122 Vgl. Otto Gross: Von geschlechtlicher Not zur sozialen Katastrophe. Mit einem Textanhang von Franz Jung. Herausgegeben und
kommentiert von Kurt Kreiler, Frankfurt a. M. 1980, S. 25 f.

123 Zuletzt von der D.-H.-L.-und-Frieda-Biographin Brenda Maddox.

124 Robert Landmann: Ascona – Monte Verità. Auf der Suche nach
dem Paradies, Frankfurt a. M. u. a. 1979, S. 57.

125 Bis spät in die 1920er Jahre suchten hier unter anderen ihr Glück: Lenin, Michail Bakunin, Leo Trotzki, Hermann Hesse, Mary Wigman, Isadora Duncan, Rudolf Steiner, Martin Buber, Leonhard Frank, Else Lasker-Schüler, Max Weber, Oskar Maria Graf, Stefan George, René Schickele, Paul Klee, Marianne von Werefkin, Ivan Goll, Alexej Jawlenski, Erich Mühsam . . . Vgl. a.a.O., S. 59 f.

126 Vgl. und zitiert Franziska zu Reventlow: Briefe 1890–1917. Herausgegeben von Else Reventlow, München 1975, S. 493.

127 Vgl. Emanuel Hurwitz: Otto Gross, S. 202 f.

128 Vgl. Martin Green: Mountain of Truth, S. 34 ff.

129 Frieda Lawrence: The Memoirs and Correspondence, S. 79 f.

130 a.a.O., S. 92.

131 D. H. Lawrence: Briefe an Frauen und Freunde. Auswahl und Vorwort von W. E. Süskind, Berlin o. J. (1938), S. 57 f.

132 Vgl. David Garnett: Great Friends. Portraits of seventeen writers, London 1979, S. 77.

133 Vgl. D. H. Lawrence: Mr. Noon. Autobiographischer Roman, Zürich 1993, S. 181.

134 Vgl. Frieda Lawrence: Nur der Wind . . ., S. 24.

135 Vgl. D. H. Lawrence: Mr. Noon, S. 181.

136 Vgl. Frieda Lawrence: Nur der Wind . . ., S. 24 f.

137 Vgl. a.a.O., S. 25.

138 a.a.O., S. 25 f.

139 Vgl. Richard Aldington: D. H. Lawrence, Reinbek 1981, S. 30.

140 Mehr als mit Jessie Chambers wäre Lawrences Mutter mit Louie Burrows einverstanden gewesen.

1912 – 1914
»Es würde ein Kampf werden, aber eine Niederlage zog ich nie in Betracht.«

141 Vgl. Times Literary Supplement, 30. Mai 1912.

142 Vgl. Frieda Lawrence: The Memoirs and Correspondence, S. 95 f.

143 Vgl. The Letters of D. H. Lawrence, ed. by James T. Boulton, Vol. I, Cambridge 1979, S. 388.

144 Vgl. Frieda Lawrence: The Memoirs and Correspondence, S. 92.

145 Die lothringische Stadt Metz gehörte seit 1871 zum Deutschen Reich.

146 Frieda Lawrence: Nur der Wind . . ., S. 59 f.

147 D. H. Lawrence: Mr. Noon, S. 208.

148 The Letters of D. H. Lawrence, Vol. I, S. 390 f.

149 Frieda Lawrence: Nur der Wind . . ., S. 31.

150 Vgl. D. H. Lawrence: Mr. Noon, S. 209 f. u. 224 f.

151 a.a.O., S. 203.

152 Vgl. The Letters of D. H. Lawrence, Vol. I, S. 392 f.

153 Frieda Lawrence: The Memoirs and Correspondence, S. 178.
154 Interview mit Barbara Weekley-Barr am 17. Juli 1997 in Italien.
155 Frieda Lawrence: The Memoirs and Correspondence, S. 178.
156 Vgl. a.a.O., S. 180.
157 Frieda Lawrence: Nur der Wind . . ., S. 40 f.
158 Frieda Lawrence: The Memoirs and Correspondence, S. 94.
159 Heute hat es die Adresse Josef-Schnellrieder-Weg 8.
160 Interview mit Barbara Weekley-Barr am 17. Juli 1997 in Italien.
161 Vgl. Rosie Jackson, Nicht ich, aber der Wind, S. 117.
162 D. H. Lawrence: Briefe an Frauen und Freunde, S. 62.
163 Vgl. The Letters of D. H. Lawrence, Vol. I, S. 400 ff; vgl. auch D.
     H. Lawrence: Mr. Noon, S. 180 f.
164 The Letters of D. H. Lawrence, Vol. I, S. 401.
165 Vgl. Frieda Lawrence: Nur der Wind . . ., S. 57.
166 The Letters of D. H. Lawrence, Vol. I, S. 406.
167 D. H. Lawrence: Neue Eva und Alter Adam, in: Der Mann, der In-
     seln liebte. Erzählungen, Zürich 1990, S. 200, 205 u. 224.
168 Vgl. Frieda Lawrence: The Memoirs and Correspondence, S. 312.
169 Vgl. Martin Green: Elsa und Frieda, die Richthofen-Schwestern,
     S. 155.
170 Vgl. und zitiert Frieda Lawrence: Nur der Wind . . ., S. 65 f.
171 The Letters of D. H. Lawrence, Vol. I, S. 411 ff.
172 Frieda Lawrence: Nur der Wind . . ., S. 65.
173 Alfred Weber konnte es niemals ertragen, wenn sich jemand in ei-
     nem über seinem Schlafzimmer liegenden Raum aufhielt. Eine
     Wohnung unter dem Dach erweist sich in solchen Fällen als ideal.
174 Frieda Lawrence: Nur der Wind . . ., S. 66.
175 The Letters of D. H. Lawrence, Vol. I, S. 415.
176 David (Bunny) Garnett (1892–1981) gehörte ab den zwanziger Jah-
     ren zur Bloomsbury Group. Bereits sein erster Roman ›Lady into
     Fox‹ wurde ein großer Erfolg und 1923 mit dem Hawthornden-
     Preis ausgezeichnet.
177 David Garnett: Great Friends, S. 77.
178 Vgl. a.a.O.
179 Vgl. Quentin Bell: Erinnerungen an Bloomsbury, Frankfurt a. M.
     1997, S. 97 ff.
180 Vgl. The Letters of D. H. Lawrence, Vol. I, S. 521.
181 David Garnett hat die Geschichte Anna Wickham erzählt, die sie ih-
     rerseits im Gedicht ›Imperatrix‹ verwertete. Vgl. David Garnett:
     Great Friends, S. 80; vgl. auch R. D. Smith (Ed.): The Writings of
     Anna Wickham. Free woman and poet, London 1984, S. 218.
182 Vgl. David Garnett: Great Friends, S. 80 ff.
183 Vgl. The Letters of D. H. Lawrence, Vol. I, S. 421.
184 Vgl. Frieda Lawrence: Nur der Wind . . ., S. 71.

185 a.a.O.
Es gibt nur wenige höfliche Äußerungen Friedas über Lawrences Mutter. Frieda war, soweit bekannt, nur einmal in Eastwood.

186 a.a.O., S. 83.

187 Vgl. a.a.O., S. 64.

188 Vgl. The Letters of D. H. Lawrence, Vol. I, S. 429 f.

189 a.a.O., S. 409.

190 Vgl. D. H. Lawrence: Mr. Noon, S. 349.

191 Frieda Lawrence: The Memoirs and Correspondence, S. 95.

192 Vgl. Frieda Lawrence: Nur der Wind . . ., S. 82.

193 D. H. Lawrence: Mr. Noon, S. 349 f.

194 D. H. Lawrence hat das Erlebnis in ›A Hay Hut Among the Mountains‹ beschrieben.

195 Frieda Lawrence: Nur der Wind . . ., S. 82.

196 D. H. Lawrence: Mr. Noon, S. 364 f.

197 Harold Hobson (1891–1974) war Sohn von John Atkinson Hobson, dem Wirtschaftswissenschaftler und Autor von ›The Evolution of Modern Capitalism‹.

198 The Letters of D. H. Lawrence, Vol. I, S. 434.

199 a.a.O., S. 433.

200 D. H. Lawrence: Mr. Noon, S. 370.
Lawrence ist von der nicht nachlassenden Wortgewalt seines ehemaligen Professors so beeindruckt, daß er sich später der Weekley-Tiraden in seinem autobiographischen Roman ›Mr. Noon‹ originalgetreu bedient.

201 Sequenz zitiert und vgl. a.a.O., S. 367.

202 Vgl. und zitiert a.a.O., S. 405 f.

203 Vgl. The Letters of D. H. Lawrence, Vol. I, S. 521.

204 Vgl. a.a.O., S. 496.

205 D. H. Lawrence: Mr. Noon, S. 406.

206 Vgl. a.a.O., S. 411.

207 a.a.O., S. 418 f.

208 Sequenz vgl. Michael W. Weithmann: D. H. Lawrence vom Achensee nach Welschtirol, in: Der Schlern, Heft 64/1990, S. 67 ff.

209 Vgl. Frieda Lawrence: Nur der Wind . . ., S. 90.

210 Vgl. D. H. Lawrence: Mr. Noon, S. 428 f.

211 Vgl. a.a.O., S. 425.

212 Vgl. a.a.O., S. 450.

213 Vgl. und zitiert Frieda Lawrence: The Memoirs and Correspondence, S. 98.

214 Vgl. a.a.O., S. 94.

215 Vgl. a.a.O.

216 Vgl. The Letters of D. H. Lawrence, Vol. I, S. 456.

217 Vgl. Frieda Lawrence: Memoirs and Correspondence, S. 185.

218 Vgl. Frieda Lawrence: Nur der Wind . . ., S. 92.
219 Sequenz vgl. und zitiert Frieda Lawrence: The Memoirs and Correspondence, S. 184 f.
220 The Letters of D. H. Lawrence, Vol. I, S. 449 f.
221 Martin Green: Else und Frieda die Richthofen-Schwestern, S. 10.
222 Frieda Lawrence: The Memoirs and Correspondence, S. 230.
223 Harry T. Moore and Dale B. Montague (Ed.): Frieda Lawrence and her Circle. Letters from, to and about Frieda Lawrence, London u. Basingstoke 1981, S. 91.
224 Noch im Sommer 1997 wurde den Autorinnen in Gargnano davon berichtet.
225 Vgl. D. H. Lawrence: Italienische Dämmerung, Zürich 1985, S. 68 ff.
226 The Letters of D. H. Lawrence, Vol. I, S. 495.
227 Vgl. a.a.O., S. 484 f. u. 489.
228 a.a.O., S. 547.
229 a.a.O., S. 553.
230 a.a.O., S. 189.
231 Vgl. Frieda Lawrence: Nur der Wind . . ., S. 92.
232 Sequenz The Letters of D. H. Lawrence, Vol. II, S. 23 f.
233 Frieda Lawrence: The Memoirs and Correspondence, S. 195 f.
234 Vgl. Frieda Lawrence: Nur der Wind . . ., S. 132.
    Getippt hat Frieda wohl wirklich nicht, aber gelegentlich hat ihr D. H. etwas diktiert. Vgl. John Worthen: D. H. Lawrence and the Idea of the Novel, London u. Basingstoke 1979, S. 168.
235 Vgl. Claire Tomalin: Katherine Mansfield. Eine Lebensgeschichte, Frankfurt a. M. 1990, S. 138.
236 Vgl. a.a.O. S. 170.
237 Vgl. Frieda Lawrence: Nur der Wind . . ., S. 110.
238 Vgl. D. H. Lawrence: Briefe, S. 89.
239 Vgl. Cynthia Asquith: Diaries. 1915–1918, London 1968, S. 18 f.
240 Vgl. Edward Nehls: D. H. Lawrence. A Composite Biography, Madison 1957–59, Band 1, S. 199.
241 Alfred B. Kuttner: Sons and Lovers. A Freudian Appreciation. In: Psychoanalytic Review, 3, 1916, S. 295–317.
242 Vgl. The Letters of D. H. Lawrence, Vol. II, S. 48.
243 Sequenz zitiert und vgl. Frieda Lawrence: The Memoirs and Correspondence, S. 99 ff.
244 The Letters of D. H. Lawrence, Vol. II, S. 48.
245 a.a.O., S. 57 f.
246 a.a.O., S. 70.
247 Vgl. Lois Hoffmann: A Catalogue . . ., S. 90.
248 The Letters of D. H. Lawrence, Vol. II, S. 111 f.
249 Vgl. Lois Hoffmann: A Catalogue . . ., S. 9.

250 Vgl. und zitiert a.a.O., S. 88.
251 Vgl. D. H. Lawrence: Briefe, S. 90 ff. u. 100.
252 a.a.O., S. 165.
253 Vgl. D. H. Lawrence: Briefe, S. 98.
254 Vgl. a.a.O., S. 100.
255 The Letters of D. H. Lawrence, Vol. II, S. 122.
256 Sequenz vgl. und zitiert Frieda Lawrence: Nur der Wind . . ., S. 116 ff.
257 The Letters of D. H. Lawrence, Vol. II, S. 160 f.
258 Vgl. a.a.O., S. 168.

Das dritte Kapitel: Frieda, die Antagonistische
1914 – 1915
»Arme Schriftstellerfrau, die sich solche Mühe gibt, und jeder wünscht sie nach Jericho!«

259 The Letters of D. H. Lawrence, Vol. II, S. 196. Etwa: »Morgen ist unsere Hochzeit – um 10.30 Uhr. Ich Armer, ich fühle mich nicht sehr gut.«
260 a.a.O. Der Brief ist an Sally Hopkin, eine alte Freundin Lawrences aus Eastwood gerichtet. In Friedas und D. H.s Bekanntenkreis war niemand überrascht über die Eheschließung nach so vielen Jahren. Wegen des Skandals, den Friedas Trennung von Ernest Weekley einst verursacht hatte, kam der Gedanke an eine besondere Anzeige oder ein großes Fest zur Hochzeit wohl nicht auf – jedenfalls ist nichts darüber bekannt.
261 Vgl. a.a.O., S. 195.
262 The Letters of D. H. Lawrence, Vol. II, S. 199.
263 Bedford Park, Miss Dollman's.
264 Maude Weekley hatte mittlerweile die Sorge für die Kinder übernommen, Ida Wilhelmy war ja entlassen worden. Vgl. auch Janet Byrne: A Genius for Living, S. 156 und Frieda Lawrence: The Memoirs and Correspondence, S. 180. Friedas jüngste Tochter Barby erinnert sich nur ungern an die Zeit in der Obhut dieser Tante; Interview mit Barbara Weekley-Barr am 17. Juli 1997 in Italien.
265 The Letters of D. H. Lawrence, Vol. II, S. 219.
266 a.a.O., S. 237.
267 Ex-Ehemann.
268 The Letters of D. H. Lawrence, Vol. II, S. 244.
269 Vgl. Claire Tomalin: Katherine Mansfield, S. 188.
270 Norman Page (Ed.): D. H. Lawrence. Interviews & Recollections, Vol. I, London u. Basingstoke 1981, S. 124, Beitrag des amerikanischen Autors John Cournos, seiner 1935 erschienenen Autobiographie entnommen.
271 Claire Tomalin: Katherine Mansfield, S. 183.

272 1913 starb das Kind an Lungenentzündung. Vgl. auch Jeffrey Meyers: D. H. Lawrence. A Biographie, London 1990, S. 123 f.

273 David Eder war vermutlich der zweite Arzt – nach William Addey, der 1911 Lawrences schwere Lugenentzündung behandelte –, der (im April 1915) den an »Erkältung« leidenden untersuchte.

274 Auch danach blieben Mary und Lawrence gute Freunde, beispielsweise reisten sie 1920 zusammen nach Malta. Vgl. Jeffrey Meyers: D. H. Lawrence, S. 125 f.

275 Vgl. Frieda Lawrence: The Memoirs and Correspondence, S. 144 ff. (einschließlich Rezept).

276 Vielleicht auch Cuticula-Seife.

277 The Letters of D. H. Lawrence, Vol. II, S. 209.

278 Zur komplizierten Buchführung Lawrences vgl. John Worthen: D. H. Lawrence. A Literary Life. Houndmills 1989, für 1914, S. 38 ff.

279 The Letters of D. H. Lawrence, Vol. II, S. 211.

280 a.a.O., S. 210.

281 Vgl. George Spater & Ian Parsons: Porträt einer ungewöhnlichen Ehe. Virginia und Leonard Woolf, Frankfurt a. M. 1980, S. 131. Hierin wird vermutet, daß die Murrys Kot den Woolfes vorstellten.

282 Rosie Jackson: Nicht ich, aber der Wind, ohne Seitenangabe.

283 The Letters of D. H. Lawrence, Vol. II, S. 228.

284 Vgl. a.a.O., S. 340 u. 343. Das Mädchen hatte bis dahin keinen geregelten Schulunterricht, sollte jedoch ab September 1915 zur St. Paul's Girls' School in London gehen und Lawrence bereitete es darauf vor.

285 Norman Page (Ed.): D. H. Lawrence. Interviews & Recollections, Vol. I, S. 125, Beitrag von John Middleton Murry.

286 a.a.O.

287 Antony Alpers: The Life of Katherine Mansfield, New York 1980, S. 170.

288 Beide Zitate Norman Page (Ed.): D. H. Lawrence. Interviews & Recollections, Vol. I, S. 107 bzw. 103, Beitrag von Lady Ottoline Morrell.

289 a.a.O., S. 103.

290 Lady Ottoline schreibt, daß die beiden nach London abreisten. Das muß am 16. Juni 1915, einen Tag nach Ottolines Geburtstag, gewesen sein. Frieda und D. H. wohnten um diese Zeit noch in Greatham, am 17. Juni schrieb D. H. einen Brief von dort. London war wohl nur Zwischenstation. Vgl. a.a.O..

291 a.a.O., S. 106.

292 Barbara Weekley-Barr während eines Gesprächs mit den Autorinnen im Juli 1997 in Italien.

293 Das wäre Ramani Zadikim oder nach Psalm 92, Vers 14: Ra'annanim.

294 The Letters of D. H. Lawrence, Vol. II, S. 365.
295 Vgl. a.a.O., S. 359.
296 Vgl. Norman Page (Ed.): D. H. Lawrence. Interviews & Recollections, Vol. I, S. 107.
297 Edward Nehls: D. H. Lawrence, Band 1, S. 282.
298 Norman Page (Ed.): D. H. Lawrence. Interviews & Recollections, Vol. I, S. 100, Beitrag von Lady Ottoline Morrell.
299 a.a.O., S. 115 f., Beitrag von Bertrand Russell.
300 Frieda Lawrence: The Memoirs and Correspondence, S. 204.
301 The Letters of D. H. Lawrence, Vol. II, S. 285.
302 a.a.O., S. 553.
303 Vgl. Robert Lucas: Frieda von Richthofen, S. 162.
304 Vgl. The Letters of D. H. Lawrence, Vol. II, S. 358.
305 a.a.O., S. 359.
306 Lawrences Ausdruck.
307 Jeffrey Meyers: D. H. Lawrence, S. 160.
308 Norman Page (Ed.): D. H. Lawrence. Interviews & Recollections, Vol. I, S. 99 ff., Beitrag von Lady Ottoline Morrell.
309 Vgl. Jeffrey Meyers: D. H. Lawrence, S. 120 f. u. 159 ff.
310 Vgl. The Letters of D. H. Lawrence, Vol. II, S. 335 f.
311 Jeffrey Meyers: D. H. Lawrence, S. 121 f.
312 Vgl. Norman Page (Ed.): D. H. Lawrence. Interviews & Recollections, Vol. I, S. 98, Beitrag von Cynthia Asquith.
313 The Letters of D. H. Lawrence, Vol. II, S. 207.
314 a.a.O., S. 206.
315 Edward Morgan Forster (1879–1970), Schriftsteller (›Howards End‹, ›A Passage to India‹, ›Where Angels Fear to Tread‹ u. a.).
316 Vgl. The Letters of D. H. Lawrence, Vol. II, S. 214 f. u. S. 277.
317 a.a.O., S. 278.
318 D. H. Lawrence: Briefe, S. 127 f.
319 John Maynard Keynes (1883–1946), Wirtschaftswissenschaftler von höchsten Graden.
320 Quentin Bell: Erinnerungen an Bloomsbury, Frankfurt a. M. 1997, S. 290.
321 The Letters of D. H. Lawrence, Vol. II, S. 320 f.
322 David (Bunny) Garnett verband während seiner Zivildienstzeit, die er als Landarbeiter in Charleston (Landhaus der Virginia-Woolf-Schwester Vanessa und Clive Bells, ihrem Ehemann) ableistete, eine leidenschaftliche Beziehung zu dem Maler Duncan Grant. Der war der Vater von Vanessas 1918 geborener Tochter Angelica, die wiederum viel später David Garnetts Ehefrau wurde . . . Vgl. dazu Angelica Bell: Freundliche Täuschungen. Eine Kindheit in Bloomsbury, Berlin 1990, S. 7.
323 Sequenz vgl. und zitiert David Garnett: Great Friends, S. 89 f.

324 So bezeichnet er sich einmal selbst in einem Brief an seine Schwiegermutter; D. H. Lawrence: Briefe, S. 241.

325 Ist es auch, weil seine Kiefer nach der Art vieler Tuberkulosekranker nun deformiert sind?

326 Vgl. The Letters of D. H. Lawrence, Vol. II, S. 327 f.

327 The Letters of D. H. Lawrence, Vol. II, S. 327.

328 Interview der Autorinnen mit Barbara Weekley-Barr im Juli 1997.

1915 – 1919

». . . weißt Du, ich bin auch seine Frau, die Frau des ›Mannes‹, im Unterschied zur Frau des ›Künstlers‹, dem letzteren würde ich mich jederzeit unterordnen, aber . . .«

329 The Letters of D. H. Lawrence, Vol. II, S. 343.

330 a.a.O., S. 344.

331 a.a.O., S. 345.

332 a.a.O., S. 351.

333 a.a.O., S. 361.

334 Frieda Lawrence: Nur der Wind . . ., S. 127 f.

335 D. H. Lawrence: Briefe, S. 114. Der (lange) Brief war nicht einmal an einen der engeren Freunde gerichtet. D. H. gab sich so viel Mühe mit Thomas Dacre Dunlop, der englischer Konsul in La Spezia war. Der »Kummer«, mit dem Dunlop seine Frau allein ließ, war vermutlich deren ungeplante Schwangerschaft.

336 Frieda Lawrence: The Memoirs and Correspondence, S. 207. (Hervorhebungen von den Autorinnen)

337 Oder als Montmartre Londons – vgl. Thomas Honickel in: Süddeutsche Zeitung Nr. 19, 24./25.1.1998: Ein Ort, an dem gewartet wurde und viel gehofft.

338 Flieger, Kriegsheld, am 21.4.1918 nach seinem achtzigsten Luftsieg vom Kanadier Captain Roy Brown abgeschossen – hinter einem britischen Frontabschnitt, weshalb fünfzig britische Offiziere und Unteroffiziere sein Trauergeleit bildeten. Vgl. Robert Lucas: Frieda von Richthofen, S. 194 f.

339 Das Buch ging zuerst an Frieda und dann, nach deren Tod, an Else Jaffés Sohn Friedel.

340 Vgl. a.a.O., S. 170 f.

341 D. H. Lawrence: Briefe, S. 136.

342 Frieda Lawrence: Nur der Wind . . ., S. 128.

343 D. H. Lawrence: Briefe, S. 138.

344 Frieda Lawrence: Nur der Wind . . ., S. 129 f.

345 Vgl. und zitiert Ernest Jones: Free Associations. Memories of a Psycho-analyst, London o. J., S. 251 f.

346 D. H. Lawrence: Liebende Frauen, Reinbek 1994, S. 163.

347 The Letters of D. H. Lawrence, Vol. II, S. 497.

348 a.a.O., S. 501.
349 a.a.O., S. 503.
350 a.a.O., S. 512.
351 a.a.O., S. 539.
352 Beide Zitate a.a.O., S. 552.
353 Vgl. a.a.O.
354 Frieda Lawrence: The Memoirs and Correspondence, S. 212.
   Gut möglich, daß D. H. Lawrence eine TB-induzierte Meningitis
   durchmachte.
355 Es handelt sich um den im Brief vom 28.2.1916 an Beatrice Beres-
   ford erwähnten *Gurnard's Head,* einen Ort, den die Beresfords u. a.
   empfohlen hatten. Darin bedauert D. H. Lawrence übrigens – auf
   eine Rüge Beatrice Beresfords hin – seine Ausfälle gegen die kornische Bevölkerung. *Tinner's Arms* war ein Tip Maitland Radfords.
   Vgl. The Letters of D. H. Lawrence, Vol. II, S. 559.
356 a.a.O., S. 550.
357 Vgl. a.a.O., S. 563 (»Ginster«) und S. 569 (»Lämmer«) beispielsweise.
358 a.a.O., S. 569.
359 a.a.O., S. 564.
360 Vgl. a.a.O., S. 571.
361 a.a.O.
362 a.a.O.
363 Vgl. a.a.O.
364 Claire Tomalin: Katherine Mansfield, S. 210.
365 Vgl. a.a.O., S. 211.
366 a.a.O. S. 213 und vgl. Janet Byrne: A Genius for Living, S. 204.
367 Claire Tomalin: Katherine Mansfield, S. 221.
368 a.a.O., S. 213.
369 a.a.O., S. 210.
370 Frieda Lawrence: The Memoirs and Correspondence, S. 214 f.
371 Norman Page (Ed.): D. H. Lawrence. Interviews & Recollections,
   Vol. I, S. 134, Beitrag der Familie Hocking.
372 Frieda sprach in diesem Sinn u. a. mit Mabel Dodge Luhan, Richard
   Aldington und dessen Frau. William Henry Hockings Tochter äußerte sich so Friedas Tochter Barbara Weekley-Barr gegenüber.
   Vgl. Jeffrey Meyers: D. H. Lawrence, S. 214.
373 Janet Byrne: A Genius for Living, S. 205.
374 Vgl. Frieda Lawrence: The Memoirs and Correspondence, S. 213.
375 a.a.O., S. 206.
376 Vgl. Norman Page (Ed.): D. H. Lawrence. Interviews & Recollections, Vol. I, S. 139, Beitrag von Catherine Carswell.
377 Jeffrey Meyers: D. H. Lawrence, S. 202.
378 Vgl. Elaine Feinstein. Lawrences Women. The Intimate Life of
   D. H. Lawrence, London 1993, S. 222 ff.

379 Vgl. a.a.O.

380 Zitate dieser Sequenz Frieda Lawrence: Nur der Wind . . ., S. 14 ff.

381 Die Lawrence-Biographen Maddox und Meyers sind davon überzeugt, ohne es schlüssig begründen oder beweisen zu können.

382 The Letters of D. H. Lawrence, ed. by James T. Boulton and Andrew Robertson, Cambridge 1984, Vol. III, S. 167.

383 D. H. Lawrence war in Cambridge.

384 Frieda äußerte sich in einem Brief an den Lawrence-Biographen Harry T. Moore und widersprach so den von Ford Madox Ford 1937 veröffentlichten Memoiren. Vgl. Jeffrey Meyers: D. H. Lawrence, S. 177 ff. Der tatsächliche Inhalt des Berichts ist nicht bekannt.

385 Vgl. The Letters of D. H. Lawrence, Vol. III, S. 55.

386 a.a.O., S. 67.

387 a.a.O., S. 25.

388 Ernest Weekleys Familie lebte zeitweilig im Well Walk. Vgl. Janet Byrne: A Genius for Living, S. 55.

389 Als Vater dieses Kindes ist auch D. H. Lawrence diskutiert, aber verworfen worden. Eine schöne Leistung für eine Frau, die als bisexuell und frigide gilt. Vgl. dazu Jeffrey Meyers: D. H. Lawrence, S. 415.

390 Vgl. The Letters of D. H. Lawrence, Vol. III, S. 183. Lawrence schreibt tatsächlich, Frieda nähe, nicht er, wie Biographen behaupten. Daß sie das oft tat, wird gern ignoriert.

391 Hilda Doolittle: Tribute to Freud, Manchester 1985, S. XIV.

392 Vgl. John Worthen: D. H. Lawrence. A Literary Life, S. 67 f.

393 Frieda Lawrence: Nur der Wind . . ., S. 76. Frieda veröffentlichte das Gedicht später in ihren Erinnerungen an D. H. Lawrence.

394 Vgl. The Letters of D. H. Lawrence, Vol. III, S. 187.

395 Janet Byrne: A Genius for Living, S. 218.

396 Beide Zitate: The Letters of D. H. Lawrence, Vol. III, S. 223.

397 a.a.O., S. 218.

398 The Letters of D. H. Lawrence, Vol. II, S. 111.

399 Vgl. Norman Page (Ed.): D. H. Lawrence. Interviews & Recollections, Vol. I, Beitrag von Cecily Minchin geb. Lambert, S. 149.

400 Vgl. a.a.O., S.150.

401 Vgl. a.a.O.

402 Vgl. Janet Byrne: A Genius for Living, S. 172.

403 Norman Page (Ed.): D. H. Lawrence. Interviews & Recollections, Vol. I, S. 148, Beitrag von Douglas Goldring.

404 Vgl. The Letters of D. H. Lawrence, Vol. III, S. 385.

405 a.a.O., S. 386.

406 a.a.O., S. 389.

407 Im August 1913 hatte Ada den gutgestellten Schneider William Edwin Clarke geheiratet, der aber derzeit in der Armee diente.

408 Janet Byrne: A Genius for Living, S. 353.
409 The Letters of D. H. Lawrence, Vol. III, S. 251.
410 a.a.O., S. 263.
411 Vgl. a.a.O., S. 226.
412 Vgl. a.a.O., S. 198 ff.
413 Und Frieda mußte sich an den Gedanken gewöhnen, daß Ernest
     Weekley sich mit Gladys Bradley trifft . . . Vgl. Janet Byrne: A Ge-
     nius for Living, S. 212.
414 The Letters of D. H. Lawrence, Vol. III, S. 337.
415 D. H. Lawrence: Briefe, S. 191.
416 The Letters of D. H. Lawrence, Vol. III, S. 395.
417 Vgl. a.a.O., S. 179.

Das vierte Kapitel: Frieda, die Ambivalente
1919 – 1925
»Soll er zum Teufel gehen, mir reicht's – immer wieder die
gleiche Leier.«

418 Das Ludwig-Wilhelm-Stift in Baden-Baden wurde von der Groß-
     herzogin Luise, einer Schwester Wilhelms II., als Heim »für Frauen
     gebildeter Stände« gegründet.
419 Vgl. Robert Lucas: Frieda von Richthofen, S. 205.
420 The Letters of D. H. Lawrence, Vol. III, S. 416 ff.
421 Vgl. a.a.O., S. 430.
422 Frieda Lawrence: Nur der Wind . . ., S. 154
423 The Letters of D. H. Lawrence, Vol. III, S. 544.
424 Vgl. Frieda Lawrence: Nur der Wind . . ., S. 154.
425 Vgl. Frieda Lawrence: The Memoirs and Correspondence, S. 226.
426 a.a.O.
427 The Letters of D. H. Lawrence, Vol. III, S. 509.
428 Vgl. D. H. Lawrence: Briefe, S. 203.
429 Harry T. Moore and Dale B. Montague (Ed.): Frieda Lawrence and
     her Circle. Letters from, to and about Frieda Lawrence, London u.
     Basingstoke 1981, S. 99.
430 John Turner: »The Otto Gross-Frieda Weekley Correspondence«,
     S. 199.
431 Vgl. Robert Lucas: Frieda von Richthofen, S. 217.
432 Frieda Lawrence: Nur der Wind . . ., S. 16.
433 Vgl. und zitiert Katherine Mansfield: Briefe. Herausgegeben von
     Vincent O'Sullivan, Frankfurt a. M. u. Leipzig 1992, S. 211.
434 Maurice Magnus entzog sich damit einer Verhaftung wegen Betrugs.
435 Sequenz zitiert und vgl. The Letters of D. H. Lawrence, Vol. III,
     S. 530 u. 535 ff.
436 Rosalind Thornycroft (ergänzt von Chloë Baynes): Time Which
     Spaces Us Apart, Batcombe/Somerset 1991 (Privatdruck).

437 The Letters of D. H. Lawrence, Vol. III, S. 592.
438 D. H. Lawrence: Das Meer und Sardinien, Zürich 1985, S. 7 u. 9.
439 Vgl. a.a.O.
440 D. H. Lawrence: Liebende Frauen, Reinbek 1967, S. 163.
441 Sequenz vgl. D. H. Lawrence: Das Meer und Sardinien.
442 Frieda Lawrence: Nur der Wind . . ., S. 170.
443 a.a.O., S. 146 ff.
444 Friedas Tochter Barby gab ihrer Tochter, Friedas Enkelin, den Namen Ursula.
445 The Letters of D. H. Lawrence, Vol. IV, S. 64 u. 72 f.
446 Darum waren die Lawrences auch schon bald von Nusch und Emil Krugs *Lohningshof* ins *Hotel Alpensee* umgezogen.
447 Ceylon war bis 1947 Kronkolonie Großbritanniens; heutiger Name: Volksdemokratische Sozialistische Republik Sri Lanka.
448 Vgl. Frieda Lawrence: Nur der Wind . . ., S. 172.
449 a.a.O., S. 174.
450 Unübersetzbare Lautmalerei.
451 Frieda Lawrence: Nur der Wind . . ., S. 175.
452 a.a.O., S. 178.
453 Anthony Burgess: D. H. Lawrence, S. 196 f.
454 Vgl. Frieda Lawrence: Nur der Wind . . ., S. 178.
455 a.a.O., S. 195.
456 Vgl. Janet Byrne: A Genius for Living, S. 266.
457 Vgl. Witter Bynner: Journey with Genius: Recollections and Reflections Concerning the D. H. Lawrences, New York 1951, S. 2.
458 Vgl. The Letters of D. H. Lawrence, Vol. IV, S. 434.
459 a.a.O., S. 152.
460 Vgl. a.a.O., S. 156.
     Lady Ottoline Morell wurde ein 15-Pfund-Darlehen zurückerstattet und Else Jaffé eingedenk der Inflation in Deutschland aufgefordert, Winterbekleidung in England zu bestellen, die D. H. Lawrence bezahlte.
461 Vgl. The Letters of D. H. Lawrence, Vol. IV, S. 181.
462 Frieda Lawrence: Nur der Wind . . ., S. 195 f.
463 a.a.O., S. 196.
464 Zitiert und vgl. a.a.O., S. 196; vgl. auch Mabel Dodge Luhan: Lorenzo in Taos, New York 1932, S. 47 ff.
465 The Letters of D. H. Lawrence, Vol. IV, S. 337.
466 a.a.O., S. 350 f.
467 Frieda Lawrence: Nur der Wind . . ., S. 197.
468 Als die Seltzers wenige Jahre später in erhebliche wirtschaftliche Schwierigkeiten gerieten und auch D. H. Lawrence Honorarzahlungen schuldig bleiben mußten, trennte sich der von ihnen.

469 Gerald M. Lacy (Ed.): D. H. Lawrence. Letters to Thomas & Adele Seltzer, Santa Barbara 1976, S. 47, 251 u. 266 f.

470 The Letters of D. H. Lawrence, Vol. IV, S. 356.

471 a.a.O., S. 479.

472 a.a.O., S. 480.

473 Frieda Lawrence: Nur der Wind . . ., S. 201.

474 »It was the most serious break . . .«, sagt der englische Lawrence-Forscher John Worthen in seinem Buch D. H. Lawrence. A Literary Life, Houndsmills u. a. 1989, S. 123.

475 Gerald M. Lacy (Ed.): D. H. Lawrence. Letters to Thomas & Adele Seltzer, S. 106.

476 Vgl. The Letters of D. H. Lawrence, Vol. IV, S. 529.

477 Frieda Lawrence: The Memoirs and Correspondence, S. 280 u. 312.

478 The Letters of D. H. Lawrence, Vol. IV, S. 480.
Seiner Freundin, der Schriftstellerin Elizabeth von Arnim, in deren Schweizer Chalet er im Oktober 1923 Zwischenstation machte, beichtete Murry eine Affäre mit Frieda. Vgl. Kirsten Jüngling u. Brigitte Roßbeck: Elizabeth von Arnim. Eine Biographie, Frankfurt a. M. 1996, S. 295 f.

479 a.a.O., S. 542.

480 Frieda Lawrence: Nur der Wind . . ., S. 207 u. 209.

481 Gerald M. Lacy (Ed.): D. H. Lawrence. Letters to Thomas & Adele Seltzer, S. 134.

482 D. H. Lawrence: Der Hengst St. Mawr, Zürich 1990, S. 191.

483 Frieda Lawrence: Nur der Wind . . ., S. 205 ff.

484 Keith Sagar (Ed.): D. H. Lawrence and New Mexico, Paris u. London 1995

485 Dr. Sydney U(h)lfelder, Chirurg im Amerikanischen Hospital, stützte seine Diagnose auf eine Röntgenaufnahme.

486 Frieda Lawrence: Nur der Wind . . ., S. 211.

487 Vgl. Anthony Burgess: D. H. Lawrence, S. 232.

1925 – 1931
»Und wirklich zu lieben, das schließt alles ein, Intelligenz, Glaube, Opfer – und Leidenschaft!«

488 The Letters of D. H. Lawrence, ed. by James T. Boulton and Lindeth Basey, Cambridge 1989, Vol. V, S. 350.

489 Edith Sitwell: Mein exzentrisches Leben, Frankfurt a. M. 1994, S. 168.

490 Frieda Lawrence: Nur der Wind . . ., S. 245.

491 The Letters of D. H. Lawrence, Vol. V, S. 419.

492 a.a.O., S. 332, 362 u. 371.

493 Frieda Lawrence: Nur der Wind . . ., S. 246.

494 Dorothy Brett erklärte sich nunmehr bereit, die *Kiowa Ranch* zu hüten.

495 Vgl. The Letters of D. H. Lawrence, Vol. V, S. 406.

496 Frieda Lawrence: Nur der Wind . . ., S. 247.

497 Vgl. Harry T. Moore: The Intelligent Heart, London 1988, S. 477.

498 Frieda Lawrence: Nur der Wind . . ., S. 255.

499 Das betonte während eines Interviews im Juli 1997 deren Tochter Barbara Weekley-Barr.

500 Zitiert und vgl. Frieda Lawrence: Nur der Wind . . ., S. 255 ff.

501 The Letters of D. H. Lawrence, Vol. VI, S. 242.

502 Vgl. The Letters of D. H. Lawrence, Vol. V, S. 616.

503 Vgl. a.a.O., S. 576 u. 646.

504 The Letters of D. H. Lawrence, Vol. VI, S. 236.

505 Vgl. Richard Aldington: D. H. Lawrence, S. 56.

506 Vgl. Osbert Sitwell: Laughter in the Next Room, London 1949, S. 278; vgl. auch Edith Sitwell: Mein exzentrisches Leben, S. 167.

507 Edith Sitwell: Mein exzentrisches Leben, S. 167.

508 Vgl. Robert Lucas: Frieda von Richthofen, S. 286.

509 Frieda Lawrence: Nur der Wind . . ., S. 261.

510 Vgl. The Letters of D. H. Lawrence, Vol. V, S. 569.

511 Als Titel hatte Lawrence auch ›Tenderness‹, ›John Thomas and Lady Jane‹ (umgangssprachliche Bezeichnungen für das männliche bzw. weibliche Geschlechtsteil) oder ›My Lady's Keeper‹ in Erwägung gezogen.

512 D. H. Lawrence: Lady Chatterley, Reinbek 1993, S. 124.

513 Die Formulierungen dieser Sequenz wurden teils wörtlich der bibliographierten ›Lady Chatterley‹-Ausgabe entnommen.

514 The Letters of D. H. Lawrence, Vol. V, S. 638 u. Vol. VI, S. 237.

515 Martin Green: Else und Frieda die Richthofen-Schwestern, S. 158.

516 Frieda Lawrence: The Memoirs and Correspondence, S. 230 f.

517 Vgl. The Letters of D. H. Lawrence, Vol. VI, S. 94 u. 103.

518 Frieda Lawrence: Nur der Wind . . ., S. 262 f.

519 Johann Karl (Hans) Carossa (1878–1956) schrieb erfolgreich Romane und Gedichte, er war der klassisch-christlichen Tradition verbunden.

520 Wer oder was Carossa zur barmherzigen Lüge bewog, ist nicht bekannt.

521 Michael W. Weithmann: Dr. med. Hans Carossa diagnostiziert David Herbert Lawrence, in: Ostbairische Grenzmarken. Passauer Jahrbuch für Geschichte, Kunst und Volkskunde, Jahrgang 32 (1990), S. 166 f.
Weithmann weist auch darauf hin, daß zu Carossas 50. Geburtstag der Insel Verlag 1928 ein ›Buch des Dankes‹ herausbrachte. D. H. Lawrence schrieb als seinen Beitrag ›Kirchenlieder im Leben eines

Mannes«. Der Text wurde von Frieda Lawrence ins Deutsche übersetzt.

522 Vgl. The Letters of D. H. Lawrence, Vol. VI, S. 428 f.

523 Frieda Lawrence: Nur der Wind . . ., S. 263 f.

524 Vgl. The Letters of D. H. Lawrence, ed. by Keith Sagar and James
T. Boulton, Cambridge 1993, Vol. VII, S. 86.

525 D. H. Lawrence: Liebe, Sex und Emanzipation, S. 65 f.

526 Das Gedicht wurde von Else Jaffé ins Deutsche übersetzt.

527 Frieda Lawrence: Nur der Wind . . ., S. 348.

528 a.a.O., S. 347.

529 Frei übersetzt: Zu den Sternen hinan. Das *Ad Astra* gehörte einst einem Astronomen und war mit Sonne, Mond und Sternen bemalt.
Es wurde von einem Arzt namens Madinier geleitet und war eines
von drei Lungensanatorien in Vence. Noch heute kuren dort Atem-
wegserkrankte. Früher wurde es von Engländern bevorzugt.

530 Frieda Lawrence: Nur der Wind . . ., S. 354.

531 Frieda Lawrence: The Memoirs and Correspondence, S. 242.

532 Frieda und Signora Ravagli pflegten in der Folgezeit regen brieflichen Gedankenaustausch.

Das letzte Kapitel: Frieda, die Arrivierte
1931 – 1956
»Ich bin eine glückliche alte Frau . . . Ich habe alles, was ich brauche und wünschte.«

533 Frieda Lawrence: The Memoirs and Correspondence, S. 23 u. 21.

534 Michael Squires (Ed.): D. H. Lawrence's Manuscripts. The Correspondence of Frieda Lawrence, Jake Zeitlin and Others, London
u. a. 1991, S. 3.

535 Frieda Lawrence: The Memoirs and Correspondence, S. 231.

536 Zitiert und vgl. a.a.O., S. 30 f.

537 Aldous und Maria Huxleys erste Station im Zusammenhang mit ih-
rer Übersiedlung nach Amerika war im Sommer 1937 Friedas *Kiowa
Ranch*. Vgl. Theo Schumacher: Aldous Huxley, Reinbek 1987,
S. 77 f.

538 Vgl. Henry Miller: The World of Lawrence. A Passionate Appreciation, London 1985, S. 32 ff. Miller verzeichnet Frieda, dem Tenor des Buches entsprechend, darin nicht gerade freundschaftlich:
sie habe D. H. L. regelrecht das Rückgrat gebrochen . . .

539 Ada wollte nichts davon. Sie wäre vermutlich für Frieda zu gewinnen gewesen, doch diese war und blieb überzeugt, daß Lawrences
Schwester sie haßt. Vgl. Frieda Lawrence: The Memoirs and Correspondence, S. 353.

540 Auch Ottoline hat ihr späte Genugtuung verschafft: ». . . Ich ging zu
ihr und hatte vergessen, daß ihr ›Donnerstag‹ war. Ihr Mädchen

meldete mich den Leuten, die alle im Eßzimmer zum Tee versammelt waren, als Mrs. Lawrence. Einige Sekunden lang herrschte Stille. Dann standen sie auf und sprachen mit mir. Und nach einiger Zeit kam Ottoline, nahm mich beiseite und sagte in ihrer seltsamen Stimme: ›Frieda, ich muß Dir sagen, daß ich Dir gegenüber nie fair war.‹« Frieda Lawrence: The Memoirs and Correspondence, S. 352.

541 Jeffrey Meyers: D. H. Lawrence, S. 384.

542 Im Sommer 1931 war Ravagli erst einmal auf ein halbes Jahr beurlaubt worden und mußte Ende des Jahres wieder seinen Dienst antreten.

543 Michael Squires (Ed.): D. H. Lawrence's Manuscripts, S. 193.

544 Die besänftigte Brett bemalte ihn später.

545 Am 17. Juli 1997 gab die damals anwesende Barbara Weekley-Barr den Autorinnen eine eindrucksvolle Schilderung der Szenerie.

546 Vgl. Janet Byrne: A Genius for Living, S. 365 f.

547 Michael Squires (Ed.): D. H. Lawrence's Manuscripts, S. 78 f. – Brief Angelo Ravaglis an Jake Zeitlin vom 1. April 1937 (in Originalschreibweise) und Jake Zeitlins Antwort vom 5. April 1937.

548 a.a.O., S. 7.

549 a.a.O., S. 12.

550 Vgl. Rosie Jackson: Nicht ich, aber der Wind, S. 105. Sie setzt sich mit einer entsprechenden Bemerkung D. H. Lawrences aus ›Kangaroo‹ auseinander, die sich auf eine Frau bezieht.

551 Familie Brill verkaufte das Manuskript, für das Frieda einst von Mabel die Kiowa Ranch bekam, erst 1963 für 17000 Dollar an die University of California. Vgl. Janet Byrne: A Genius for Living, S. 378.

552 Frieda Lawrence: The Memoirs and Correspondence, S. 107.

553 Frieda Lawrence: Nur der Wind . . ., S. 64.

554 a.a.O., S. 34.

555 Frieda Lawrence: The Memoirs and Correspondence, S. 104.

556 a.a.O., S. 245 f.

557 a.a.O., S. 253 f.

558 Janet Byrne: A Genius for Living, S. 382.

559 Vgl. auch Laurie Lisle: Georgia O'Keeffe. Das Leben der großen amerikanischen Malerin, München 1992, S. 197.

560 Janet Byrne: A Genius for Living, S. 396.

561 a.a.O.

562 a.a.O., S. 387.

563 Die beiden waren von Herbst 1933 bis Frühjahr 1934 unterwegs.

564 Aldous Huxley erging es ähnlich: Er schaffte zwar die Staatsbürgerprüfung und kam bis zur nächsten Etappe des Verfahrens, zum Ausfüllen eines Fragebogens. Danach wurde die Weiterbearbeitung seines Antrages hartnäckig auf die ganz lange Bank geschoben, er wurde nie angenommen oder abgelehnt.

565 Frieda Lawrence: The Memoirs and Correspondence, S. 262.

566 a.a.O., S. 258.

567 Moore, Harry T. and Dale B. Montague (Ed.): Frieda Lawrence and her Circle, S. 92.

568 Frieda Lawrence: The Memoirs and Correspondence, S. 296.

569 Auch während des Testamentsprozesses hatte Frieda dort gewohnt.

570 Vgl. Ian Weekley: Frieda Lawrence. A Memoir, London 1962. Interview mit Ian Weekley am 9. Juni 1996 in England.

571 Vgl. Frieda Lawrence: The Memoirs and Correspondence, S. 336, 339, 342 u. 360.

572 a.a.O., S. 110 f.

573 a.a.O., S. 318.

574 Stefan Zweig: Montaigne, Frankfurt a. M. 1996, S. 18, 73 und 62 (»Ich liebe das Leben und nutze es so, wie es Gott gefallen hat, es uns zu geben.«).

575 Frieda Lawrence: Memoirs and Correspondence, S. 355.

576 Vgl. a.a.O., S. 274.

577 a.a.O., S. 328.

578 Vgl. a.a.O., S. 283.

579 Vgl. a.a.O., S. 292.

580 Vgl. a.a.O., S. 296 u. 316.

581 Vgl. a.a.O., S. 300.

582 Vgl. a.a.O., S. 337.

583 Vgl. a.a.O., S. 342 f.

584 Vgl. a.a.O., S. 351.

585 Vgl. a.a.O., S. 352.

586 Das Buch erschien Anfang 1944 in Amerika, am 5. Mai wurde es beschlagnahmt, am 30. Mai lautete das Verdikt: obszön. 1960, nach erneutem Prozeß, erfolgte ›Lady Chatterleys‹ Freigabe.

587 Frieda Lawrence: The Memoirs and Correspondence, S. 141.

588 a.a.O., S. 273.

589 Vgl. a.a.O., S. 127 bis 155. Die Ausführungen hier sind ein Extrakt aus diesen Essays zum Thema.

590 Vgl. a.a.O., S. 151.

591 a.a.O., S. 148.

592 Martin Green: Else und Frieda, die Richthofen-Schwestern, S. 12.

593 Frieda Lawrence: The Memoirs and Correspondence, S. 346.

594 a.a.O., S. 357.

595 a.a.O., S. 361.

596 Vgl. Michael Squires (Ed.): D. H. Lawrence's Manuscripts, S. 11.

597 Frieda Lawrence: The Memoirs and Correspondence, S. 290.

598 Vgl. Tennessee Williams: Memoirs, London 1976, S. 104.

599 Vgl. Frieda Lawrence: The Memoirs and Correspondence, S. 254.

600 Joe Glasco, Maler, und William Goyen, Schriftsteller, lebten, wie

die Brett, in einem Haus in El Prado auf einem Stück Land, das ihnen Frieda überlassen hatte.

601 Frieda Lawrence: The Memoirs and Correspondence, S. 376.

602 a.a.O., S. 377 f.

603 a.a.O., S. 379.

604 a.a.O., S. 383. Es war ihr siebenundsiebzigster Geburtstag. Gelegentlich wird Friedas Stimme auf Tonband als Programmpunkt der Beerdigungsfeier erwähnt; davon ist in der Schilderung Joe Glascos, der bei der Beisetzung anwesend war, keine Rede.

605 Angelo Ravagli starb 1976.

606 Das Neue Testament unseres Herrn und Heilandes Jesu Christ nach der deutschen Übersetzung D. Martin Luther's, Elberfeld o. J., 1. Vers Psalm 24, S. 12: Die Erde ist des Herrn und was darinnen ist, der Erdboden und was darauf wohnet.

607 ›The Memoirs and Correspondence‹ wurde nicht ins Deutsche übersetzt.

Bibliographie

Aldington, Richard: D. H. Lawrence, Reinbek 1981

Aldington, Richard: Portrait of a Genius But . . . The Life of D. H. Lawrence, London 1951

Alpers, Antony: The Life of Katherine Mansfield, New York 1980

Asquith, Cynthia: Remember and Be Glad, London 1952

Asquith, Cynthia: Diaries. 1915–1918, London 1968

Bachofen, Johann Jacob: Das Mutterrecht. Eine Untersuchung über die Gynäkokratie der Alten Welt nach ihrer religiösen und rechtlichen Natur. Eine Auswahl, herausgegeben von Hans-Jürgen Heinrichs, Frankfurt a. M. 1989

Bachofen, Johann Jacob: Mutterrecht und Urreligion, Stuttgart 1984

Baker, Ida: Ein Leben für Katherine Mansfield, Dortmund 1996

Barr, Barbara: »I Look Back«, in: Twentieth Century, 165/1959, S. 254–261

Barr, Barbara: »Step-daughter to Lawrence«, in: London Magazine August/September 1993, S. 22–33 u. Oktober/November 1993, S. 12–23

Bechstein, Ludwig: Bechsteins Märchenbuch für Kinder, Stuttgart 1906

Bedford, Sybille: Aldous Huxley. The Apparent Stability, London 1987

Belford, Barbara: Viktorianische Liebesspiele. Die Geschichte der Schriftstellerin Violet Hunt und ihrer Liebhaber und Freunde – Ford Madox Ford, H. G. Wells, Somerset Maugham, Oscar Wilde und Henry James, Köln 1996

Bell, Angelica: Freundliche Täuschungen. Eine Kindheit in Bloomsbury, Berlin 1990

Bell, Quentin: Erinnerungen an Bloomsbury, Frankfurt a. M. 1997

Bell, Quentin: Virginia Woolf. Eine Biographie, Frankfurt a. M. 1981

Brett, Dorothy: Lawrence and Brett. A Friendship, Santa Fé 1974

Bruck-Auffenberg, Natalie: Die Frau comme il faut (Die vollkommene Frau). Mit Beiträgen des Briefkastenmannes der »Wiener Mode«, o. J.

Burgess, Anthony: D. H. Lawrence. Ein Leben in Leidenschaft, Hamburg 1990

Bynner, Witter: Journey with Genius: Recollections and Reflections Concerning the D. H. Lawrences, London 1951

Byrne, Janet: A Genius for Living. The Life of Frieda Lawrence, New York 1995

Campbell, Anne: Zornige Frauen, wütende Männer. Wie das Geschlecht unser Aggressionsverhalten beeinflußt, Frankfurt a. M., 1995

Carswell, Catherine: The Savage Pilgrimage. A Narrative of D. H. Lawrence, London 1932

Demm, Eberhard: Ein Liberaler in Kaiserreich und Republik. Der politische Weg Alfred Webers bis 1920, Bonn 1990

Doolittle, Hilda: Tribute to Freud, Manchester 1985

Dunmore, Helen: Zennor in Darkness, London 1993

Feinstein, Elaine: Lawrence's Women. The Intimate Life of D. H. Lawrence, London 1994

Frank, Leonhard: Links, wo das Herz ist, München 1982

Garnett, David: Great Friends. Portraits of seventeen writers, London 1979

Geschichte der Familie Praetorius von Richthofen. Im Auftrage der Familie verfaßt von Emil Freiherr Praetorius von Richthofen, Magdeburg 1884

Gilcher-Holtey, Ingrid: Max Weber und die Frauen, in: Gneuss, Christian u. Jürgen Kocka (Hrsg.): Max Weber. Ein Symposion, München 1988, S. 142–154

Gilcher-Holtey, Ingrid: Modelle »moderner« Weiblichkeit. Diskussionen im akademischen Milieu Heidelbergs um 1900, in: Lepsius, M. Rainer (Hrsg.): Bildungsbürgertum im 19. Jahrhundert, Teil III Lebensführung und ständische Vergesellschaftung, Stuttgart 1992, S. 176–205

Green, Martin: Else und Frieda die Richthofen-Schwestern, München 1974

Green, Martin: Mountain of Truth. The Counterculture Begins. Ascona, 1900–1920, Hanover N. E. u. London 1986

Gross, Otto: Compendium der Phamaco-Therapie für Polykliniker und junge Ärzte, Leipzig 1901

Gross, Otto: Die cerebrale Sekundärfunction, Leipzig 1902

Gross, Otto: Das Freudsche Ideogenitätsmoment und seine Bedeutung im manisch-depressiven Irresein Kraepelins, Leipzig 1907

Gross, Otto: Über psychopathische Minderwertigkeiten, München u. Leipzig 1909

Gross, Otto: Drei Aufsätze über den inneren Konflikt, Bonn 1920

Gross, Otto: Von geschlechtlicher Not zur sozialen Katastrophe, hrsg. von K. Kreiler. Mit einem Textanhang von Franz Jung, Frankfurt 1980

Hamm, Peter: Ohne Liebe bist du und beinahe gut. Eine gefährdete Dichterin unter Rilkes Schutz: Regina Ullmann muß wiederentdeckt werden, in: Die Zeit Nr. 49, 1.12.1995

Heißerer, Dirk: Wo die Geister wandern. Eine Topographie der Schwabinger Bohème um 1900, München 1993

Hoffmann, Lois: A Catalogue of the Frieda Lawrence Manuscripts in German at the University of Texas, in: Library Chronicle of the University of Texas n.s.G. (Dec. 1973), S. 87–105

Honickel, Thomas: Ein Ort, an dem gewartet wurde und viel gehofft, in: Süddeutsche Zeitung Nr. 19, 24./25.1.1998.

Hurwitz, Emanuel: Otto Gross. Paradiessucher zwischen Freud und Jung, Frankfurt a. M. 1988

Huxley, Aldous: Das Genie und die Göttin, München 1989

Jackson, Rosie: Nicht ich, aber der Wind. Das Geheime Leben der Frieda Lawrence, München 1995

Jones, Ernest: Free Associations. Memories of a Psycho-analyst, London o.J.

Jüngling, Kirsten u. Brigitte Roßbeck: Lady Chatterley und ihr Liebhaber im Isartal, in: Süddeutsche Zeitung Nr. 167, 22./23.7.1995

Jüngling, Kirsten u. Brigitte Roßbeck: Elizabeth von Arnim. Eine Biographie, Frankfurt a. M. 1996

Jüngling, Kirsten u. Brigitte Roßbeck: Max, Marianne – und Else. Anfänglich war unser beider Verhältnis nur eine Leidenschaft – Szenen einer Ehe, in: Süddeutsche Zeitung Nr. 137, 17./18.6.1995

Jung, Franz: Sophie. Der Kreuzweg der Demut, Berlin 1915

Jung, Franz: Der Torpedokäfer. Aufzeichnungen aus einer großen Zeit, Neuwied 1961 (unter dem Titel: Der Weg nach unten, Neuwied 1972)

Jungk, Peter Stephan: Franz Werfel. Eine Lebensgeschichte, Frankfurt a. M. 1987

Kreuzer, Helmut: Die Boheme. Beiträge zu ihrer Beschreibung, Stuttgart 1968

Lacy, Gerald M. (Ed.): D. H. Lawrence. Letters to Thomas & Adele Seltzer, Santa Barbara 1976

Landmann, Robert: Ascona – Monte Verità. Auf der Suche nach dem Paradies, Frankfurt a. M. u. a. 1979

Lawrence, D. H.: Briefe, Zürich 1982

Lawrence, D. H.: Briefe an Frauen und Freunde. Auswahl und Vorwort von W. E. Süskind, Berlin o. J. (1938)

Lawrence, D. H.: Birds, Beasts and Flowers, Santa Rosa 1992

Lawrence, D. H.: England, mein England. Erzählungen, Zürich 1990

Lawrence, D. H.: Etruskische Stätten, Zürich 1985

Lawrence, D. H.: Die Frau, die davonritt. Erzählungen, Zürich 1990

Lawrence, D. H.: Der Fremdenlegionär. Erzählungen, Zürich 1994

Lawrence, D. H.: Die gefiederte Schlange, Zürich 1986

Lawrence, D. H.: Die Hauptmannspuppe. Erzählungen, Zürich 1990

Lawrence, D. H.: Der Hengst St. Mawr, Zürich 1990

Lawrence, D. H.: Italienische Dämmerung, Zürich 1985

Lawrence, D. H.: John Thomas & Lady Jane. Die zweite und längste Fassung der ›Lady Chatterley‹, Zürich 1990

Lawrence, D. H.: Liebesgeschichten, Frankfurt a. M. 1994

Lawrence, D. H.: Liebe, Sex und Emanzipation, Zürich 1990

Lawrence, D. H.: Liebende Frauen, Reinbek 1994

Lawrence, D. H.: Liebe im Heu. Erzählungen, Zürich 1990

Lawrence, D. H.: Lady Chatterley, Reinbek 1993

Lawrence, D. H.: Der Mann, der Inseln liebte. Erzählungen, Zürich 1990

Lawrence, D. H.: Das Meer und Sardinien, Zürich 1985

Lawrence, D. H.: Mexikanischer Morgen, Zürich 1985

Lawrence, D. H.: Mr. Noon. Autobiographischer Roman, Zürich 1993

Lawrence, D. H.: Der preußische Offizier. Erzählungen, Zürich 1994

Lawrence, D. H.: Der Regenbogen, Reinbek 1984

Lawrence, D. H.: Söhne und Liebhaber, Reinbek 1993

Lawrence, D. H.: Das verlorene Mädchen, Bern 1953

Lawrence, Frieda: Not I, But the Wind, Santa Fé 1934

Lawrence, Frieda geb. Freiin von Richthofen: Nur der Wind . . . Mit neunzig Briefen und fünf Gedichten von D. H. Lawrence, Berlin 1936

Lawrence, Frieda: The Memoirs and Correspondence, ed. by E. W. Tedlock, London u. a. 1961

Lepsius, M. Rainer und Wolfgang J. Mommsen in Zusammenarbeit mit Birgit Rudhard und Manfred Schön: Max Weber Briefe 1906–1908, Tübingen 1990

Lepsius, M. Rainer: Bildungsbürgertum im 19. Jahrhundert, Teil III Lebensführung und ständische Vergesellschaftung, Stuttgart 1992

Levy, Mervyn (Ed.): The Paintings of D. H. Lawrence, London 1964

Lisle, Laurie: Georgia O'Keeffe. Das Leben der großen amerikanischen Malerin, München 1992

Lucas, Robert: Frieda von Richthofen. Ihr Leben mit D. H. Lawrence, München 1972

Luhan, Mabel Dodge: Lorenzo in Taos, New York 1932

Luhan, Mabel Dodge: Intimate Memoirs, 4 Bände, New York 1935–1937

Maddox, Brenda: Ein verheirateter Mann. D. H. Lawrence und Frieda von Richthofen, Köln 1996

Mann, Thomas: Gladius Dei, in: Die Erzählungen, Frankfurt a. M. 1986

Mansfield, Katherine: Briefe, hrsg. von Vincent O'Sullivan, Frankfurt a. M. u. Leipzig 1992

Meyers, Jeffrey: D. H. Lawrence. A Biographie, London 1990

Michaels, Jennifer E.: Anarchy and Eros. Otto Gross's Impact on German Expressionist Writers, New York 1983.

Miller, Henry: The World of Lawrence. A Passionate Appreciation, London 1985

Moore, Harry T. and Dale B. Montague (Ed.): Frieda Lawrence and her Circle. Letters from, to and about Frieda Lawrence, London u. Basingstoke 1981

Moore, Harry T.: The Intelligent Heart, London 1988

Mühsam, Erich: Namen und Menschen. Unpolitische Erinnerungen, Leipzig 1949 u. Berlin 1977

Murry, John Middleton: Son of Woman. The Story of D. H. Lawrence, London 1931

Murry, John Middleton: Reminiscences of D. H. Lawrence, London 1933

Neumann, Ursula: Eine Prosa, die Rilke die Tränen in die Augen trieb. (Unverdient vergessene Schriftsteller 1: Regina Ullmann), in: Handelsblatt Nr. 33, 10./11.2.1994

Nehls, Edward: D. H. Lawrence. A Composite Biography, 3 Bände, Madison 1957–1959.

Neue Deutsche Biographie, hrsg. von der Historischen Kommission bei der Bayerischen Akademie der Wissenschaften, München 1974

Nietzsche, Friedrich: Also sprach Zarathustra. Ein Buch für Alle und Keinen, Stuttgart 1995

Page, Norman (Ed.): D. H. Lawrence. Interviews & Recollections, 2 Bände, London u. Basingstoke 1981

Raub, Michael: Opposition und Anpassung. Die individualpsychologische Interpretation von Leben und Werk des frühen Psychoanalytikers Otto Gross. Europäische Hochschulschriften. Reihe VI Psychologie, Bd. 441, Frankfurt a. M. 1994

Reventlow, Franziska zu: Herrn Dames Aufzeichnungen oder Begebenheiten aus einem merkwürdigen Stadtteil, München 1913

Reventlow, Franziska zu: Tagebücher 1895–1910, hrsg. von Else Reventlow, München u. Wien 1971

Reventlow, Franziska zu: Briefe 1890–1917, hrsg. von Else Reventlow, München 1975

Rudnick, Lois P.: Mabel Dodge Luhan. New Woman, New Worlds, Albuquerque 1984

Sagar, Keith (Ed.): D. H. Lawrence and New Mexico, Paris u. London 1995

Sagar, Keith: The Life of D. H. Lawrence, London 1980

Schmitz, Walter (Hrsg.): Die Münchner Moderne. Die literarische Szene in der »Kunststadt« um die Jahrhundertwende, Stuttgart 1990

Schmölders, Claudia: Deutsche Erotik – ein Mängelwesen? Antworten von Schopenhauer & Co in: Kursbuch Erotik, Berlin 1996

Schumacher, Theo: Aldous Huxley, Reinbek 1987

Simpson, Hilary: D. H. Lawrence and Feminism, London u. Canberra 1982

Sitwell, Edith: Mein exzentrisches Leben, Frankfurt a. M. 1994

Sitwell, Osbert: Laughter in the Next Room, London 1949

Smith, Anne (Ed.): Lawrence and Women, London 1978

Smith, R. D. (Ed.): The Writings of Anna Wickham. Free woman and poet, London 1984

Sombart, Nicolaus: Wilhelm II. Sündenbock und Herr der Mitte, Berlin 1996

Spater, George & Jan Parsons: Porträt einer ungewöhnlichen Ehe. Virginia Woolf und Leonard Woolf, Frankfurt a. M. 1980

Squires, Michael (Ed.): D. H. Lawrence's Manuscripts. The Correspondence of Frieda Lawrence, Jake Zeitlin and Others, London u. a. 1991

Tedlock, E. W. (Ed.): Frieda Lawrence. The Memoirs and Correspondence, London u. a. 1961

The Letters of D. H. Lawrence, ed. by James T. Boulton, Vol. I, Cambridge 1979

The Letters of D. H. Lawrence, ed. by George J. Hytaruk and James T. Boulton, Cambridge 1981, Vol. II

The Letters of D. H. Lawrence, ed. by James T. Boulton and Andrew Robertson, Cambridge 1984, Vol. III

The Letters of D. H. Lawrence, ed. by Warren Robers, James T. Boulton and Elizabeth Mansfield, Cambridge 1987, Vol. IV

The Letters of D. H. Lawrence, ed. by James T. Boulton and Lindeth Basey, Cambridge 1989, Vol. V

The Letters of D. H. Lawrence, ed. by James T. Boulton and Margaret H. Boulton wi   Gerald M. Lacy, Cambridge 1991, Vol. VI

The Letters of D. H. Lawrence, ed. by Keith Sagar and James T. Boulton, Cambridge 1993, Vol. VII

Thornycroft, Rosalind (ergänzt von Chloë Baynes): Time Which Spaces Us Apart, Batcombe/Somerset 1991 (Privatdruck)

Tomalin, Claire: Katherine Mansfield. Eine Lebensgeschichte, Frankfurt a. M. 1990

Treiber, Hubert und Karol Sauerland (Hrsg.): Heidelberg im Schnittpunkt intellektueller Kreise. Zur Topographie der »geistigen Geselligkeit« eines »Weltdorfes«: 1850–1950, Opladen 1995

Turner, John with Cornelia Rumpf-Worthen and Ruth Jenkins: »The Otto Gross-Frieda Weekley Correspondence«, in: D. H. Lawrence Review, Band 22, 2/1990, S. 137–227.

Ullmann, Regina: Münchner Jahre, in: Als das Jahrhundert noch jung war, hrsg. von Josef Halperin, Zürich 1961

Ullrich, Volker: Bohemien und Bürger. Erstmals in leider unvollständiger Edition: die Tagebücher Erich Mühsams aus den Jahren 1910 bis 1924, in: Die Zeit Nr. 39, 23.9.1994

Weber, Marianne: Frauenfragen und Frauengedanken. Gesammelte Aufsätze, Tübingen 1919

Weber, Marianne: Die Frauen und die Liebe, Königstein i. T. u. Leipzig 1935

Weber, Marianne: Max Weber. Ein Lebensbild, Tübingen 1984

Weekley, Ernest: Adjectives – and Other Words, New York 1930

Weekley, Ernest: A Concise Etymological Dictionary of Modern English, London 1924

Weekley, Ernest: The English Language, New York 1929

Weekley, Ernest: Jack and Jill. A Study in Our Christian Names, New York 1940

Weekley, Ernest: More Words Ancient and Modern, New York 1927

Weekley, Ernest: The Romance of Names, London 1914

Weekley, Ernest: The Romance of Words, London 1912
Weekley, Ernest: Saxo Grammaticus, or: First Aid for the Best-Seller, London 1930
Weekley, Ernest: Something About Words, New York 1936
Weekley, Ernest: Surnames, London 1916
Weekley, Ernest: Words Ancient and Modern, New York 1926
Weekley, Ernest: Words and Names, New York 1933
Weekley, Ian: Frieda Lawrence. A Memoir, London 1962
Weithmann, Michael W.: Also I like Villach – little old German place . . . Der englische Schriftsteller D. H. Lawrence (Lady Chatterleys Lover) in Kärnten (1927), in: Die Brücke, Heft 4/1992, S. 23–27
Weithmann, Michael W.: D. H. Lawrence vom Achensee nach Welschtirol, in: Der Schlern, Heft 64/1990, S. 67–86
Weithmann, Michael W.: D. H. Lawrence am Tegernsee – »Everybody here is extraordinary nice . . .«, in: Tegernseer Tal, Heft 106/1991, S. 28–30
Weithmann, Michael W.: Dr. med. Hans Carossa diagnostiziert David Herbert Lawrence, in: Ostbairische Grenzmarken. Passauer Jahrbuch für Geschichte, Kunst und Volkskunde, Jahrgang 32/1990, S. 165–168
Weithmann, Michael W.: »Lady Chatterley« wurde in Schwabing geboren, in: Literatur in Bayern, Heft 46/1996, S. 28–32
Weithmann, Michael W.: Lady Chatterley's Lover in Bergnot, in: Charivari – Kunst, Kultur, Leben in Bayern, 11/1992, S. 73–76
Wenig, Otto: Verzeichnis der Professoren und Dozenten der Rheinischen Friedrich-Wilhelms-Universität zu Bonn 1818–1968, Bonn 1968
Werfel, Franz: Barbara oder die Frömmigkeit, Frankfurt a. M. 1988
Wilhelm, Hermann: Die Münchner Bohème. Von der Jahrhundertwende bis zum Ersten Weltkrieg, München 1993
Williams, Tennessee: Memoirs, London 1976
Worthen, John: Coronets and Cold Hearts: The Von Richthofens and the Weekleys. Inaugural Lecture, Nottingham o. J.
Worthen, John: D. H. Lawrence. The Early Years 1885–1912, Cambridge 1992
Worthen, John: D. H. Lawrence and the Idea of the Novel, London u. Basingstoke 1979
Worthen, John: D. H. Lawrence. A Literary Life, Houndsmills u. a. 1989
Yeats, William Butler: Das Land der Sehnsucht. Englisches Theater in deutscher Übersetzung, Heft 1, Düsseldorf 1911
Zweig, Stefan: Montaigne, Frankfurt a. M. 1996

Archive:

Bayerische Akademie der Wissenschaften – Neue Deutsche Biographie, München
Albert-Ludwig-Universität Freiburg
Rheinische Friedrich-Wilhelm-Universität
Bibliothèque Municipale Vence
University of Texas at Austin, Harry Ramsom Humanities Research Center
Privatarchiv Marina von Halem
Privatarchiv Eva Pitsch-Schweikert
Privatarchiv Ian Weekley
Privatarchiv Barbara Weekley-Barr
Privatarchiv Michael W. Weithmann

Personenregister

323

Danksagung

Wir danken The Estate of Late Frieda Lawrence für die freundliche Genehmigung zum Zitieren der Texte und der Veröffentlichung der Photos. Wir danken Ian Weekley für die Öffnung seines Photoarchives (1, 2, 3, 4, 7a, 7b, 7c, 21) und ebenso Eva Barbara Pitsch-Schweikert (5, 6).

Die Autorinnen